natürlich oekom!

Mit diesem Buch halten Sie ein echtes Stück Nachhaltigkeit in den Händen. Durch Ihren Kauf unterstützen Sie eine Produktion mit hohen ökologischen Ansprüchen:

- 100 % Recyclingpapier
- mineralölfreie Druckfarben
- Verzicht auf Plastikfolie
- Kompensation aller CO_2-Emissionen
- kurze Transportwege – in Deutschland gedruckt

Weitere Informationen unter www.natürlich-oekom.de und #natürlichoekom

natürlich oekom · nachhaltig seit 1989

Bibliografische Information der Deutschen Nationalbibliothek:
Die Deutsche Nationalbibliothek verzeichnet diese Publikation in der Deutschen Nationalbibliografie; detaillierte bibliografische Daten sind im Internet über www.dnb.de abrufbar.

oekom – Gesellschaft für ökologische Kommunikation mbH
Goethestraße 28, 80336 München

Layout und Satz: Markus Miller
Korrektur: Maike Specht
Umschlagfoto: © Adobe Stock / Nabodin
Druck: CPI books GmbH, Leck

ISBN: 978-3-98726-038-4

RECYCLED
Papier aus Recyclingmaterial
FSC® C083411

Eckart Löhr

Die Würde der Natur

Plädoyer für einen radikalen Perspektivenwechsel

oekom

Is this the world we created?
What did we do it for?
Is this the world we invaded
Against the law?
So it seems in the end
Is this what we're all living for today?
The world that we created

Oh-oh, is this the world we created?
We made it on our own
Is this the world we devastated, right to the bone?
If there's a God in the sky, looking down
What can he think of what we've done
To the world that he created?

Queen

»Denn wer will, dass die Welt so bleibt, wie sie ist,
hat schon in ihre Selbstzerstörung eingewilligt.«

Dorothee Sölle

In Dankbarkeit für all jene, die sich jeden Tag dafür einsetzen,
dass diese Welt ein lebenswerter Ort bleibt

INHALT

EINLEITUNG

Unser westliches Zivilisationsmodell, das sich in unterschiedlichen Ausprägungen beinahe über die gesamte Welt verbreitet hat, steckt in einer tiefen Krise. Die Folgen zeigen sich auf allen Ebenen, ganz besonders aber im ökologischen Bereich. Der Klimawandel ist zur Klimakrise geworden und bedroht schon jetzt Millionen von Menschen in ihrer Existenz. Das im Jahr 2015 auf der Weltklimakonferenz in Paris angestrebte Ziel, den weltweiten Temperaturanstieg auf deutlich unter zwei Grad Celsius im Vergleich zum vorindustriellen Zeitalter zu begrenzen, muss man wohl als gescheitert ansehen.

Da ökologische Fragen naturgemäß eng mit den Lebensverhältnissen der Menschen verbunden sind, lässt sich der Bereich der Ökologie grundsätzlich nicht vom Bereich des Sozialen trennen. So setzt der Frieden mit der Natur den Frieden unter den Menschen voraus. Das wiederum hat viel mit Gerechtigkeit zu tun, und so landet man sehr schnell bei unserer Art zu wirtschaften, die täglich ein ungeheures Maß an Ungerechtigkeit produziert. Und so wie Gerechtigkeit eine Bedingung für den ökologischen Wandel ist, so ist es auch die Freiheit. Denn die Menschen müssen die Freiheit haben zu demonstrieren, ihre Meinung zu äußern und politische Entscheidungen infrage zu stellen.

Da die Probleme, mit denen wir konfrontiert sind, auf vielfältige Weise miteinander zusammenhängen, können sie nicht getrennt voneinander betrachtet werden. Wir brauchen somit mehr denn je die Fähigkeit zu komplexem Problemlösungsdenken. Genau das ist aber entweder gar nicht oder nur in Ansätzen vorhanden, und gerade die Politik scheitert hier in der Regel kläglich.

Unsere Probleme haben viel damit zu tun, dass wir die Welt in einer ganz spezifischen Art und Weise wahrnehmen, die eine lange Geschichte hat und nicht zuletzt mit der Entwicklung der sogenannten exakten Wissenschaften in der Renaissance zusammenhängt. Aber in Wahrheit reichen die Ursachen wesentlich weiter und lassen sich letztlich bis zur neolithischen Revolution zurückverfolgen, deren Anfänge noch vor dem 10. Jahrtausend v. Chr. liegen. Spätestens hier begann auch der Aufstieg des Ego, gepaart mit männlichem Dominanzstreben und dem Denken in Hierarchien. Die alte Vorstellung einer beseelten und heiligen Natur, der man mit Ehrfurcht und Staunen gegenübertrat, fing langsam an zu zerbröckeln. Durch die beginnende Sesshaftigkeit der Menschen nach dem Ende des letzten Glazials vor zirka zwölftausend Jahren und den damit verbundenen Anbau von Nutzpflanzen in größerem Stil wurde die Erde erstmalig zu einem Objekt, über das man frei verfügen konnte. Das Gleiche galt für die Tiere, die jetzt zum Zweck der Milch- und Fleischproduktion gezüchtet wurden. Und spätestens mit der Anthropozentrik des Christentums und der allmählichen Herausbildung kapitalistischer Strukturen im 16. Jahrhundert haben wir uns maximal von der Natur entfernt. Heute stehen wir ihr gänzlich fremd gegenüber, und die Natur stellt für uns in der Regel nur noch die Kulisse dar, vor der sich das Schauspiel der Menschheit entfaltet und immer mehr zum Drama zu werden droht.

Wir stehen dieser Natur gegenüber, als ob wir nichts mit ihr zu tun hätten, und vergessen, dass sie es doch war, die uns hervorgebracht hat. Wir sind, das sollten wir uns hin und wieder vor Augen führen, das vorläufige Ergebnis einer zirka vier Milliarden Jahre dauernden Entwicklung. Wir sind nicht als Außerirdische durch Zufall auf diesem Planeten gelandet, sondern ein Teil von ihm. Wir sind Teil des ungeheuer komplexen Netzwerkes der Natur und können überhaupt nur überleben, weil dieser Planet fortwährend für lebensfreundliche Bedingungen sorgt. Wie er das im Einzelnen macht, verstehen wir bisher nur in Ansätzen.

Leider sind wir seit Langem dabei, diesem lebendigen Netzwerk durch unser Handeln massiven und zum Teil irreversiblen Schaden zuzufügen. Und wenn es uns nicht gelingt, wieder in ein Verhältnis mit der Natur zu treten, das ihr und ihrem Wert gerecht wird, ist unsere *Homo sapiens* genannte Spezies über kurz oder lang zum Aussterben verurteilt.

Der Philosoph Karl Popper hat drei Welten unterschieden: die Welt der physikalischen Gegenstände bzw. Zustände, die Welt der Bewusstseinszustände, d. h. der Wahrnehmung und Gefühle, und die Welt der Theorien, der Kunst, Kultur und Religion. So wird es nicht einfach sein, ein neues Verhältnis zur Natur zu finden, da wir nicht nur in Welt 1 und 2 leben, wie es auch die Tiere tun, sondern auch Bewohner der Welt 3 sind. Aufgrund dieser anthropologischen Differenz stehen wir der Natur zwangsläufig anders gegenüber, als dass die Tiere tun. Wir können sie zum Objekt unseres Nachdenkens machen, sie konstruieren und sie nach unseren Vorstellungen gestalten. Wir leben zwar *in* der Welt, aber unsere Seinsweise ist es vor allem, Welt *zu haben,* indem wir ihr als freie Subjekte gegenüberstehen. Bis zu einem gewissen Grad ist das zwar auch bei Tieren der Fall, denn auch sie können ihre Umwelt gestalten. Somit ist Freiheit nichts, was erst mit uns in die Welt gekommen wäre, sondern war von Beginn an die Bedingung der Möglichkeit allen Lebens. Doch erst in uns ist sie in einem Grad verwirklicht, der es uns erlaubt, in einer völlig anderen Dimension über Natur und unsere Rolle in ihr nachzudenken. Das schafft auf der einen Seite eine ungeheure Kluft zwischen uns und der Natur, aber öffnet zugleich den Raum hin zum verantwortlichen Umgang mit ihr.

Der Natur in Freiheit gegenüberzustehen gibt uns somit nicht das Recht, daraus einen Herrschaftsanspruch über sie ableiten zu können. Da wir um ihren intrinsischen, das heißt von uns unabhängigen Wert wissen können, haben wir den Auftrag, verantwortlich mit ihr umzugehen. Der Welt einen Wert zuzugestehen, der nicht von uns gesetzt ist, ist eine erstaunliche Fähigkeit. Wir sind in der Lage zu erkennen, dass der Wert alles Lebendigen nicht von uns oder unserem Urteil abhängig ist, sondern in einer Instanz gründet, die größer ist als wir. Dazu sind Tiere naturgemäß nicht in der Lage. Sie können die Dinge um sie herum nur aus »zoozentrischer« Perspektive beurteilen, also danach, was wertvoll *für sie* ist. Aus diesem Grund sind sie auch nicht in der Lage, eine entsprechende Ethik zu entwickeln. Das heißt aber keineswegs, dass sie nicht prosozial und damit im eingeschränkten Sinn »ethisch« handeln könnten. Der niederländische Primaten- und Verhaltensforscher Frans de Waal hat das in seinen Büchern eindrucksvoll dargelegt. Wir aber sind durch und durch ethische Wesen mit dem Wissen darum, was Gut und Böse ist, und haben schon aus diesem Grund die Pflicht, dieser Einsicht entsprechend zu handeln. Leider sind wir offensichtlich nicht in der Lage, unseren eigenen ethischen Einsichten und Maßstäben gerecht zu werden.

Die anthropozentrische Perspektive, die glaubt, der Mensch allein wäre die wertsetzende Instanz, gilt es endlich zu überwinden. Das betrifft neben der Anerkennung eines von uns unabhängigen Wertes der Natur auch die individuelle Ebene. Hier muss es darum gehen, unsere Egozentrik hinter uns zu lassen, die in der Hälfte der Fälle auch noch mit Androzentrismus gepaart ist. Ich bin davon überzeugt, dass Spiritualität hier eine zentrale Rolle spielen muss und spielen wird. Denn indem wir unser Sein vertiefen und damit unser Ego in seine Schranken weisen, werden wir fähiger, uns mit der nichtmenschlichen Welt zu identifizieren. Eng damit verbunden ist die Fähigkeit, loslassen zu können, da materielle Güter ihre Wichtigkeit verlieren. Wir werden lernen, Verhaltensweisen zu ändern oder ganz einzustellen, die der Natur und letztlich uns selbst Schaden zufügen.

Wenn wir eine Handlung als falsch erkennen, da ihre Konsequenzen offensichtlich zerstörerisch sind, müssen wir den Mut haben, diese Handlung zu beenden. Wir praktizieren noch immer das Gegenteil, indem wir unsere als schädlich erkannten Handlungen perfektionieren, in der Hoffnung, dadurch ihre negativen Konsequenzen zu verringern. Dass dieser Ansatz ganz offensichtlich gescheitert ist, bedarf keines weiteren Beweises mehr. Ein Blick auf diese Welt genügt, und die Bücher über die destruktiven Folgen unseres Handelns sind Legion.

Deshalb wird es in diesem Buch auch nicht darum gehen, zum x-ten Mal die Zerstörung der Welt zu dokumentieren. Das ist hinreichend geschehen, ohne dass es unser Verhalten nachhaltig verändert hätte. Mir geht es vielmehr darum, den Blick auf die Natur zu verändern, da ich davon überzeugt bin, dass allem Handeln eine Erkenntnis vorausgehen muss. In seinen *Thesen über Feuerbach* hat Marx den berühmten Satz formuliert, dass die Philosophen die Welt nur verschieden interpretiert hätten, es aber darauf ankäme, sie zu verändern. Hier wird ein Gegensatz konstruiert, den es in Wahrheit so nicht gibt. Denn das eine ist die Voraussetzung des anderen. Es gibt keine Veränderung der Welt, ohne dass wir sie zuvor neu interpretieren. Alle Bausteine, die wir dazu benötigen, sind bereits vorhanden. Jetzt kommt es darauf an, sie endlich zu einem neuen Verständnis der Welt zusammenzusetzen und unser künftiges Handeln danach auszurichten.

Dazu gehört, die Welt als ein lebendiges Wesen anzuerkennen und allem, was existiert, einen eigenen Wert zuzugestehen. Dazu gehört, die Maschinen- und Computertheorie der Welt durch eine organische und ganzheitliche Sicht zu ersetzen. Und dazu gehört, die Natur nicht nur als eine Ansammlung von Ressourcen zu sehen, die man nach Belieben ausbeuten kann. Wir müssen also eine völlig neue Wirtschaft entwickeln, die der Natur nur so viel entnimmt, wie sie ersetzen kann. Damit verbunden ist die Forderung, uns von dem unseligen Wachstumsdogma des Kapitalismus zu befreien. Und wir müssen in allen Bereichen eine »Kultur des Aufhörens« entwickeln. Der Satz, *was man anfängt, muss man auch zu Ende bringen*, ist einer der dümmsten, der sich denken lässt. Dicht gefolgt von *was Hänschen nicht lernt, lernt Hans nimmermehr*. Nein, »wer a sagt, der muss nicht b sagen. Er kann auch erkennen, dass a falsch war« (Bertolt Brecht), und dann seine Strategie neu ausrichten. Denn wenn eine Handlung zu einer bestimmten Zeit noch gerechtfertigt schien, können sich in der Zwischenzeit die Rahmenbedingungen derart verändert haben, dass sie nunmehr als gänzlich falsch erkannt wird. Wir wissen seit Langem, dass a falsch ist, und sagen immer noch fortwährend b. Dabei gäbe es eine Fülle anderer Buchstaben, die man nennen könnte, das heißt, eine Vielzahl von möglichen Alternativen zu unserem derzeitigen Lebensstil. Dazu gehört ganz besonders die Ausbildung einer spirituellen Ökologie, die die Würde der Natur achtet und uns wieder in Kontakt mit der lebendigen Wirklichkeit bringt. Dabei sind nicht »die Schuldgefühle, wie sie innerhalb der reichen Industriegesellschaften häufig unter sensibilisierten Einzelnen auftreten, [...] die Grundlage einer spirituellen Erneuerung, sondern eine verrückte Mystik des Leerwerdens, die das reale Elend der Armen verringert und die eigene Sklaverei verkleinert. Das Leerwerden oder das ›Lassen‹ von Ich, Besitz und Gewalt ist die Voraussetzung jeder Kreativität des verändernden Handelns.«[1]

Vielleicht wäre es in unserer Situation auch erst einmal angebracht, weder b noch einen anderen Buchstaben zu nennen, sondern schlicht und ergreifend für eine gewisse Zeit zu schweigen. Das heißt nichts anderes, als kurz innezuhalten, sich neu zu justieren, um dann unter veränderten Vorzeichen neu anzufangen. Durch dieses Innehalten würden wir vielleicht auch wieder in die Lage versetzt zu hören, was die Natur uns zu sagen hat. Denn die Natur ist nicht stumm, wie viele Menschen glauben, sondern wir sind taub für ihre Töne und blind für ihre Farben geworden. Dabei sollten wir nicht zu viel Hoffnung in die Politik setzen, denn »nichts von allem, was sich präsentiert, ist auch nur im Entferntesten auf der Höhe der Situation«.[2] Gleichzeitig müssen wir anerkennen, dass es ohne die Veränderung politischer Strukturen nicht geht. Das ist ein fundamentales Dilemma, dem wir uns immer wieder stellen müssen.

Fest steht, dass die Zeiten endgültig vorbei sind, in denen es genügt hat, ein Schräubchen hier und ein Schräubchen da zu drehen. Mittlerweile halten die Schrauben selbst nicht mehr und müssen durch neue ersetzt werden. Wir müssen uns, das heißt unsere Art zu leben, zu denken, zu wirtschaften und die Welt wahrzunehmen, völlig neu erfinden, wenn wir weiterhin Teil dieser großen Gemeinschaft des Lebens sein wollen. Das erfordert Kreativität, Zuversicht, Fantasie und den Mut zu träumen. Aus diesem Grund wird auch die Kunst in Zukunft eine noch größere Rolle spielen, als sie es ohnehin schon tut. Denn sie kann uns den Weg hin zu etwas zeigen, was diese Welt so dringend braucht: Liebe und Schönheit. Nur die Kunst ist dazu befähigt, die Innenseite der Welt sichtbar, hörbar und fühlbar zu machen und so den Menschen zu verfeinern, ihn zu ästhetisieren. »Nach innen geht der geheimnisvolle Weg«, heißt es bei Novalis, »in uns oder nirgends ist die Ewigkeit mit ihren Welten, die Vergangenheit und Zukunft.« Wie dringend nötig diese Ästhetisierung der Welt ist, zeigt bereits ein Blick auf die oftmals monströse Hässlichkeit unserer Städte, die nach dem Ende des Zweiten Weltkriegs um das Auto herum geplant und gebaut wurden. Da wir unsere alles andere als zukunftstauglichen Städte in den kommenden Jahren ohnehin radikal umgestalten müssen, sind wir aufgefordert, das auch unter besonderer Berücksichtigung ästhetischer Kategorien zu tun.

Der amerikanische Ethnobotaniker und Philosoph Terence McKenna hat in einem Vortrag den schönen Satz gesagt: »The artist's task is to save the soul of mankind; and anything less is a dithering while Rome burns. If the artists cannot find the way, then the way cannot be found.« Die Kunst kann uns den Weg weisen, und wenn sie es nicht kann, dann haben wir ein Problem. Dagegen müssen sowohl die Wissenschaft als auch die Wirtschaft in unserer Gesellschaft wieder ihre untergeordneten Plätze einnehmen. Sie haben ausschließlich die Aufgabe, dem Menschen zu dienen und sein Leben zu verbessern. Sie haben nicht die Aufgabe, der Welt ihre defizitente und letztlich zerstörerische Ideologie aufzuzwingen und sich zur alleinigen Instanz zur Erklärung der Welt zu machen.

Die Lösung unserer Probleme kann dabei nicht allein vom Individuum kommen, auch wenn hier ein ungeheures, bisher nur wenig genutztes Potenzial schlummert. Wir müssen Gemeinschaften bilden und diejenigen politischen Strukturen und damit verbundenen Institutionen, die der Zerstörung Vorschub leisten, verändern oder gleich ganz abschaffen. So wird es höchste Zeit, aus unseren falschen Träumen aufzuwachen und neue und bessere Träume zu träumen und zu versuchen, diese in praktisches Handeln zu übersetzen. Immer mit der Forderung Bertolt Brechts im Kopf: *Ändere die Welt, sie braucht es.*

I DEFIZIENTE PERSPEKTIVEN

»Wenn die Logik versagt […]
ist es immer angezeigt,
zur Anschauung zurückzukehren.
Denn die Logik verhält sich zur Anschauung
wie ein Park mit geschorenen Alleen
zum freiwachsenden Walde.«

Jakob von Uexküll

DIE ÜBERSCHÄTZUNG DER TECHNIK

Nach wie vor sind viele der Überzeugung, wir könnten uns aus dieser Krise »heraustechnologisieren«, und noch immer gibt es eine ungeheure Anbetung der Technik, die für viele beinahe schon eine quasireligiöse Funktion besitzt. Von ihr, so glaubt oder hofft man, wird am Ende die Lösung unserer Probleme kommen, wenn nicht gar die Erlösung von allem Übel. Es ist das letzte Überbleibsel christlicher Heilserwartung in einer durch und durch säkularen Welt. Wenn auch weniger pathetisch, so verehren wir doch noch immer die Technik wie vor über einhundert Jahren der italienische Schriftsteller und Faschist Filippo Tommaso Marinetti im *Manifest des Futurismus*: »Besingen werden wir die nächtliche, vibrierende Glut der Arsenale und Werften, die von grellen elektrischen Monden erleuchtet werden; die gefräßigen Bahnhöfe, die rauchende Schlangen verzehren; die Fabriken, die mit ihren sich hochwindenden Rauchfäden an den Wolken hängen; die Brücken, die wie gigantische Athleten Flüsse überspannen, die in der Sonne wie Messer aufblitzen; die abenteuersuchenden Dampfer, die den Horizont wittern; die breitbrüstigen Lokomotiven, die auf den Schienen wie riesige, mit Rohren gezäumte Stahlrosse einherstampfen, und den gleitenden Flug der Flugzeuge, deren Propeller wie eine Fahne im Winde knattert und Beifall zu klatschen scheint wie eine begeisterte Menge.« Und noch immer vergöttern wir die Schönheit der Geschwindigkeit und »ein aufheulendes Auto, das auf Kartätschen zu laufen scheint, ist auch heute noch für viele schöner als die Nike von Samothrake«. Nur wiegen unsere Autos heute bis zu zwei Tonnen und sollen demnächst autonom fahren, auch wenn niemand weiß, wie das praktisch möglich sein soll, da alle damit verbundenen ethischen Fragen völlig ungeklärt sind und sich auch in Zukunft nicht klären lassen werden.

In der Regel sind es mehrheitlich Männer, die an die Omnipotenz der Technik glauben und eher als Frauen dazu bereit sind, die Lösung vieler unserer Probleme im technischen Fortschritt zu sehen. Aber wie so manches, was Männer glauben, ist auch der Glaube an die Technik ein Irrtum. So zeigt sich bereits auf diesem Gebiet, dass die Krise der Moderne im Allgemeinen und mit ihr die ökologische Krise im Speziellen auch eine männliche Krise ist. Dass viele Protagonisten der Ökologiebewegung Frauen sind, ist somit kein Zufall, sondern die unumgängliche Folge einer in vielen Bereichen gescheiterten männlichen Politik.

Im Februar letzten Jahres sorgte ein Foto von der Münchner Sicherheitskonferenz für Aufsehen. Man sah auf ihm zirka dreißig Männer an einem Tisch sitzen und keine einzige Frau. In den Vorstandsetagen der großen Unternehmen sieht es nicht besser aus. Der Anteil weiblicher Führungskräfte im Vorstand der 160 Unternehmen aus DAX, MDAX und SDAX beträgt zurzeit zirka 14 Prozent. Dabei sitzt in gut der Hälfte der Firmen noch immer keine Frau im Führungsgremium. Doch ob mit oder ohne Frauen: Im Fall der Münchner Sicherheitskonferenz wäre es ohnehin besser, dieses Überbleibsel aus dem Kalten Krieg gleich ganz abzuschaffen und durch eine Konferenz der Friedensarbeit zu ersetzen. Wir sehen gerade am Beispiel des Krieges in der Ukraine, wie wichtig weltweite Friedensarbeit ist oder vielmehr gewesen wäre. Denn ist die Gewalt einmal manifest geworden, haben es auch die besten pazifistischen Ideen und Absichten oftmals schwer, sich durchzusetzen, oder geraten in eine Legitimationskrise. Frieden ist nun mal nichts, was vom Himmel fällt, sondern muss immer wieder aufs Neue aktiv erarbeitet und gefördert werden.

Die gleiche Forderung der Abwicklung gilt ebenso für einige der börsennotierten Unternehmen, da sie nicht dazu beitragen, diese Welt zu einem besseren, sichereren oder lebenswerteren Ort zu machen. Ganz im Gegenteil sind viele der Firmen und Konzerne durch die Art ihrer Tätigkeit und die damit verbundene hemmungslose Ausbeutung der natürlichen Ressourcen massiv an der Zerstörung dieser Welt beteiligt. Und selbst für den Fall, dass hier vermehrt Frauen in den Führungsetagen sitzen, dürfte es schwierig werden, die Ausrichtung dieser Unternehmen so zu verändern, dass sie eine ökologisch vertretbare Politik verfolgen. Gewinnmaximierung und Ökologie vertragen sich naturgemäß etwa so gut wie Feuer und Wasser.

Es geht ohnehin nicht nur darum, dass Frauen gleichberechtigt die Schlüsselpositionen in Politik, Wirtschaft, Gesellschaft, Kunst und Kultur einnehmen, sondern eher darum, hier spezifische Eigenschaften einzubringen, die allerdings eher den Frauen zugetraut werden. Wobei, wie so oft, die Ausnahmen auch hier die Regel bestätigen. Das mag aber auch daran liegen, dass Frauen oftmals nur dann eine Chance haben, in die männlich dominierten Bereiche der Gesellschaft einzudringen, wenn sie männliche Verhaltensweisen kopieren. Und ob es wirklich geschlechtsspezifische Eigenschaften gibt und welche das sind, bleibt ohnehin ein viel diskutiertes Thema. Viele dieser den Frauen als typisch weiblich zugeschriebenen Eigenschaften sind in Wahrheit gesellschaftlich konstruiert. Wenn das so ist, kann es nur darum gehen, auch die Männer diesem Sozialisationsprozess zu unterziehen, um gewisse Eigenschaften und Fähigkeiten zu fördern. Dazu gehört, das Denken in Hierarchien und damit in Machtstrukturen zu überwinden, eine ganzheitliche und damit auch intuitive Sicht auf die Welt zu entwickeln sowie die Fähigkeit zu erkennen, wie Dinge und Sachverhalte miteinander in Verbindung stehen. Dazu gehören vor allem auch die Fähigkeit zur Kooperation und die Bereitschaft, von sich selbst abzusehen und auch kontroverse Meinungen zu berücksichtigen und ernst zu nehmen; mit anderen Worten: das Vermögen, sein eigenes Ego zu minimieren. Die Überwindung unserer Egozentrik auf allen Gebieten ist ohnehin die zentrale Forderung, die sich aus gutem Grund auch in allen Weltreligionen wiederfindet. Wenn uns das nicht gelingt, werden wir wenig Chancen haben, die Herausforderungen der nächsten Jahrzehnte zu bewältigen.

Der männliche Glaube an die erlösende Technik ist also, das hat die Vergangenheit vielfach gezeigt, nichts weiter als eine naive Illusion. Denn solange wir unsere Beziehung zur Natur nicht ändern, das Bild von ihr in unseren Köpfen nicht grundlegend revidieren und vor allem das eng damit verbundene expansive Wirtschaftssystem nicht überwinden, wird jede neue Technologie zwangsläufig dazu genutzt werden, diesen Planeten noch vollständiger auszubeuten und zu zerstören. Die destruktive Rolle des Kapitalismus wird in diesem Zusammenhang auf den nächsten Seiten noch ausführlicher zur Sprache kommen.

Der ökologischen Krise technologisch beikommen zu wollen scheitert in der Regel daran, dass die hierzu eingesetzte Technik ihrerseits Probleme schafft. Diese müssten durch den Einsatz von weiterer Technik behoben werden und so weiter, ad infinitum. Diese Prozedur gleicht der Behandlung eines Kranken, der durch den Einsatz diverser Medikamente geheilt werden soll. Diese verursachen jedoch Nebenwirkungen, die mittels weiterer Medikamente behandelt werden müssen. Nicht selten stirbt der betreffende Patient an den iatrogenen Komplikationen einer derartigen Behandlung.

Ein solches »Medikament« zur Heilung des Patienten Erde stellt beispielsweise das Geoengineering dar. Darunter versteht man umfassende Eingriffe in das Klimasystem der Erde mit dem Ziel, die Klimakrise in den Griff zu bekommen. Dazu gehört unter anderem das sogenannte Solar Geoengineering. Dabei soll mittels verschiedener Techniken versucht werden, die Sonneneinstrahlung zu reduzieren, indem man sie zurück ins All reflektiert. Zum einen soll das mithilfe riesiger im Orbit platzierter Spiegel gelingen, zum anderen mit speziellen reflektierenden Aerosolen, die in die Stratosphäre ausgebracht werden. Eine weitere Möglichkeit sehen Forscher:innen in der künstlichen Verdichtung der Wolken, um ihre Rückstrahlfähigkeit zu erhöhen.

Ein anderer Plan sieht vor, die Weltmeere mit Eisenpartikeln zu »düngen«. Das soll für die Vermehrung der Algen sorgen, die für ihr Wachstum große Mengen an Kohlendioxid benötigen und es dadurch der Atmosphäre entziehen. Um CO_2 dauerhaft zu binden, muss das in der Biomasse gespeicherte Kohlendioxid auf den Meeresboden sinken. Das geschieht allerdings nur teilweise. Davon abgesehen, wird das so gebundene Kohlendioxid durch Einfluss der Meeresströmungen nach einigen Jahrhunderten wieder in die Atmosphäre abgegeben. Welche Auswirkungen die Eisendüngung auf die marinen Ökosysteme hat, ist in diesem Zusammenhang überhaupt noch nicht erforscht. Auch die anderen genannten Techniken bergen gewaltige Risiken. So kann heute niemand vorhersagen, welche Folgen derart massive Eingriffe in Zukunft sowohl auf das Ökosystem als auch auf das Klimasystem der Erde haben werden. Bei der Methode der Stratospheric Aerosol Injection (SAI), also der Ausbringung von Aerosolen in die Stratosphäre, deuten Computersimulationen darauf hin, »dass diese Methode wahrscheinlich Dürreperioden in Afrika und Asien verursachen würde, und führen zu der Einschätzung, dass der Einsatz von SAI die Nahrungsmittel- und Wasserversorgung von zwei Milliarden Menschen gefährden könnte«.[1]

Die Natur ist nicht linear strukturiert, sodass eine bestimmte Ursache eine vorhersagbare Konsequenz hätte. Somit entziehen sich derartige Eingriffe auch jeder mathematischen Beschreibung. Im Gegenteil zeichnet sich die Natur gerade durch hochkomplexe Strukturen aus, deren Glieder miteinander durch unentwirrbare Rückkopplungsschleifen verbunden sind. Wir wissen demnach buchstäblich nicht, was wir tun, wenn wir mittels unserer hoffnungslos unzulänglichen Technik in derart komplexe Abläufe eingreifen.

Ein weiteres dieser Medikamente ist die sogenannte CO_2-Sequestrierung (CCS). In diesem Verfahren wird das Kohlendioxid aus den Abgasen der Kohlekraftwerke abgeschieden und im Anschluss verflüssigt. In dieser Form muss es über weite Strecken zu Endlagern transportiert werden. Die »Nebenwirkungen« dieser Technik sind gravierend. Dazu gehören der hohe Energieverbrauch sowie die Zerstörung der Natur für die hierfür nötigen

Bohrungen. Hinzu kommen die Versauerung der Böden, gesundheitliche Risiken bei Austritt und Verseuchung des Grundwassers durch Schwermetalle. Es würde einer Fülle weiterer Maßnahmen bedürfen, um diese Schäden technisch in den Griff zu bekommen, deren Einsatz weitere Probleme schafft. Das offenbart ein grundsätzliches Problem unserer technisch-industriellen Gesellschaft: Wir haben, so hat es der Sozialpsychologe Harald Welzer formuliert, keine »Kultur des Aufhörens«. Doch wenn man vor dem Abgrund steht, sollte man bekanntlich einen Schritt zurücktreten. Die Lösung bestünde demnach nicht darin, die zerstörerischen Begleiterscheinungen unserer Energieproduktion in den Griff zu bekommen, sondern darin, diese erst gar nicht entstehen zu lassen. So dienen alle Formen des Geoengineerings letztlich nur dem Ziel, die fossile Infrastruktur zu bewahren, um so weitermachen zu können wie bisher. Und all diese Techniken sind kein Blick in die Zukunft, wie man uns weismachen möchte, sondern in Wahrheit schon heute Vergangenheit.

Doch anstatt den Weg in die Selbstzerstörung zu verlassen, arbeiten wir seit Jahrzehnten daran, diesen Weg technisch zu perfektionieren. An diesem Irrtum ist schon so manche Kultur zugrunde gegangen. Von Albert Einstein stammt der kluge Satz, dass man Probleme nicht mit derselben Denkweise lösen kann, durch die sie entstanden sind. Genau das versuchen wir aber unentwegt. Wir sind offensichtlich nicht in der Lage, *out of the box* zu denken, und bewegen uns seit Langem in den scheinbar unveränderlichen Paradigmen von technologischem und wissenschaftlichem Fortschritt und dem Glauben, dass er uns die erhofften Lösungen bringt. Doch diese Art des Fortschritts ist inzwischen beinahe zum Synonym für Naturzerstörung geworden. Geoengineering ist hier nur eine Spielart unserer pathologisch gewordenen Hybris.

Aus diesem Grund ist auch jede gesellschaftliche Bewegung, die diese Paradigmen nicht von Beginn an grundsätzlich infrage stellt, zum Scheitern verurteilt. Sie kann im besten Fall dafür sorgen, dass an dem einen oder anderen Schräubchen gedreht wird.

Die so dringend benötigten fundamentalen Veränderungen wird sie auf diese Weise gewiss nicht herbeiführen. Wir müssen endlich die gängigen Paradigmen, die uns ständig als alternativlos verkauft werden, überwinden, wenn wir ihnen nicht über kurz oder lang zum Opfer fallen wollen.

Auch wenn in der Vergangenheit bestimmte Strategien erfolgreich waren, heißt das nicht zwangsläufig, dass diese Strategien unter veränderten Bedingungen weiterhin erfolgreich sein werden. Der amerikanische Geograph und Historiker Jared Diamond hat in seinem Buch *Kollaps*[2] am Beispiel des deutschen Blitzkrieges gegen Frankreich im Mai 1940 gezeigt, zu welchen Katastrophen falsche Analogieschlüsse führen können. Im Ersten Weltkrieg standen – oder vielmehr lagen – sich die beiden Kriegsparteien über Jahre in ihren Schützengräben gegenüber, ohne größere Geländegewinne zu erzielen. Frankreich ging irrigerweise davon aus, dass das auch in einem künftigen Krieg der Fall sein würde, und baute deshalb die sogenannte Maginot-Linie an seiner Ostgrenze massiv aus. Die deutsche Wehrmacht hatte dagegen erkannt, dass sie künftig anders vorgehen musste, um erfolgreich zu sein. Anstatt wieder mit Infanteristen vorzurücken, wurde der Angriff jetzt vorwiegend mit Panzern durchgeführt, die die Maginot-Linie mehr oder weniger mühelos überquerten. So wurde Frankreich innerhalb von nur sechs Wochen besiegt, und das aufgrund der Tatsache, weil die französischen Militärs nicht in der Lage waren, neu zu denken, und stattdessen die alte Strategie perfektionierten.

So versuchen auch wir auf allen Ebenen – technologisch, ökonomisch und sozial –, die althergebrachten Strukturen effizienter und perfekter zu machen, ohne zu sehen, dass uns diese Vorgehensweise nur noch schneller an den Abgrund führt. Das lässt sich gut am Beispiel der E-Mobilität illustrieren. Anstatt das Auto zur Gänze aus den Städten zu verbannen, wird es mit gigantischem Aufwand an Forschung und Rohstoffen elektrifiziert. Das ist nichts anderes als ein gewaltiges Förderprogramm für eine Industrie, die in Wahrheit ihre besten Zeiten schon lange hinter sich hat. Hinzu kommt noch der Bau der dazu benötigten Infrastruktur und so weiter. Das Gleiche gilt für den Flugverkehr. Anstatt die Zahl der Flüge drastisch zu reduzieren und Inlandsflüge komplett zu verbieten, versuchen die Fluggesellschaften, uns glauben zu machen, wir könnten demnächst ökologisch korrekt fliegen. Das soll durch sogenannte Sustainable Aviation Fuels (SAF) geschehen. Vor allem durch diese angeblich nachhaltigen Treibstoffe möchten die Fluggesellschaften bis zum Jahr 2050 CO_2-neutral werden. Aber natürlich ist auch das lediglich der Versuch, ein extrem klimaschädliches Verkehrsmittel grün anzustreichen. Denn was sind SAF? Hier muss man unterscheiden zwischen Kraftstoffen, die aus Biomasse hergestellt werden, und synthetischen Elektrokraftstoffen (Power to Liquid). Bei der Erzeugung von Biokraftstoffen werden entweder extra dafür angebaute Pflanzen wie Soja und Raps oder Forstabfälle und Altfette benötigt. Die Erzeugung von Biokraftstoffen aus Soja oder Raps ist von vornherein indiskutabel, da für den Anbau dieser Pflanzen riesige Flächen benötigt werden, die schon jetzt nur noch durch die Rodung von Wäldern geschaffen werden können. Abgesehen davon, ist es mehr als zynisch, Nahrungsmittel zu Kraftstoffen zu verarbeiten, nur damit die Menschen im reichen Westen mehrmals im Jahr in den Urlaub jetten können. Die Nutzung von erneuerbarer Biomasse wie Forstabfällen u. Ä. stößt schnell an Grenzen, da diese Stoffe nur in vergleichsweise geringen Mengen verfügbar sind. Hinzu kommt die simple Tatsache, dass die Produktion dieser Kraftstoffe sehr viel Energie benötigt, die in der Regel durch fossile Energieträger gewonnen wird.

Im Fall der sogenannten E-Fuels soll nachhaltig produzierter Strom (vorwiegend aus Sonnenenergie) unter Zuhilfenahme von Wasser und einer Kohlendioxidquelle direkt in Flüssigkraftstoff umgewandelt werden. Das klingt gut, ist aber Lichtjahre von einer praktischen Umsetzung entfernt. Das gilt auch für die Idee, Solarkraftwerke im Weltall zu bauen, die die Sonnenenergie in Form von Mikrowellenstrahlung zur Erde senden. Um das Energieäquivalent eines Atomkraftwerks zu erzeugen,

»wären Photovoltaikzellen und Sendeanlagen auf einer Fläche von 15 Quadratkilometern nötig. Das entspricht dem 17-fachen Gewicht der Internationalen Raumstation ISS – und einem Äquivalent der Größe von 200 Fußballfeldern.«[3] Der Aufwand an Geld und Material, um ein solches Projekt zu verwirklichen, wäre enorm und stünde in keinerlei Verhältnis zu dem äußerst mageren Ergebnis. Auch sogenannter grüner Wasserstoff wird auf lange Sicht keine Option sein. Darunter versteht man die Herstellung von Wasserstoff durch Elektrolyse unter Einsatz von erneuerbarem Strom. Und hier liegt auch schon das Problem, da für diese Technik ausreichend viel Strom aus erneuerbaren Energien verfügbar sein müsste. So zeichnen sich viele vermeintliche technische Lösungen gerade dadurch aus, dass es sie in der Regel noch nicht gibt und ihre Realisierung mit unzähligen Fragezeichen versehen ist. So werden wir fortwährend auf eine Zukunft vertröstet, in der diese wundersamen technischen Innovationen zur Anwendung kommen werden. In der Zwischenzeit emittieren wir weiter massenhaft CO_2, wo es doch das Naheliegendste wäre, unseren extrem konsumtiven Lebensstil zu ändern, anstatt technischen Utopien hinterherzulaufen. Das würde vor allem keinerlei Vorlaufzeit benötigen, sondern könnte sofort praktisch umgesetzt werden.

Was wir an dieser Stelle brauchen, ist nicht der schlichte Glaube an eine öde Zukunft, die lediglich – wenn auch mit besserer Technik – den Status quo fortschreibt. Was wir wirklich brauchen, sind die Fähigkeit zu träumen, Mut und Zuversicht: die Fähigkeit zu träumen, um uns eine grundsätzlich andere Welt überhaupt vorzustellen zu können, den Mut, ohne Netz und doppelten Boden etwas wirklich Neues anzufangen, und die Zuversicht, dass uns das auch gelingen kann.

Wenn man über Technik spricht, sollte man nicht vergessen, immer auch die Rahmenbedingungen zu berücksichtigen, in denen diese Technik sich entwickelt und angewandt wird. In einem kapitalistischen, das heißt expansiven, hyperkonsumtiven und auf Konkurrenz aufgebauten Wirtschaftssystem werden technologische Innovationen nur zu oft dazu gebraucht, weiteres Wachstum auf Kosten der Natur zu generieren. Wenn die Begriffe Wissenschaft und Technik hier gelegentlich synonym verwendet werden, dann deshalb, da das eine innerhalb eines kapitalistischen Wirtschaftssystems nicht mehr ohne das andere gedacht werden kann. Und hier liegt auch schon ein zentrales Problem. Denn Wissenschaft könnte auch einer anderen Motivation folgen, als ausschließlich an der Umsetzung ihrer Erkenntnisse in technische Anwendungen interessiert zu sein. So ist Wissenschaft heute vielfach nur noch der Büttel der Wirtschaft und der Politik und könnte doch so viel mehr sein. So wäre es durchaus denkbar, Wissenschaft anders zu betreiben. Es wäre eine Wissenschaft ohne Herrschaftsanspruch, der es nicht darum geht, Natur ausschließlich für menschliche Zwecke verfügbar zu machen. Es wäre eine Wissenschaft, die sich der Natur anders nähert als ein Pathologe, der eine Leiche seziert. Es wäre eine Wissenschaft, die der Natur mit Respekt und Ehrfurcht begegnet und sie in ihrer Lebendigkeit anerkennt. Es wäre eine Wissenschaft, die »in ihrem schöpferischen Charakter etwas mit Kunst gemein hätte« (James Lovelock) und ihre Tätigkeit nicht zuletzt auch als eine Art Metaphysik mit anderen Mitteln begreifen würde. Eine Auffassung von Wissenschaft, wie sie vielleicht die vorsokratischen Philosophen vertreten haben. Oder Johann Wolfgang von Goethe, der als Naturforscher sehr genau wusste, dass man auch in den Naturwissenschaften nicht ganz ohne Metaphysik auskommt, und für den das »schönste Glück des denkenden Menschen ist, das Erforschliche erforscht zu haben und das Unerforschliche ruhig zu verehren«.[4]

So würde innerhalb eines Systems, das an Wachstum und Konkurrenzdenken nicht interessiert ist, Technik anders eingesetzt, nämlich ausschließlich zum Wohle der Menschen und ohne die Zerstörung der Natur. Jede Entwicklung von Technik, die dem zuwiderläuft oder, schlimmer noch, die menschliche Existenz bedroht, würde eingestellt werden. Jede schon bestehende Technik, die gegen die Menschen oder die Natur gerichtet ist, würde beendet bzw. zurückgebaut werden und letztlich für immer von diesem Planeten verschwinden. Dazu gehören die Kernenergie, Fracking, Pestizideinsatz, Nuklearwaffen, Teile der Gentechnik und vieles andere mehr. Im Fall der gentechnisch veränderten Pflanzen ist dieser Zug allerdings bereits abgefahren. Sie wird man wohl nie wieder loswerden, mit Folgen, die sich möglicherweise erst in Jahrzehnten zeigen. Die sogenannte Gain-of-function-Forschung, die versucht, Eigenschaften von Viren durch beschleunigte Mutationsprozesse zu verändern, muss sofort beendet werden. In diesem Zusammenhang ist auch noch nicht abschließend geklärt, wo das Coronavirus seinen Ursprung hat. Es ist durchaus möglich, dass es aus einem Labor im chinesischen Wuhan stammt, in dem derartige Experimente an Viren betrieben wurden, um diese virulenter und aggressiver zu machen.

Letzten Endes geht es darum, nicht alles, was technisch möglich ist, in die Praxis umzusetzen. Vor allem dann nicht, wenn wir den Ausgang der betreffenden technischen Anwendung nicht vorhersagen können. Diese Anerkennung prinzipieller Grenzen – zum Beispiel im Bereich der Gentechnik – wäre das sichtbare Zeichen einer erwachsen gewordenen Wissenschaft. Solange sie nicht zu dieser Erkenntnis reift, hat sie ihre Kindheit noch nicht hinter sich gelassen.

Auch wenn diese Forderung in Anbetracht der bestehenden Realitäten utopisch klingt, ist sie gerade deshalb umso wichtiger. Ohnehin können Utopien unverzichtbare Orientierungspunkte sein, Leuchttürme im Meer unserer Arroganz und Fehleinschätzungen, die uns immer wieder aufs Neue den Weg weisen und verhindern, dass wir an den Felsen unserer falschen Überzeugungen zerschellen. Sie geben uns die Möglichkeit, Abstand zu gewinnen, um die Gegenwart aus anderer Perspektive wahrnehmen zu können. Das hilft, eigene Fehler zu erkennen und im besten Fall zu korrigieren.

Der Mensch hat sich immer technischer Hilfsmittel, vor allem in Form von Werkzeugen, bedient. Aber diese hatten über ihre unmittelbare Funktion hinaus kaum eine Bedeutung und haben der Natur keinen größeren Schaden zugefügt. Heute ist Technik die Grundlage der Industrie sowie des Militärs oder sogar weitestgehend identisch damit. So arbeitet ein großer Teil der Wissenschaftler:innen mittelbar und unmittelbar für die Rüstungsindustrie. Und dazu gehört nicht nur Rheinmetall oder Heckler & Koch, sondern auch Konzerne wie Airbus, Daimler, MAN und VW. Nicht zu vergessen all die Hochschulen, die im Auftrag des Verteidigungsministeriums Grundlagenforschung in diesem Bereich betreiben. Studentischer Widerstand? Fehlanzeige.

DER TRANSHUMANISTISCHE WAHN

Der Begriff Transhumanismus ist mehrdeutig. Er bezeichnet zum einen die Auffassung, dass die Entwicklung des Menschen über ihn hinausführen wird, was in erster Linie durch natürliche Evolution geschehen soll. Das heißt, der Mensch stellt aus dieser Sicht noch nicht das Endprodukt der Entwicklung dar, sondern wird von dieser schrittweise überholt, um vielleicht eines Tages für eine höherentwickelte Lebensform Platz zu machen oder in ihr aufzugehen. Das ist eine Theorie, wie sie beispielsweise der Wissenschaftspublizist Hoimar von Ditfurth im Rückgriff auf den französischen Philosophen und Paläontologen Teilhard de Chardin vertreten hat. Doch während Teilhard davon ausging, dass der Mensch bereits die Spitze der Evolution darstellt, sah Ditfurth uns lediglich als Übergangsglieder mit der moralischen Pflicht, dafür zu sorgen, dass die Kette der Entwicklung auf der Erde nicht abreißt. Für ihn war die Evolution gleichbedeutend mit dem Augenblick der Schöpfung. Das heißt, was wir von »innen« als fortwährende Entwicklung erleben, ist von »außen«, aus der Sicht Gottes betrachtet, in Wahrheit der Moment der Erschaffung der Welt. Er war der Ansicht, dass wir nur ein Teil dieser Welt sind, nicht die Krone der Schöpfung. Wir sind nur das vorläufige Ergebnis einer Jahrmilliarden andauernden Evolution, die, davon war Ditfurth überzeugt, am Ende über uns hinausführen wird. Für Ditfurth sind wir ein Glied in einer langen evolutiven Kette und werden eines Tages, so hat er es in einem Interview formuliert, »die Fackel des Geistes weitergeben an Nachfolger, die besser und geschickter mit ihr umzugehen verstehen als wir«.[5] So sind wir zwar eine besondere Spezies, aber am Ende auch nur die »Neandertaler von morgen«.

Das ist, wenn man so will, die harmlose Form des Transhumanismus, da sie eher passiv verläuft. Man überlässt es der Evolution, die Entwicklung des Menschen voranzutreiben. Uns bleibt lediglich die Aufgabe, diesen Prozess möglichst wenig zu stören. Diese Auffassung von Transhumanismus ist hier allerdings nicht gemeint.

Der Begriff Transhumanismus im heute verstandenen Sinn geht auf den Biologen und Philosophen Julian Huxley zurück, der ihn erstmalig in seinem 1957 erschienenen Buch *New Bottles For New Wine* eingeführt und definiert hat: »The human species can, if it wishes, transcent itself – not just sporadically, an individual here in one way, an individual there in another way, but in its entirety, as humanity. **We need a name for this new belief. Perhaps transhumanism will serve** (Hervorhebung E. L.): man remaining man, but transcending himself, by realizing new possibilities of and for his human nature.«[6]

Das Ziel der heutigen Transhumanisten besteht somit in der Verbesserung, Optimierung und Weiterentwicklung des Menschen. Vor allem mithilfe der Technik sollen »die bisherigen Grenzen unseres Menschseins gesprengt werden«, so der Transhumanist Stefan Lorenz Sorgner. Das heißt, den Transhumanisten geht es nicht darum, den Menschen zu überwinden, sondern ihn zu einem Menschen x.0[7] zu transformieren. So heißt es in der *Transhumanen Deklaration*: »Wir halten es für wünschens- und erstrebenswert, die menschlichen Beschränkungen zu überwinden; durch die Heilung des Alterungsprozesses, Erweiterung der geistigen Fähigkeiten, die Abschaffung unfreiwilligen Leids und letztlich die Expansion menschlicher Zivilisation über die Erde hinaus.«[8] Der Mensch bleibt weiterhin Mensch, aber eben in verbesserter bzw. optimierter Form. Das schließt aus Sicht der Transhumanisten allerdings nicht die Möglichkeit aus, dass der Mensch aufgrund neuer transhumaner Eigenschaften zu einem »Posthumanen« wird, der möglicherweise eines Tages eine neue Spezies begründet.

Wer den Menschen verbessern möchte, muss davon ausgehen, dass er grundsätzlich verbesserungsbedürftig, also ein »Mängelwesen«, ist. Für den Philosophen und Anthropologen Arnold Gehlen, der diesen Begriff in seinem 1940 erschienenen Buch *Der Mensch. Seine Natur und seine Stellung in der Welt* in die Diskussion eingebracht hat, ist der Mensch ein weltoffenes, nicht instinktgebundenes Wesen. Die Welt ist für ihn daher ein »Überraschungsfeld« unendlicher Möglichkeiten, die immer wieder aufs Neue entdeckt und erfahren werden müssen. So muss der Mensch seine vermeintlich mangelhafte Ausstattung aus eigener Kraft kompensieren. Das heißt, er muss »die Mängelbedingungen seiner Existenz eigentätig in Chancen seiner Lebensfristung umarbeiten«.[9]

Doch dass der Mensch als »physiologische Frühgeburt« (Adolf Portmann) sich nicht sofort in der Welt bewegen kann und lange auf fremde Hilfe angewiesen ist, stellt keinen Mangel dar. Im Gegenteil ist es genau diesem Umstand zu verdanken, dass wir als soziale Wesen aufwachsen, die sowohl ein starkes Gemeinschaftsgefühl als auch die Fähigkeit zur Kooperation entwickeln. Gerade das Vermögen zusammenzuarbeiten ist eine der herausragenden Fähigkeiten unserer Spezies. Hier liegt auch die Hoffnung begründet, die gegenwärtigen und kommenden Krisen bewältigen zu können. Denn entweder entschließen wir uns dazu zu kooperieren, oder wir werden gemeinsam untergehen.

Zum anderen ist es das weitestgehende Fehlen von Instinktgebundenheit, das uns erlaubt, der Welt in Freiheit gegenüberzutreten. Aufgrund unserer enormen Lernfähigkeit gibt uns das die Möglichkeit, uns in jeder Umgebung zurechtzufinden und kreativ mit ihr umzugehen. Darüber hinaus brauchen wir diese Zeit, um unsere jeweilige hochkomplexe Sprache zu erwerben, die ein konstitutives Merkmal unseres Menschseins ist. Mangel sieht anders aus.

Doch auch Julian Huxley ist, zwei Jahrzehnte nach dem Erscheinen von Gehlens Buch, davon überzeugt, dass bis dato nur ein kleiner Teil der menschlichen Möglichkeiten realisiert wurde, und glaubt, dass der Mensch verbessert werden muss. Und diese Ansicht ist auch heute noch zentraler Bestandteil der transhumanistischen Philosophie. Huxley versteht darunter vor allem eine Verbesserung der genetischen Ausstattung. Hier geht es ihm um die Ausmerzung »genetisch bestimmter Gebrechen« wie Sichelzellenanämie, Down-Syndrom (Huxley spricht noch von Mongolismus), Chorea Huntington oder Geisteskrankheiten.

Und natürlich soll mittels Eingriffe in das Erbgut auch das Niveau der individuellen Intelligenz der Menschen erhöht werden. Die Schulbildung allein, so Huxley, wird nicht mehr ausreichen, um die Menschen zu befähigen, sich in den immer komplexer werdenden Gesellschaften zurechtzufinden. »Nur der Verlaß auf eine stetig steigende Verbesserung des genetischen Niveaus der praktischen und intellektuellen Fähigkeiten des Menschen kann hier eine Lösung bringen. Mithilfe künstlicher Besamung durch ausgewählte Spender ließe sich, [...] ein solches Ergebnis in der Praxis erzielen.«[10] Etwas Ähnliches hatte schon Adolf Hitler mit dem Verein Lebensborn versucht, um die Geburtenzahl arischer Kinder durch Förderung »rassisch und erbbiologisch wertvoller« Familien zu erhöhen.

An dieser Stelle wird Huxleys Denken menschenverachtend und totalitär, und dennoch zieht es sich wie ein roter Faden durch die Geschichte des Transhumanismus. Denn wer bestimmt hier, welche Eigenschaften des Menschen verbesserungswürdig sind? Selbstverständlich diejenigen, die gerade die Macht dazu haben, diese Grenzen festzulegen. Macht allein ist aber kein Garant für Wahrheit, wie die Nationalsozialisten eindrucksvoll bewiesen haben. Und oftmals sind es gerade die Ohnmächtigen, die die

Wahrheit auf ihrer Seite haben. Und natürlich geht es immer auch um Interessen. Welche Interessen verfolgen die Menschenzüchter, was für Ziele haben sie, in wessen Auftrag handeln sie? Und trägt Intelligenz wirklich dazu bei, diese Welt besser zu machen, oder wird sie nicht in Wahrheit allzu oft dazu missbraucht, das Böse noch zu perfektionieren? Heerscharen von Wissenschaftlern und natürlich auch Wissenschaftlerinnen setzen bis heute ihre ganze Intelligenz dafür ein, Waffen zu bauen, um möglichst viele Menschen effektiv zu töten. Die Ergebnisse ihrer intelligenten Handlungen lassen sich täglich in den Nachrichten begutachten. Da wäre es manchmal besser, dumm zu sein. Und »Krankheiten« wie das Down-Syndrom ausrotten zu wollen heißt nichts anderes, als diesen Menschen im Nachhinein ihr Lebensrecht abzusprechen. Kein Wunder, wer den Menschen als solchen bereits als ein Mängelwesen definiert, wie muss dessen Urteil erst über Menschen mit körperlichen oder geistigen Einschränkungen ausfallen?

In diesen Bereich fällt auch die Präimplantationsdiagnostik (PID). Darunter versteht man den Vorgang, der Eizelle am vierten oder fünften Tag nach ihrer Befruchtung eine oder mehrere Zellen zu entnehmen, um sie auf bestimmte Kriterien hin zu untersuchen. Die PID ist bisher in Deutschland nur zulässig, wenn bei den betreffenden Eltern das Risiko einer schwerwiegenden Erbkrankheit vorliegt. Darüber hinaus darf sie hier auch angewendet werden, um festzustellen, ob eine schwerwiegende Schädigung des Embryos vorliegt, die eine Tot- oder Fehlgeburt zur Folge hätte. Aber wer weiß schon, ob die PID nicht schon bald zur Standarduntersuchung wird.

Für Sorgner ist die Auswahl einer befruchteten Eizelle vergleichbar mit der Partnerwahl. Auch hier würde bereits »eine Selektion hinsichtlich der genetischen Zusammensetzung des eigenen Nachwuchses getroffen. (...) Dieser Umstand stellt einen plausiblen Grund dafür dar, dass die Partnerwahl zu Fortpflanzungszwecken und die genetische Selektion auch moralisch analog zu behandeln sind.«[11] Hier übersieht Sorgner allerdings einen wesentlichen Aspekt. Bei der Partnerwahl wähle ich (vermeintlich gute) genetische Faktoren, noch bevor das Kind gezeugt, also die Eizelle befruchtet wurde. Die PID entscheidet erst **nach** der Befruchtung der Eizelle darüber, ob diese lebenswert ist oder nicht. Das ist ein fundamentaler Unterschied. Sollte die PID in Zukunft Standard werden, würde das massive ethische Probleme nach sich ziehen. Denn wiederum stellt sich die Frage: Wer selektiert hier und nach welchen Kriterien? In Wahrheit ist ein solcher Versuch, das Erbgut des Menschen zu verbessern (was immer das heißen mag), der erste Schritt in den Totalitarismus. In diesem Fall in den Gentotalitarismus.

Aber bereits die Pränataldiagnostik, bei der mittels Blut- oder Fruchtwasseruntersuchung Zellen des Kindes auf Chromosomenabweichungen untersucht werden, wirft ernste ethische Fragen auf und wird aus diesem Grund auch von vielen Elternpaaren abgelehnt. Das alles ist aber noch relativ harmlos im Vergleich zu dem, was uns auf diesem Gebiet noch bevorstehen könnte. Spätestens wenn es darum geht, in die menschliche Keimbahn eingreifen zu wollen, müssen bei jedem von uns sämtliche Alarmglocken schrillen.

Den Menschen zu verbessern heißt aus Sicht der Transhumanisten auch, ihn auf längere Sicht mit den Möglichkeiten eines Computers zu verbinden. Das setzt selbstverständlich voraus, dass im Menschen sowohl auf Hardware- als auch auf Softwareebene gewisse technische Vorrichtungen implementiert werden müssen. Hier geht es vor allem darum, mittels Gehirnströmen dem Computer entsprechende Befehle zu erteilen. Da diese Systeme Energie verbrauchen, muss hier natürlich eine Lösung gefunden werden. Sorgner berichtet in diesem Zusammenhang von einem Team holländischer Wissenschaftler:innen, die Zebrafische genetisch derart manipuliert haben, dass sie einen Teil ihrer Energie mittels Fotosynthese gewinnen können. Ein Nebeneffekt dieser genetischen Manipulation ist die Grünfärbung der Fische durch das jetzt produzierte Chlorophyll. Aber das Schlimmste kommt erst noch: Sorgner behauptet allen Ernstes, dass aufgrund »des nicht sehr großen genetischen Unterschieds von Zebrafischen und Menschen […] es durchaus möglich [ist], dass diese Technik auch bei Menschen zu realisieren ist«.[12]

Das alles klingt wie Satire, ist aber bitterer Ernst. Schon die Tatsache, dass hier ein Tier derart in seinem Wesen missachtet und zu einem bloßen Manipulationsobjekt der Forschung degradiert wird, ist bereits ein Verbrechen. Es muss endlich eine möglichst weltweit geltende rechtliche Basis geschaffen werden, um solche Versuche unmöglich zu machen und die dafür Verantwortlichen anzuklagen und zu verurteilen. Wenn uns das nicht rechtzeitig gelingt, wird es womöglich nicht mehr lange dauern, bis solche skrupel- und gewissenlosen Praktiken auch auf den Menschen angewendet werden.

Einige dieser Forscher gehen bereits so weit, sich selbst zum Objekt ihrer Untersuchungen zu machen. Es bleibt ihnen auch nichts anderes übrig, da ihre Forschungen vor keiner Ethikkommission Bestand hätten. Zumindest noch nicht. Diese sogenannten Biohacker injizieren sich – zum Teil öffentlichkeitswirksam – Crispr-Wirkstoffe, um in ihrem Körper spezifische Prozesse, wie beispielsweise Muskelwachstum, auszulösen. Einer dieser fehlgeleiteten Menschen ist der Molekularbiologe Jo Zayner, der über seine Firma Odin alles verkauft, was der Transhumanist von heute braucht, um seine Gene zu optimieren. Ein kurzer Blick auf die entsprechende Internetseite genügt allerdings, um zu erkennen, worum es hier in Wahrheit geht: natürlich um Geld, was sonst? Probieren Sie doch einfach einmal das »Genetic Engineering Home Lab Kit« für 1650 Dollar. Alternativ könnten Sie allerdings auch morgens eine Runde joggen. Das kostet gar nichts, und Sie machen wirklich etwas für sich und ihre Gesundheit. Denn in Wahrheit sind diese Selbstversuche brandgefährlich, und niemand kann heute sagen, welche Nebenwirkungen damit verbunden sind. Von Autoimmunerkrankungen bis hin zu Krebs ist hier alles möglich.

Eines ist in diesem Zusammenhang noch erwähnenswert: Sorgner spricht vom »nicht sehr großen Unterschied zwischen der genetischen Ausstattung eines Zebrafisches und eines

Menschen«. Das ist grundsätzlich richtig, denn zirka siebzig Prozent der Gene eines Zebrafisches kommen in ähnlicher Form auch beim Menschen vor. Aber selbst Sorgner würde wahrscheinlich nicht leugnen, dass es zwischen dem Erscheinungsbild und den Eigenschaften eines Zebrafisches und dem Erscheinungsbild und den Eigenschaften eines Menschen fundamentale Unterschiede gibt. Dass lediglich dreißig Prozent unserer Gene für diese elementaren und prinzipiellen Unterschiede verantwortlich sein sollen, ist eher unwahrscheinlich, sodass man generell davon ausgehen kann, dass die Rolle der Gene in vielen Bereichen massiv überschätzt wird. Gerade die Morphogenese scheint sich nicht auf die Genaktivitäten reduzieren zu lassen und bleibt ein tiefes Geheimnis. Das Gleiche gilt für die unterschiedlichen Grade von Bewusstsein, die kaum durch genetische Unterschiede allein erklärt werden können.

In Wahrheit lenken all diese Versuche, den Menschen vermeintlich zu verbessern, von den wirklichen Herausforderungen der Zukunft ab. Denn nicht der Mensch muss verbessert werden, sondern vor allem seine Lebensbedingungen. Das beinhaltet die eigentlich selbstverständliche Forderung, Städte so zu konzipieren, dass sich dort auch Menschen mit körperlichen Einschränkungen frei und ohne Hindernisse bewegen können. Und der beste IQ hilft nichts, wenn noch immer Millionen Kinder keinen Zugang zu regulärer Schulbildung haben oder sich diese nicht leisten können. Hinzu kommt, dass laut FAO und WHO zirka 800 Millionen Menschen nicht genug zu essen haben. Viele leben unter erbärmlichen Bedingungen in Slums, oft ohne Zugang zu sauberem Trinkwasser. Diese Menschen haben von Geburt an in der Regel keinerlei Chancen, sich und ihre Talente und Begabungen zu entfalten. Sich in Anbetracht dieser Umstände über trans- oder posthumane Welten zu unterhalten ist zumindest ignorant, wenn nicht gar zynisch. Es sind die Themen einer satten und dekadenten Wohlstandsgeneration. Und weil ihr Leben so schön ist, würden sie es natürlich gerne verlängern, während so manches Kind in den Slums von Mumbai wünscht, nie geboren zu sein.

Die Verlangsamung bzw. Überwindung des Alterungsprozesses ist ein weiteres Ziel der Transhumanisten. »Was gegenwärtig als normale und daher zu akzeptierende Alterserscheinung angesehen wird, wird künftig aufgrund der weiter voranschreitenden Cyborgisierung eine zu therapierende Krankheit sein.«[13] Altern ist aus Sicht der Transhumanisten somit eine Krankheit, die man eines Tages wird heilen können. Das Endziel ist dabei die radikale Verlängerung des Lebens bis hin zur Abschaffung des Todes. Aus religiöser Sicht möchte man diesen Menschen zurufen: Warum wollt ihr den Tod überwinden, ihr seid doch schon unsterblich? Aber damit würde man in diesen Kreisen wahrscheinlich nur auf wenig Resonanz stoßen und im besten Fall ein mildes Lächeln ernten.

Wohin dieser Wahn ewiger Jugend führen kann, lässt sich gut am Beispiel des Erfinders und ehemaligen Google Chefingenieurs Ray Kurzweil zeigen, der täglich zirka zweihundert Nahrungsergänzungsmittel einnimmt. In einem Interview sagte er: »Ich messe regelmäßig sechzig verschiedene Blutwerte, zudem mein Gedächtnis, die Reaktionszeit und das Tastempfinden. In fünfzehn Jahren, wenn ich chronologisch 75 Jahre alt bin, möchte ich biologisch 38 sein. Dann werden wir unsere Biochemie neu programmieren können, und später kommen die Nanobots, winzige Roboter, die wir in unseren Blutkreislauf einspeisen.«[14] Na dann, ein schönes Leben noch!

Die transhumanistischen Methoden, dem Tod entkommen zu wollen, sind vielfältig. Zum einen soll das über das simple Einfrieren des Körpers sofort nach Eintritt des Todes gelingen, der durch das Ende der Gehirnaktivität bestimmt wird. Schon diese Auffassung des Todes als gleichbedeutend mit dem Gehirntod wäre diskussionswürdig. Denn tatsächlich gab es Fälle, in denen Frauen, die während ihrer Schwangerschaft einen Unfall erlitten und für *hirntot* erklärt wurden, künstlich *am Leben* gehalten wurden und in diesem Zustand ein Kind zur Welt brachten. Der Tod und das Sterben sind eben, so wie das Leben auch, ein ganzheitlicher Prozess, der sich nicht auf ein einzelnes Organ reduzieren lässt. Davon abgesehen, ist die Praxis der Kryokonservierung keine Verlängerung des Lebens, sondern lediglich eine Unterbrechung der Existenz eines nach wie vor sterblichen Körpers. Selbst für den Fall, dass es möglich wäre, einen toten Körper nach langer Zeit wieder ins Leben zurückzuholen, stellt sich die Frage nach dem Warum. Wo liegt für diese Person der Mehrwert, nach zweihundert oder vielleicht zweitausend Jahren in einer Zeit zu erwachen, in die man nicht gehört, deren Sprache und Traditionen man nicht kennt, in der man keinerlei verwandtschaftliche Verbindungen oder Freunde mehr hat und in der man ewig ein Fremder bleiben muss?

Ein anderes Problem des transhumanistischen Wahns der Verbesserung der Menschen wäre die Schaffung massiver gesellschaftlicher Ungleichheiten. Aus diesem Grund hat der amerikanische Politikwissenschaftler Francis Fukuyama den Transhumanismus bereits vor zwanzig Jahren als »die gefährlichste Idee der Welt«[15] bezeichnet. Denn die Idee von der Gleichheit aller Menschen habe seine Grundlage in der Überzeugung, dass alle Menschen unabhängig von ihrer Hautfarbe, ihrer Schönheit oder ihrer Intelligenz über intrinsischen Wert verfügen. Der Kern des transhumanistischen Projekts, so Fukuyama, sei aber gerade, diesen essenziellen Wert infrage zu stellen und das Wesen des Menschen zu verändern. In diesem Zusammenhang stelle sich die Frage, ob diese verbesserten und optimierten Menschen aufgrund ihrer Überlegenheit gegenüber ihren nichttransformierten Artgenossen mehr Rechte einfordern könnten. Dazu kommt die ungerechte Verteilung des Wohlstands in der Welt. Während es sich die Menschen im reichen Globalen Norden leisten könnten, sich körperlich und geistig zu optimieren, wäre das für ein Großteil der Menschheit nicht möglich. Sie wären buchstäblich Menschen zweiter Klasse. Die gesellschaftlichen Folgen dieser Ungleichheiten möchte man sich nicht im Detail ausmalen.

Eine weitere Hoffnung der Transhumanisten ist es, eines Tages ihren Geist, oder besser den Inhalt ihres Gehirns, auf einen Computer hochladen zu können *(mind uploading)*, um sich auf diese Weise unsterblich zu machen. Etwas Ähnliches hat auch Kurzweil im Sinn, denn »in Bezug auf uns selbst leben wir mit der Vorstellung, dass die Software sterben muss, wenn die Hardware kaputtgeht – denn das ist der Tod: Unsere Hardware geht kaputt. Bei Computern haben wir diese Erwartung nicht. Indem wir also unsere Biologie immer mehr ablegen und computerähnlicher werden und uns mit unseren Computern verbinden, bis schließlich der Computeranteil unserer Intelligenz eine Milliarde mal leistungsstärker sein wird als ihr biologischer Anteil, werden wir dieselben Fähigkeiten besitzen. Wir werden unsere Intelligenz verschmelzen und uns wieder trennen können, genauso, wie es Computer heute tun.«[16]

Das allerdings zeugt von einer äußerst schlichten, da reduktionistischen Auffassung des Bewusstseins. Denn dieses wird lediglich als Epiphänomen neuronaler Prozesse betrachtet. Aus Sicht eines Transhumanisten ist der Geist somit nichts anderes als das komplexe Zusammenspiel elektrischer Ströme zwischen den Neuronen. Der Philosoph Gottfried Wilhelm Leibniz hat bereits in seiner 1714 erschienenen *Monadologie* gezeigt, dass das Bewusstsein nicht auf mechanische Vorgänge im Gehirn reduziert werden kann. Aber dreihundert Jahre haben offensichtlich nicht ausgereicht, diese Erkenntnis auch Eingang in die Köpfe der Transhumanisten finden zu lassen. In seinem berühmten Mühlengleichnis versucht Leibniz verständlich zu machen, dass unsere Wahrnehmungen nicht allein durch mechanische Vorgänge im Gehirn erklärt werden können. Heute würde man statt von mechanischen wohl eher von neurophysiologischen Vorgängen sprechen. Denn »wollte man vorgeben, daß es eine Maschine gäbe, deren Struktur Denken, Empfinden und Perzeptionen haben läßt, könnte man diese unter Bewahrung derselben Proportionen vergrößert begreifen, so daß man in sie wie in eine Mühle hineintreten könnte. Dies gesetzt, würde man beim Besuch im Innern nur einander stoßende Teile finden, niemals aber etwas, was eine Perzeption erklärt.«[17]

Leibniz verdeutlicht hier, dass zwischen Materie und Geist (oder Bewusstsein) eine unüberbrückbare Kluft besteht. Es gibt keinen Weg von den physikalisch also quantitativ beschreibbaren Vorgängen innerhalb des Gehirns zur nur qualitativ erfahrbaren Welt des Geistes. Somit ist eine Übertragung des Bewusstseins auf eine wie auch immer geartete materielle Festplatte jetzt und für alle Zukunft ausgeschlossen.

Ohnehin liegt all den sinnlosen Versuchen, dem Tod zu entkommen, eine falsche Auffassung des Todes zugrunde. Der Tod ist eben nicht, wie die Transhumanisten behaupten, eine Krankheit und der Antagonist des Lebens. Er ist in Wahrheit sein Mitspieler und Motor. Ohne das Bewusstsein von Zeitlichkeit bzw. zeitlicher Begrenzung unseres Daseins wäre unser Leben wertlos. Erst das Wissen um die Endlichkeit unserer Existenz verleiht dieser ihren Wert. Ein Leben ohne den Tod wäre ein wert- und sinnloses Leben. Der Dichter Jean Paul hat dafür ein eindrucksvolles Bild gefunden: »Auf jeden Menschen wird in der Stunde der Geburt ein Pfeil abgeschossen, und dieser Pfeil trifft ihn in der Stunde des Todes. Aber manchmal mitten im Leben hören wir das Schwirren des Pfeiles.« In Wahrheit ist dieses »Schwirren des Pfeiles« das Hintergrundgeräusch, das unser Leben begleitet. Uns nicht immer bewusst, ist es doch stets gegenwärtig und treibt uns an bei allem, was wir tun. Und immer dann, wenn wir am innigsten lieben, ist das Schwirren am lautesten. Der Existenzphilosoph Martin Heidegger hat das ähnlich gesehen. Der Tod ist immer schon im Leben präsent, denn »das Dasein stirbt faktisch, solange es existiert«.[18]

Der Philosoph Nick Bostrom ist einer der Protagonisten der transhumanistischen Bewegung. 1998 gründete er zusammen mit dem britischen Philosophen David Pearce die World Transhumanist Association. Auf seiner persönlichen Webseite lässt sich nachlesen, worin das grundlegende Missverständnis bezüglich des Todes besteht. Bostrom begründet dort, warum Transhumanisten länger leben wollen:

> This is a personal matter, a matter of the heart. Have you ever been so happy that you felt like melting into tears? Has there been a moment in your life of such depth and sublimity that the rest of existence seemed like dull, gray slumber from which you had only just woken up? It is so easy to forget how good things can be when they are at their best. But on those occasions when we do remember – whether it comes from the total fulfillment of being immersed in creative work or from the tender ecstasy of reciprocated love – then we realize just how valuable every single minute of existence can be, when it is this good. And you might have thought to yourself, »It ought to be like this always. Why can't this last forever?«[19]

Bostrom spricht hier davon, wie wertvoll jede einzelne Minute unserer Existenz sein kann. Dabei übersieht er allerdings die schlichte Tatsache, dass diese einzelne Minute unseres Lebens nur deshalb so wertvoll ist, weil unser Leben zeitlich begrenzt ist. Der von Bostrom so geschätzte Augenblick ist ein kurzes Zeichen der Ewigkeit, das in der Zeitlichkeit aufscheint. Aber es kann eben nur ein Augenblick sein, da die Ewigkeit sich gerade nicht mit der Zeitlichkeit verbünden kann, ohne ihren Wert zu verlieren. Es wäre in diesem Fall eben nicht mehr die Ewigkeit, sondern nur noch endlose Zeit. Und das ist etwas vollkommen anderes.

Simone de Beauvoir hat in ihrem Buch *Alle Menschen sind sterblich* literarisch umgesetzt, was es heißt, unsterblich zu sein. Fosca, der Protagonist, ist vor sechs Jahrhunderten durch einen magischen Trank unsterblich geworden, und die Autorin beschreibt seinen leidvollen Weg durch die Geschichte bis ins 19. Jahrhundert. All sein Tun und Streben erscheint ihm zunehmend sinnlos. Die Frauen, die er kennenlernt, sterben, während er nicht altert. Im Grunde genommen sind sie für ihn schon im Moment der ersten Begegnung tot. Und so wird er zunehmend unfähig zu lieben. Zuletzt kämpft er zusammen mit anderen in der Revolution von 1830 und hat dort ein Schlüsselerlebnis:

Sie sahen sich an und lachten: Heute haben wir gesiegt. Sie sprachen untereinander, und weil sie sich so ansahen und miteinander redeten, wussten sie, dass sie weder Eintagsfliegen noch Ameisen waren, sondern Menschen und dass es einen Sinn hatte, zu leben, zu kämpfen und Sieger zu sein; sie hatten etwas gewagt, sie hatten ihr Leben gegeben, um sich zu überzeugen, und waren überzeugt: Es gab keine andere Wahrheit.

Ich ging zur Tür; ich konnte mein Leben nicht einsetzen, ich konnte nicht mit ihnen lächeln, nie waren Tränen in meinen Augen, nie Feuer in meinem Herzen. Ein Mensch von nirgendwoher, ohne Vergangenheit, ohne Zukunft und ohne Gegenwart. Ich wollte nichts, ich war niemand. Ich ging Schritt für Schritt dem Horizont zu, der immer vor mir entwich; die Wassertropfen sprühten auf und sanken wieder hinab, ein Augenblick vernichtete ewig den andern, meine Hände blieben immer leer. Ein Fremder war ich, ein Toter. Sie waren Menschen, sie lebten. Ich war keiner der Ihren. Ich hatte nichts zu hoffen, ich ging zur Tür hinaus.

Ein ewiges Leben wäre ein Leben ohne Ziele, ohne Leidenschaft und ohne Liebe. Für den unsterblichen Menschen ist in Anbetracht einer ewigen Zukunft jeder Augenblick bereits Vergangenheit und damit wertlos. Denn erst die Endlichkeit verschafft unserem Leben Einzigartigkeit. Ein ewiges Leben wäre ein Leben in fortwährender Agonie ohne die Möglichkeit des erlösenden Todes. Es wäre buchstäblich ein Leben in der Hölle. Davon abgesehen, hat der Tod die Funktion, jedem menschlichen Leben eine bestimmte Frist zu setzen. So wird auch verhindert, dass Menschen, die diese Schöpfung verderben, das in alle Ewigkeit tun können. Die Vorstellung eines jahrtausendelang wütenden Donald Trump oder Wladimir Putin genügt völlig, um vom Wahn der Unsterblichkeit geheilt zu sein. Ohne den Tod gäbe es keinerlei Entwicklung, und die Welt würde in ewiger Lethargie erstarren. So ist der Tod, das wusste auch Goethe schon, nicht zuletzt »der Kunstgriff der Natur, viel Leben zu haben«.

Was sich auch hier wieder zeigt, ist die Unfähigkeit, in qualitativen Kategorien zu denken. Gut ist nur, was das Leben verlängert, schlecht, was es verkürzt. Mehr ist grundsätzlich besser als weniger. Die Malerin Paula Modersohn-Becker notierte in ihrem Tagebuch: »Ich weiß, ich werde nicht sehr lange leben. Aber ist das denn traurig? Ist ein Fest schöner, weil es länger ist?«

Nick Bostrom ist im Übrigen ein gutes Beispiel dafür, wie schnell transhumanistisches Gedankengut ins Totalitäre abdriften kann. In seinem Buch *Die verwundbare Welt* macht er unter anderem den Vorschlag, die präventive Polizeiarbeit radikal auszubauen, und plädiert für sogenannte Freiheitskettchen, die um den Hals getragen werden. Diese sind »mit multidirektionalen Kameras und Mikrophonen ausgestattet. Verschlüsselte Bild- und Tonsignale werden unabhängig vom Gerät in die Cloud hochgeladen und in Echtzeit interpretiert. KI-Algorithmen klassifizieren die Aktivitäten des Trägers, seine Handbewegungen, Objekte in der Umgebung und andere situative Hinweise. Bei verdächtigen Aktivitäten werden die Daten an eine von mehreren Überwachungsstationen weitergeleitet […]. Dort überprüft eine Freiheitsbeauftragte den Videofeed auf mehreren Bildschirmen und hört sich den Ton über Kopfhörer an. Dann ergreift sie eine geeignete Maßnahme […].«[20] Das Ganze beinhaltet selbstverständlich auch die vorsorgliche Inhaftierung verdächtiger Personen. Und an den Schutz der Privatsphäre ist auch gedacht: durch eine »automatische Verpixelung des Intimbereichs«. Wem es bei solchen Ideen nicht vor Grauen die Sprache verschlägt, der ist wahrscheinlich bereits vom totalitären Virus des Transhumanismus infiziert oder ohnehin ein grundsätzlicher Befürworter einer faschistoiden Gesellschaftsordnung.

Darüber hinaus glaubt die transhumanistische Bewegung zu wissen, was ein gutes Leben ist. Für Sorgner bedeutet ein gutes Leben, »wenn wir uns durch Training, Übung, aber auch unter Zuhilfenahme neuer Techniken weiterentwickeln«. Aber möglicherweise zeichnet sich ein gutes Leben durch ganz andere Eigenschaften aus: Freundschaft, Liebe, sinnerfüllte Tätigkeit,

Spiritualität und vieles andere mehr. Nichts davon hat mit Training und schon gar nichts mit Technik zu tun.

Die Transhumanisten mit ihren teils kruden, um nicht zu sagen: kranken und menschenverachtenden Ideen und Zielen sind eine der großen Herausforderungen dieses Jahrhunderts. »Diese Horrorvision des Menschen, der zum Bild der Maschine geschaffen ist, schreit nach Widerstand, nach anderen Vorstellungen vom Leben als den herrschenden. Wir brauchen nicht nur andere Entwürfe von dem, was zu erforschen ist und was gebraucht wird, wir brauchen auch andere Bilder des Lebens.«[21] So muss die Politik wie auch die Gesellschaft vor allem das fragwürdige Welt- und Menschenbild der Transhumanisten zurückweisen und sie daran hindern, eines Tages irreversible Veränderungen am menschlichen Genom herbeizuführen. Denn darauf läuft letzten Endes ihr gesamtes Bemühen hinaus. Die Würde des Menschen wie aller anderen Lebewesen auch muss unantastbar bleiben.

DIE CHRISTLICHE ANTHROPOZENTRIK

Das defiziente Weltbild der Wissenschaften stand allerdings nicht am Beginn, sondern eher am Ende einer langen geistesgeschichtlichen Entwicklung. Es war nicht zuletzt die Anthropozentrik des Christentums, die Wissenschaft überhaupt erst möglich gemacht und gleichzeitig der Ausbeutung der Natur Vorschub geleistet hat. So findet sich in der gesamten Bibel praktisch keine Stelle, aus der man eine Umwelt- oder gar Tierethik ableiten könnte. Lediglich an einer Stelle taucht das Gebot auf, dem Ochsen beim Dreschen keinen Maulkorb anzulegen (Dt 25,4). Lange Zeit spielten umweltethische Themen auch in der Theologie praktisch keine Rolle. Das hat sich zum Glück geändert. Seit der evangelische Theologe Jürgen Moltmann im Jahr 1985 mit *Gott in der*

Schöpfung eine ökologische Schöpfungslehre vorgelegt hat, haben sich auch viele andere Theolog:innen mit diesen Themen auseinandergesetzt. Und so war selbst die im Jahr 2015 erschienene Enzyklika *Laudato si'* von Papst Franziskus ganz »der Sorge für das gemeinsame Haus« gewidmet. Zum Thema Tierethik hat sich aber bis heute kaum ein Theologe oder eine Theologin explizit geäußert. Die wenigen Ausnahmen sind hier der im Jahr 2005 aus der katholischen Kirche ausgetretene Theologe Eugen Drewermann *(Über die Unsterblichkeit der Tiere)* sowie der katholische Theologe Joseph Bernhart *(Die unbeweinte Kreatur)*.

Dieser Wahn, den Menschen als das alleinige Zentrum der Welt zu betrachten, ist dabei allerdings keine Erfindung der christlichen Religion. Vorläufer dazu finden sich bereits in der griechischen Mythologie. Hier verlieh man den Göttern erstmalig menschliche Züge, und es war kein Zufall, dass der griechische Sophist Protagoras etwa zur gleichen Zeit zu dem Schluss gelangte, dass der Mensch der Maßstab aller Dinge sei. So zumindest berichtet es Platon in seinem Dialog *Theätet*, denn leider ist ein Großteil der vorsokratischen Schriften im Laufe der Jahrhunderte verloren gegangen.

Dieses Denken ebnete den Weg, sich auch die Natur untertan zu machen, und es waren die Römer, die diesen Weg als Erste rücksichtslos beschritten. Sie sahen in der Natur lediglich eine Ressource, die man nach Belieben nutzen konnte. So wurden allein im Zuge der Kriegführung ganze Gebiete entwaldet. Aber man benötigte auch Holz zum Kochen und als Heizmaterial für eine stetig wachsende Bevölkerung. Durch den Qualm der Heizungen kam es bereits zu dem, was wir heute als Smog bezeichnen, und nicht wenige flohen schon damals aus dem stinkenden Moloch Rom.

Um dem römischen Volk Unterhaltung zu bieten, wurden in den Arenen über mehrere Jahrhunderte hinweg Tiere aufeinander- oder gegen Menschen gehetzt. Das geschah in solchen Größenordnungen, dass durch diese Praxis einige Arten an den Rand des Aussterbens gebracht wurden oder gänzlich verschwanden.

Die Götter Griechenlands und Roms waren, trotz oder gerade aufgrund der ihnen verliehenen menschlichen Züge, noch eng mit der Natur verbunden oder repräsentierten sie: Gaia als gleichbedeutend mit der Erde, Demeter als Göttin der Fruchtbarkeit der Erde, Poseidon als der Gott des Meeres, Hera zuständig für Schwangerschaft und Geburt, Hephaistos als Gott der Vulkane und viele andere mehr. Jetzt hatte der Monotheismus des Judentums und später des Christentums die Welt von ihren Göttern befreit und sie aus der Natur vertrieben. Die damit einhergehende Anthropozentrik zeigt sich spätestens und radikal in der Person Christi. Jahrtausendelang hatten die Menschen den Göttern Opfer dargebracht. Zum einen aus Dankbarkeit für ihre Gaben in Form von Nahrung, Regen oder Fruchtbarkeit. Zum anderen, um sie milde zu stimmen und dafür zu sorgen, dass auf diese Weise auch in Zukunft die Gaben der Götter nicht versiegten. Mit dem Tod Christi am Kreuz vollzog sich ein radikaler Wandel in der Beziehung zu Gott. Denn jetzt war es Gott selbst, der seinen Sohn für die Sünden der Menschen opferte. Wenn es einen Epochenbruch in der Geschichte der Menschheit gegeben hat, dann ist es das Kreuz, an dem der Sohn Gottes starb. Denn mit der Tatsache, dass Gott Mensch geworden ist, ging eine ungeheure Aufwertung des menschlichen Selbstbewusstseins einher. Und so gibt es keine andere Religion, in der der Mensch derart in das Zentrum der Welt gestellt wird, wie es im Christentum der Fall ist, mit allen positiven und negativen Konsequenzen.

Hinzu kommt, dass der Gott des Christentums ein transzendenter, mehr noch, ein abwesender Gott ist: der *deus absconditus*. Im Gegensatz zu vielen anderen Schöpfungsmythen, die davon berichten, dass Gott in seine Schöpfung eingeht, war der christliche Gott zwar Schöpfer und Erhalter der Welt, ging aber selbst nicht in diese ein. Somit war die Welt zwar göttliche Schöpfung, aber selbst nicht göttlich. Vor dem Hintergrund dieses theistischen Schöpfungsgedankens bleibt die Welt aus christlicher Sicht ein bloßes Artefakt – eine Tatsache, die weitreichende Konsequenzen mit sich bringen sollte, was unseren Umgang mit ihr betrifft. Denn nicht zuletzt aus diesem Grund blieb es dem Menschen, der immerhin als Ebenbild Gottes geschaffen wurde, vorbehalten, sie sich untertan zu machen. Und bei Paulus heißt es so auch ganz konsequent: »Denn alles ist euer […] es sei Welt oder Leben oder Tod, es sei Gegenwärtiges oder Zukünftiges, alles ist euer.« (1. Korinther 3,21)

Somit befreite das Christentum die Menschen für Gott und befreite sie gleichzeitig von der Welt. Das ist ein ganz entscheidender Punkt, der in seiner ganzen Tragweite gelegentlich übersehen wird. Denn bis zum Auftreten Jesu war der Mensch Teil einer Gemeinschaft. Er war Sklave, Jude, Römer, Mann oder Frau und somit immer ein Teil von etwas Größerem, ohne die Möglichkeit, seinen gesellschaftlichen Status zu verändern (wirklich gelingen sollte das erst im Zuge der Französischen Revolution). Jesus hat den Menschen zu seiner Individualität befreit, da er sich nicht mehr an eine größere Gruppe wendete. Er sprach nicht das Volk im Ganzen an, nicht die Römer, Sklaven, Juden, Männer oder Frauen, sondern richtete sein Wort an das Individuum. Jeder Einzelne konnte oder musste sich entscheiden, Christ zu sein oder nicht. Jeder Einzelne stand jetzt allein vor Gott und seinen Forderungen. Das macht die ungeheure Radikalität des Christentums aus. Denn was hier vorbereitet wurde, war nichts anderes als der Beginn der Autonomie der Vernunft. Der Mensch stand jetzt Gott und der Welt als selbständig denkendes, handelndes und zunehmend selbstbewusstes Wesen gegenüber. Und so ist es auch kein Zufall, dass die Wissenschaften hier ihren Anfang nahmen. Denn erst wenn uns die Welt als etwas von uns Unabhängiges, Fremdes gegenübersteht, sind wir in der Lage, über sie nachzudenken bzw. sie wissenschaftlich zu erforschen.

Diese zunehmende Individualisierung und Autonomie des Menschen wurde während des Mittelalters für lange Zeit unterbrochen, und erst Martin Luther sollte dieses bereits in den Anfängen des Christentums angelegte Weltverhältnis wieder zum Leben erwecken. In Anlehnung an das Pauluswort teilte er die Welt in seiner Schrift *Von weltlicher Uberkeit, wie weit man ihr*

Gehorsam schuldig sei von 1523 in zwei Reiche: das Reich Gottes und das Reich der Welt und damit des Menschen. »Darum hat Gott die zwei Regiment verordnet, das geistliche, wilchs Christen und frumm Leut macht durch den Heiligen Geist unter Christo, und das weltliche, wilchs den Unchristen und Bösen wehret […].«[22] Auch wenn es Luther in dieser Schrift vorwiegend um die Legitimation von Gewalt geht, hat sie auch auf anderer Ebene ihre deutlichen Spuren hinterlassen.

So war es vor allem der Protestantismus zu Beginn des 16. Jahrhunderts, der durch diese Zwei-Reiche-Lehre Luthers die Natur entheiligte und damit gleichzeitig den Weg für die modernen Wissenschaften ebnete. Die eng mit dem Protestantismus zusammenhängende Säkularisierung im Zuge der Aufklärung trieb die Profanierung der Welt zum Äußersten. Der protestantische Theologe Friedrich Gogarten hat dabei überzeugend dargelegt, dass die Säkularisierung bereits von Beginn an ein konstitutives Moment der christlichen Religion war, da im christlichen Schöpfungsglauben nicht zuletzt »die Freiheit und Selbständigkeit des Menschen der Welt gegenüber begründet ist. Mit ihm ist darum die legitime Möglichkeit einer kausalen Erforschung und Beherrschung der Welt im Sinne der modernen Wissenschaft gegeben. Weil der Schöpfungsglaube nicht eine weltanschauliche Deutung der Welt ist, als welcher er ja keine Sache des Glaubens wäre, sondern weil er der wirkliche Glaube an Gott den Schöpfer ist, darum kann es auf dem Felde einer kausalen Erforschung und Beherrschung der Welt nirgendwo etwas geben, das ihm zum Ansatz diente und das darum dieser kausalen Betrachtung vorenthalten werden müsste.«[23]

Den Reformatoren ging es jetzt vor allem auch darum, ein reines Christentum zu schaffen. Sie wandten sich gegen alle heiligen Kulte, wie Wallfahrten, Marienkult, Engelkult und dergleichen mehr. Der Glaube an die Heiligkeit der Natur, die sich in Orten, Bildern oder den Sakramenten zeigte, wurde gnadenlos bekämpft. Klöster wurden geplündert, Marienstatuen und Bilder zerstört, heilige Stätten geschändet. Die Spiritualität wurde jetzt einzig und allein im Menschen verortet und die ihn umgebende Welt zur bloßen Kulisse degradiert. Jeder andere Glaube galt als Idolatrie. Die Reformation war das Symbol für den gewaltigen Umbruch im Denken dieser Zeit, vor dessen Hintergrund sich die weitere Entwicklung vollzog.

Gogarten war sich der Gefahren dieses geschichtlichen Vorgangs durchaus bewusst und fragte sich bereits Anfang der Fünfzigerjahre des letzten Jahrhunderts, »ob der Mensch, der durch die Säkularisierung zum selbständigen Herrn der Welt und seiner selbst wurde, der ihm damit gestellten Aufgabe gewachsen ist, oder ob er, der sie mit dem Pathos und Ethos der Freiheit in Angriff nahm, nicht drauf und dran ist, sich selbst in der schauerlichsten Weise um diese Freiheit zu bringen«.[24] Wir sehen heute, wie richtig seine damaligen Befürchtungen waren, denn wir sind in der Tat auf dem besten Wege, diese Freiheit »in der schauerlichsten Weise« aufs Spiel zu setzen.

Während die Menschen das ganze Mittelalter über »nach oben« gesehen und dabei die Welt vergessen hatten, schickten sie sich jetzt an, den Blick »nach unten« zu richten. Die Erwartung der Parusie, das heißt der Wiederkehr Jesu Christi, wurde enttäuscht, und so wollte man nicht mehr auf das zukünftige Paradies warten, sondern das Himmelreich im Hier und Jetzt verwirklichen und den Himmel »den Engeln und den Spatzen« überlassen. Von jetzt an war die Welt das legitime Interesse der Menschen, das Zentrum seines Denkens und Handelns.

DER BLINDE FLECK DER PHILOSOPHIE

Dass die abendländische Philosophie seit Platon weder eine Umwelt- noch eine Tierethik entwickelt hat, ist ein unverzeihliches Versäumnis, um nicht zu sagen ein Skandal. Für beinahe alle abendländischen Philosophen (Philosophinnen existierten kaum) spielten die Natur und mit ihr die Lebewesen keine wesentliche Rolle. Natur ist etwas, das dem Menschen fremd und als das völlig andere gegenübersteht. Sie ist bloße Verfügungsmasse und bezieht ihren Wert ausschließlich von uns als vermeintlich höchster wertsetzender Instanz. So wurden den Tieren in der Regel Gefühle gänzlich abgesprochen. Wenn man ihnen doch welche zugestand, dann nur, indem man darauf bestand, dass sie von den Gefühlen der Menschen unterschieden sein müssten.

So hat es auch der niederländische Philosoph Baruch de Spinoza gesehen. Er leugnet zwar nicht die offensichtliche Tatsache, dass Tiere Gefühle haben, besteht aber darauf, dass diese Gefühle völlig andere als die der Menschen sein müssen. Somit gibt es für ihn auch keinen Grund, auf Tiere Rücksicht zu nehmen, denn das »Gebot der Vernunft, unseren Nutzen zu suchen, lehrt zwar, daß wir uns mit den Menschen verbinden müssen, nicht aber mit den Tieren oder mit Dingen, deren Natur von der menschlichen Natur verschieden ist. [...] Ja, da eines jeden Recht durch seine Tugend oder Kraft definiert wird, haben die Menschen ein weit größeres Recht auf die Tiere, als diese auf die Menschen.«[25] Aus diesem Grund wären Tiere nicht zuletzt dazu da, »für unseren Nutzen zu sorgen und sie nach Belieben zu gebrauchen und so zu behandeln, wie es uns am besten paßt, da sie ja der Natur nach nicht mit uns übereinstimmen und ihre Affekte von den menschlichen Affekten der Natur nach verschieden sind«.[26] Diese Auffassung findet sich bis heute noch in vielen wissenschaftlich denkenden und arbeitenden Köpfen. Anders lässt es sich nicht erklären, dass noch immer unzählige Tiere für wissenschaftliche Versuche aller Art missbraucht werden.

Auch der große Königsberger Philosoph Immanuel Kant hat hier auf ganzer Linie versagt. Für ihn gelten nur vernunftbegabte Wesen, also Menschen, als Personen und dürfen daher niemals Mittel sein, sondern sind immer schon Zweck an sich. Für Tiere gilt das nicht, denn sie sind für Kant vernunftlose Wesen, die für sich nur einen relativen Wert beanspruchen können. Kant bezeichnet sie daher schlicht als Sachen.[27] Wenn er sich dennoch dagegen ausspricht, Tiere grausam zu behandeln, dann lediglich deshalb, weil dadurch unser Mitgefühl abgestumpft werden könnte. So heißt es in seiner Schrift *Metaphysische Anfangsgründe der Tugendlehre:* »In Ansehung des lebenden, obgleich vernunftlosen Teils der Geschöpfe ist die gewaltsame und zugleich grausame Behandlung der Tiere der Pflicht des Menschen gegen sich selbst weit inniglicher entgegengesetzt, weil dadurch das Mitgefühl an ihrem Leiden im Menschen abgestumpft und dadurch eine der Moralität im Verhältnisse zu anderen Menschen sehr diensame natürliche Anlage geschwächt und nach und nach ausgetilgt wird.«[28]

Gegen diese fragwürdige Ethik Kants wendet sich mit aller Schärfe Arthur Schopenhauer, der ohnehin die einzige Ausnahme in dieser gefühls- und lebensfeindlichen Philosophie bildet. Beeinflusst durch Buddhismus und Hinduismus, entwickelt er eine Philosophie des Mitleids, lehnt den Anthropozentrismus des Christentums ab und ist von der Einheit allen Lebens überzeugt. Gegen Kant gewendet, schreibt er: »Also bloß zur Übung soll man mit Thieren Mitleid haben, und sie sind gleichsam das pathologische Phantom zur Uebung des Mitleids mit Menschen. Ich finde […] solche Sätze empörend und abscheulich. Zugleich zeigt sich hier abermals, wie gänzlich diese philosophische Moral […] nur eine verkleidete theologische ist, eigentlich von der biblischen abhängt. Weil nämlich […] die christliche Moral die Thiere nicht berücksichtigt; so sind diese sofort auch in der philosophischen Moral vogelfrei, sind bloße ›Sachen‹, bloße Mittel zu beliebigen Zwecken […]. Pfui! Über eine solche Parias-, Tschandalas- und Mlekhas-Moral, – die das ewige Wesen verkennt, welches in Allem, was Leben hat, da ist, und aus allen Augen, die das Sonnenlicht sehen, mit unergründlicher Bedeutsamkeit hervorleuchtet.«[29]

Schopenhauer macht hier deutlich, was die gesamte abendländische Philosophie im Grunde bis heute kennzeichnet: eine eklatante Vernachlässigung von Empathie, Intuition und Gefühl bei gleichzeitiger Überbewertung der Ratio. Das verbindet sie auch mit den Protagonisten der transhumanistischen Bewegung, die unter der Verbesserung des Menschen fast ausschließlich die Verbesserung seiner kognitiven Fähigkeiten verstehen. Von einer Verfeinerung und Intensivierung unseres Gefühls, unserer Empathie oder unserer Liebesfähigkeit ist hier nie die Rede. Dabei wären genau das die Eigenschaften, die wir so dringend benötigen, um die aktuellen Krisen zu meistern. Denn Wissen haben wir bereits seit Langem genug, Gewissen dagegen zu wenig.

Durch diese einseitige Fokussierung auf die Ratio ist der Philosophie wie den Wissenschaften auch naturgemäß der Zugang zur Innenseite der Welt verwehrt. Und auch die Philosophen begehen in der Regel den Fehler, ihre defiziente Philosophie für die ganze Wahrheit zu halten. Und es ist exakt diese Hybris zu glauben, wir wüssten, wie die Welt beschaffen ist, die es zu überwinden gilt.

Noch wirkungsmächtiger als die eben genannten Philosophen sind drei andere Namen der europäischen Geistesgeschichte: Galileio Galilei, Francis Bacon und René Descartes. Wenn diese – zusammen mit anderen wie z. B. Pierre Gassendi – noch gläubige und zum Teil tiefgläubige Menschen waren, so legte ihre Philosophie doch den theoretischen Grundstein zum Aufstieg der modernen Wissenschaften mit all ihren Konsequenzen. Die gegen Ptolemäus gerichtete Lehre des Kopernikus, die jetzt die Sonne in den Mittelpunkt stellte und die Erde um sie kreisen ließ und schließlich von Kepler und Galilei bewiesen wurde, vertrieb den Menschen aus dem Zentrum des Weltalls und damit auch aus dem Zentrum der Heilsgeschichte. Noch entscheidender war allerdings die Lehre Giordano Brunos. Er vertrat die damals radikale Auffassung, dass die Fixsterne nichts anderes seien als unsere Sonne und so wie diese auch von Planeten umkreist würden. Mehr noch behauptete er, dass all diese fremden Planeten von bewussten Lebewesen bewohnt seien. Das war zu dieser Zeit eine ungeheure Annahme und außerdem ein bewundernswürdiger Akt der Abstraktion und Überschreitung des eigenen Egos. Diese aus Sicht der Kirche ketzerische Annahme würde zwangsläufig zu massiven Problemen mit der christlichen Heilslehre führen. Denn wenn man davon ausgeht, dass auch diese Wesen auf anderen Planeten so erlösungsbedürftig sind wie wir, müsste Jesus auch für sie sterben. Eine bizarre Vorstellung.

Es war vor allem Galilei, Lehrender an den Universitäten Pisa und Padua sowie Mathematiker am Hofe der Medici in Florenz, der mit seiner analytischen Methode, d. h. mit dem Aufstellen von Hypothesen und der Ableitung überprüfbarer Folgesätze, das Denken revolutionierte. Was jetzt einzig und allein zählte, war das Messbare. Die Qualitäten, sprich alle sinnlichen Erfahrungen, wurden, wie später bei Descartes, aus der Natur verbannt. Auch wenn Galilei den ihm zugeschriebenen Satz »messen, was messbar ist, und messbar machen, was es nicht ist«, wohl nie gesagt oder geschrieben hat, spiegelt er seine Einstellung doch ganz gut wider. Er ist zweifellos der Begründer der exakten Forschung, indem er die zu untersuchenden Phänomene isolierte, d. h. das Subjekt und damit qualitative Aspekte aus der Untersuchung ausschloss und die so erzielten Resultate in allgemeingültige mathematische Formeln goss.

Darüber hinaus riss er die Grenze zwischen der sublunaren und der supralunaren Welt – den darüberliegenden himmlischen Sphären – ein, indem er durch die Weiterentwicklung des Fernrohrs zeigte, dass die Planeten Gestirne sind wie die Erde auch. Er stellte fest, dass der Mond keine glatt polierte Billardkugel ist, sondern, genau wie die Erde auch, eine ungleiche Oberfläche hat. Er sah schon damals, dass auch die Oberfläche des Mondes durch Berge und Täler gekennzeichnet ist. Dadurch zerstörte er das auf Aristoteles zurückgehende Weltbild und entzauberte den »Himmel«, der bis dahin das unerkennbare Reich Gottes war, und machte ihn zum Objekt seiner Forschung. Die Natur war für ihn ein Buch, das in der Sprache der Mathematik geschrieben ist. Von da an kann es nicht mehr die Aufgabe der Theologen sein, das Wesen Gottes erkennen zu wollen, sondern Aufgabe derjenigen, die dieser Sprache mächtig sind, das heißt der Wissenschaftler und Wissenschaftlerinnen.

Während für die antike Philosophie, vertreten durch Platon und Aristoteles, die reine Theorie und damit die Methode der Deduktion an oberster Stelle standen, wird Francis Bacon, Baron von Verulam, Politiker und Philosoph, der Prophet der modernen Wissenschaften und der Begründer einer neuen Methode – der empirischen Methode der Induktion. So trägt auch sein Hauptwerk den Titel *Instauratio magna* (*Neues Organ der Wissenschaften*). Unter Induktion versteht man ein Verfahren, das aufgrund von hinreichend vielen Beobachtungen zur Erkenntnis allgemein geltender Prinzipien gelangen will. Er ist somit ein dezidierter Fürsprecher des Experiments. »Denn die Sinne für sich allein sind ein gar schwaches und irrtumgebundenes Ding. Auch vermögen Werkzeuge zur Erweiterung und Schärfung der Sinne nicht viel; sondern alle richtigere Interpretation der Natur kommt durch Einzelfälle und geeignete durchführbare Experimente zustande; wo der Sinn nur über das Experiment, das Experiment über die Natur und die Sache selbst entscheidet.«[30]

Dabei geht es ihm vor allem um die praktische Nutzbarmachung der aus dem Experiment gewonnenen Erkenntnis. Nicht Wissen um seiner selbst willen, sondern einzig und allein zum Zweck der Naturbeherrschung ist die Devise. Denn »der Menschen Herrschaft aber über die Dinge beruht allein auf den Künsten und Wissenschaften. Die Natur nämlich läßt sich nur durch Gehorsam besiegen.«[31] Von ihm stammt auch der berühmte Satz »knowledge itself is power« – Wissen ist Macht. Nach Bacon muss man der Natur ihre Gesetzmäßigkeiten abzwingen. Nur indem man sie seziert, zerstückelt und unter Druck setzt, kann man ihr die Geheimnisse entreißen. Das alles selbstverständlich nur zum Wohle der Menschheit. Auch das eine Sichtweise, die sich bis in das heutige Wissenschaftsverständnis durchgehalten hat. Jedes Tierversuchslabor ist hierfür ein beredtes Zeugnis.

Außerdem sprach er der Natur ein Ziel und damit die Zweckhaftigkeit ab. Während Aristoteles noch allen Dingen eine *causa finalis* zugestand und mit seinem Begriff der *Entelechie* die Kraft bezeichnete, die allem Lebendigen innewohnt und alle potenziell vorhandenen Möglichkeiten zur Verwirklichung bringen will, leugnete Bacon die Naturteleologie, weil sie für ihn eine unerlaubte Übertragung des zweckgerichteten Denkens und Handelns des Menschen auf die Natur ist. Robert Spaemann und Reinhard Löw haben in ihrem Buch *Natürliche Ziele* gezeigt, dass das eine wissenschaftlich kaum zu haltende Position ist: »Denn wenn Philosophen häufig gesagt haben, Teleologie im eigentlichen Sinne sei nur für menschliches Zweckhandeln die angemessene Deutung, sonst aber eine unzulässige Analogiebildung, so ist das eine wissenschaftlich schwer plausibel zu machende Position. Denn es läßt die Dimension der Finalität mit dem Menschen plötzlich sozusagen vom Himmel fallen und nimmt den Menschen aus dem Naturzusammenhang heraus. Die Alternative ist also die: entweder ist menschliches Zweckhandeln selbst ontologisch sekundär, letzten Endes Produkt einer zufälligen, durch Selektion ausgezeichneten Konstellation deterministischer Kausalprozesse, also teleonomisch interpretierbar, oder aber die kategoriale Struktur des Aus-seins-auf ist auf verschiedenen Stufen der Komplexität konstitutiv für natürliches Sein überhaupt, dieses Sein ist also von Anfang an mehr als pure Positivität und Gegenständlichkeit. Und alle Rekonstruktion von Zielgerichtetheit ist überhaupt nur möglich, weil wir über die Dimension des Aus-seins-auf bereits verfügen.«[32]

Diese *Entteleologisierung* der Natur durch Francis Bacon, gut zweihundert Jahre später durch Charles Darwin und seine Theorie der natürlichen Auslese auf dem Gebiet der Biologie wiederholt, ist wohl eine der folgenreichsten Taten der modernen Wissenschaften. Denn hat man der Natur erst einmal ihre teleologische Verfasstheit und damit ihren Eigenwert abgesprochen, ist ihre Zerstörung mit keinerlei ethischen Bedenken mehr verbunden.

Der dritte und wohl wirkungsmächtigste Denker im Club der Wissenschaftstheoretiker dieser Zeit ist zweifellos der 1596 geborene französische Philosoph und Mathematiker René Descartes. Er verschaffte den Gedanken und Theorien Galileis und Bacons die philosophische Grundlage und erhöhte damit ganz gewaltig ihre historische Durchschlagskraft. Descartes teilte die Wirklichkeit in zwei Bereiche, die er *res extensa (ausgedehnte Substanz)* und *res cogitans (denkende Substanz)* nannte. Die Unterscheidung von primären und sekundären Qualitäten, die bereits Galilei vorgenommen hatte, erfährt hier eine Radikalisierung. Die Welt wird bei Descartes auf die *res extensa*, d. h. auf Ausdehnung und Bewegung, reduziert, während alle qualitativen Eigenschaften der Welt wie Farbe, Geruch, Wärme oder Geschmack ausschließlich als lediglich Vorgestelltes in das subjektive Bewusstsein verlagert werden. Damit negiert er die Fülle der menschlichen Erfahrung und lässt die lebendige Wirklichkeit zur bloßen Realität erstarren. So schreibt der englische Philosoph und Mathematiker Alfred North Whitehead in *Wissenschaft und moderne Welt*: »Die Natur ist eine öde Angelegenheit, tonlos, geruchlos und farblos; nichts als das endlose und bedeutungslose Vorbeihuschen von Material. Dies ist das ungeschminkte praktische Ergebnis der tonangebenden wissenschaftlichen Philosophie, mit der das siebzehnte Jahrhundert ausklang.«[33]

Neben die Entteleologisierung der Natur tritt jetzt also ihre *Entgeistigung*. Es ist nur konsequent, dass in dieser Philosophie auch die Tiere zu Automaten reduziert werden, ohne Geist, Bewusstsein oder die Fähigkeit, Schmerz zu empfinden. Es ist somit diese Trias aus *Entheiligung*, *Entgeistigung* und *Entteleologisierung* der Natur, die bis heute das Selbstverständnis der abendländischen Zivilisation prägt und zweifellos die Entfremdung des Menschen von der Natur bis zum Äußersten getrieben hat. So hatte die wissenschaftliche Beschäftigung mit der Natur lange Zeit die Aufgabe, den Schöpfer zu ehren. Der Versuch, sie zu begreifen, war immer auch zugleich der Versuch, den Plan Gottes zu verstehen. Dieses Selbstverständnis der Naturwissenschaften änderte sich an der Schwelle zur Neuzeit radikal.

DIE DESTRUKTIVITÄT DES KAPITALISMUS

Im Jahr 2000 schlug der niederländische Meteorologe und Chemiker Paul Crutzen vor, unser Zeitalter als »Anthropozän« zu bezeichnen. Er begründete das mit der Tatsache, dass der Mensch durch seine massiven Eingriffe in die natürlichen Abläufe der Erde inzwischen selbst zu einem geologischen Faktor geworden sei. Diese Bezeichnung hat sich mittlerweile durchgesetzt. Es war der Physiker Harald Lesch, der diesem aus seiner Sicht unzureichenden Begriff einen treffenderen entgegenstellte: das »Kapitalozän«, das Erdzeitalter des Geldes. Und damit ist er zweifellos näher an der Realität. Denn es ist nicht die Menschheit als Ganzes, die diesen Planeten derart verändert hat, sondern vor allem ein Wirtschaftssystem, das in seiner Brutalität gegenüber der Natur seinesgleichen sucht. So kommt der weitaus massivste Angriff gegen die Natur nicht vonseiten einer korrumpierten Ethik, sondern vonseiten der Wirtschaft, die sich aber nur zu gerne dieser korrumpierten Ethik bedient, um ihre im wahrsten Sinne des Wortes schmutzigen Geschäfte zu machen.

Dass der Kapitalismus einem vergleichsweise kleinen Teil der Menschheit ungeheuren Reichtum beschert hat, ist unbestritten. Doch die meisten Elogen auf den Kapitalismus zeugen von einer ungeheuren Ignoranz gegenüber anderen Kulturen und Lebensmodellen. Die Journalistin Ulrike Herrmann beispielsweise findet den Kapitalismus »faszinierend«, weil er in der Lage ist, Wachstum und Wohlstand zu erzeugen. Die Frage ist dabei lediglich, um welchen Preis er das tut und wer letztlich davon profitiert. Sie konstatiert völlig richtig eine grundsätzliche Unvereinbarkeit von Wachstum und Klimaschutz und hat erkannt, dass das sogenannte grüne Wachstum eine Illusion ist. Allerdings ist sie naiv genug zu glauben, dass wir den Kapitalismus mittels politischer Reformen steuern könnten. Aus ihrer

Sicht könne es offensichtlich so etwas wie eine humane Ausgabe des Kapitalismus geben, denn »wäre der Kapitalismus tatsächlich nur als brachiales Unterdrückungssystem denkbar, müsste zunächst eine gewaltsame Revolution stattfinden, um Verbesserungen durchzusetzen«.[34] An dieser Stelle hätte die Autorin klären müssen, von welcher Art Kapitalismus sie spricht. Denn Kapitalismus, so wie er sich heute und in seiner Geschichte zeigt, ist gar nicht anders zu denken als ein System der systematischen Ausbeutung von Mensch und Natur. Denn anders ließe sich kaum Mehrwert generieren. Um aus Geld mehr Geld zu machen, muss der Kapitalist unter Einsatz von Rohstoffen, Arbeitskraft, Maschinen und Werkzeugen etwas produzieren, dessen Wert den Wert der Investition übersteigt. Würde der wahre Wert der natürlichen Ressourcen sowie der menschlichen Arbeit in die Produktionskosten eingepreist, hätte dieses Wirtschaftssystem ein erhebliches Problem. Darüber hinaus hat der Kapitalismus dreihundert Jahre Zeit gehabt zu beweisen, dass er in Wahrheit ein menschen- und naturfreundliches System ist. Es ist ihm bis heute nicht gelungen, und es wäre ziemlich naiv zu glauben, dass ihm das in den kommenden Jahren gelingen könnte.

Der Historiker Rudger Bregmann hat ebenfalls eine interessante Sicht auf den Kapitalismus und offenbart dabei ein gehöriges Maß an Ignoranz, Kulturimperialismus und Kapitalozentrik. Unter Kapitalozentrik soll hier ein Denken gemeint sein, das sich gar nicht mehr vorstellen kann oder will, dass es außerhalb des kapitalistischen Wirtschaftssystems ein gutes und lebenswertes Dasein geben könnte. Aus dieser Sicht muss die gesamte Geschichte der Menschheit folgerichtig als ein einziges großes Trauerspiel erscheinen, müssen alle bisherigen Kulturen als defizient wahrgenommen werden. Und so heißt es in seinem Buch *Utopien für Realisten*: »Während etwa 99 Prozent der Menschheitsgeschichte waren 99 Prozent der Menschen arm, hungrig, schmutzig und krank. Sie lebten in Furcht, waren dumm und hässlich.«[35]

In Anbetracht einer solch engstirnigen Sicht auf die Geschichte und die unterschiedlichen Kulturen des Menschen kann man sich nur verwundert die Augen reiben. Im Übrigen zeigt die Realität sehr häufig ein anderes Bild, nämlich ein Wirtschaftssystem, das intakte wirtschaftliche und soziale Strukturen zerstört. Die schwedische Umweltaktivistin Helena Norberg-Hodge beschreibt am Beispiel des indischen Ladakh[36] sehr eindrucksvoll, wie der westliche Lebensstil nach und nach die einheimische Kultur zerstört hat, da die Ladakhis nur die positiven Seiten der westlichen Kultur wahrgenommen haben, die ihnen durch die Werbung vermittelt wurde. In Ladakh trifft sie nach eigenen Aussagen anfangs auf eine Gesellschaft, »in der es weder Verschwendung noch Luftverschmutzung gibt und in der Kriminalität buchstäblich nicht existiert. Gemeinschaften sind gesund und stark, und ein Jugendlicher findet es niemals peinlich, liebevoll und zart zu seiner Mutter oder Großmutter zu sein.« Die Autorin erkennt während ihrer Forschungen, wie eurozentristisch unser Weltbild ist, da wir ausschließlich in Quantitäten denken und urteilen und dadurch einen großen Teil der Lebensrealität autochthoner Völker ignorieren. Sie beklagt, dass die Werte, »die eine mitfühlende und mitleidende Beziehung zu allem, was lebt, fördern, […] durch Werte ersetzt [werden], die in Richtung einer wertfreien ›Objektivität‹ gehen, die keine ethische Grundlegung besitzt. (…) Wo wir auch hinschauen sehen wir, daß die Kräfte der Globalisierung die Menschen vom Land zu entwurzeln und Gemeinschaften zu zerstören drohen und die Menschen durch die Förderung von Verstädterung und Mobilität voneinander trennen.« Ein großer Teil der Probleme des Globalen Südens sind für Norberg-Hodge somit Folgen des Kolonialismus und einer »fehlgeleiteten Entwicklung«, die eng mit unserer Art zu wirtschaften verknüpft ist. »Die Frage, die sich an alle richtet in einer Zeit, in der die natürlichen und Leben erhaltenden Systeme um uns herum zusammenbrechen, ist eine sehr einfache: Wann endlich wird eine genügend große Zahl von uns Menschen lernen, unseren Herzen zu folgen?«

Möchte man wissen, was dieses Wirtschaftssystem im Negativen auszeichnet, genügt ein Blick in die Gegenwart. Denn die

Grundlagen, auf denen dieses System beruht, sind bis heute unverändert, und ohne sie hätte der Kapitalismus niemals derart erfolgreich werden können. Dazu gehören die Missachtung und Plünderung der Natur, Landraub (Landgrabbing), Kolonialismus sowie die künstliche Verknappung von Gütern, wie z. B. Grund und Boden, die Gesundheitsversorgung oder Pharmazeutika. Vor allem aber die Versklavung und Ausbeutung von Menschen, wofür wir uns in der Regel aber kaum interessieren. Wir nehmen davon, wenn überhaupt, nur Notiz, wenn mal wieder irgendwo Menschen sterben. Wie am 11. September 2012, als bei einem Brand in einer Textilfabrik in Karatschi 258 Menschen ums Leben kamen und 32 verletzt wurden. Einer der Hauptkunden der Fabrik war seinerzeit der deutsche Textildiscounter KiK. Im Jahr darauf, am 24. April 2013, stürzte in Savar in Bangladesch eine Fabrik ein, in der sich zu diesem Zeitpunkt mehr als 3000 Arbeiterinnen und Arbeiter befanden. Obwohl bereits am Vortag Risse im Gebäude festgestellt worden waren, zwang man die Angestellten, ihre Arbeit fortzuführen. Mehr als 1100 von ihnen starben beim Einsturz des achtstöckigen Hochhauses. Sie produzierten in erster Linie Textilien für den Export im Auftrag westlicher Firmen wie Benetton, Primark, C&A und andere. Die Ausbeutung von Menschen bleibt dabei selbstverständlich nicht nur auf die Textilindustrie beschränkt, sondern betrifft auch alle anderen Bereiche wie Landwirtschaft, Bergbau oder die chemische Industrie. Und jedes Mal, wenn wir unser Smartphone in die Hand nehmen, sollten wir uns bewusst machen, dass Blut daran klebt. Es ist vor allem das Blut der Kinder, die das für die Handyproduktion notwendige Coltan mit bloßen Händen aus der Erde holen. Man schätzt, dass in der Region Kivu im Osten der Republik Kongo zirka 40 000 Kinder und Jugendliche in den dortigen Minen schuften.

Ein weiteres Merkmal kapitalistischer Systeme ist die Trennung der Arbeiter, Bauern und anderer Produzenten von ihren Produktionsmitteln zum Zwecke der Kapitalakkumulation. Man nimmt den Menschen ihr Land, ihre Werkzeuge und Maschinen und damit ihre Subsistenzwirtschaft und zwingt sie so in ausbeuterische Arbeitsverhältnisse. Viele von ihnen landen am Ende in Slums, um dort unter teils erbärmlichen Bedingungen ihr Leben zu fristen. Das heißt Schaffung extremer Armut der vielen bei gleichzeitig exorbitantem Reichtum der wenigen. So hatte Marx nicht unrecht, als er schrieb, dass »das Kapital von Kopf bis Zeh, aus allen Poren, blut- und schmutztriefend zur Welt kommt«.[37] Allerdings treten die inneren Widersprüche des Kapitalismus mittlerweile so eklatant zutage, dass es schwerfällt, sich vorzustellen, er könnte noch sehr lange überdauern.

Mit Kapitalismus ist hier ein Wirtschaftssystem gemeint, dem es nicht in erster Linie um die Befriedigung der materiellen Bedürfnisse des Menschen geht. Sondern ein System, das Kapitalakkumulation als Selbstzweck betreibt. Marx hat diesen Prozess oder besser Mechanismus im ersten Band von *Das Kapital* bis heute gültig beschrieben:

> Nur soweit der Kapitalist personifiziertes Kapital ist, hat er einen historischen Wert […]. Aber soweit sind auch nicht Gebrauchswert und Genuß, sondern Tauschwert und dessen Vermehrung sein treibendes Motiv. Als Fanatiker der Verwertung des Werts zwingt er rücksichtslos die Menschheit zur Produktion um der Produktion willen, daher zu einer Entwicklung der gesellschaftlichen Produktivkräfte und zur Schöpfung von materiellen Produktionsbedingungen, welche allein die reale Basis einer höheren Gesellschaftsform bilden können, deren Grundprinzip die volle und freie Entwicklung jedes Individuums ist. Nur als Personifikation des Kapitals ist der Kapitalist respektabel. Als solche teilt er mit dem Schatzbildner den absoluten Bereicherungstrieb. Was aber bei diesem als individuelle Manie erscheint, ist beim Kapitalisten Wirkung des gesellschaftlichen Mechanismus, worin er nur ein Triebrad ist. Außerdem macht die Entwicklung der kapitalistischen Produktion eine fortwährende Steigerung des in einem industriellen Unternehmen angelegten Kapitals zur

> Notwendigkeit, und die Konkurrenz herrscht jedem individuellen Kapitalisten die immanenten Gesetze der kapitalistischen Produktionsweise als äußere Zwangsgesetze auf. Sie zwingt ihn, sein Kapital fortwährend auszudehnen, um es zu erhalten, und ausdehnen kann er es nur vermittelst progressiver Akkumulation. (…) Die Akkumulation ist Eroberung der Welt des gesellschaftlichen Reichtums. Sie dehnt mit der Masse des exploitierten Menschenmaterials zugleich die direkte und indirekte Herrschaft des Kapitalisten aus.[38]

Der Kapitalist ist hier Akteur und Getriebener zugleich, da die Konkurrenz ihm die »Gesetze der kapitalistischen Produktionsweise« aufzwingt. Somit genügt es nicht, den Kapitalismus ausschließlich auf individueller Ebene zu bekämpfen, sondern er muss systemisch überwunden werden. Das an alle, die glauben, sie könnten diesem Wirtschaftssystem allein durch ihr individuelles Verhalten etwas von Bedeutung entgegensetzen und die politische und gesellschaftliche Ebene ausblenden. Das wird nicht genügen. Die Herkulesaufgabe der kommenden Jahre wird es sein, die kapitalistischen Strukturen als Ganzes hinter uns zu lassen, hin zu einer Postwachstumsökonomie, welche die Rechte der Menschen sowie der Natur achtet. Der Schweizer Soziologe Jean Ziegler hat das noch kompromissloser ausgedrückt: »Der Kapitalismus lässt sich nicht reformieren. Man muss ihn zerstören. Vollkommen, radikal, damit sich eine neue soziale und wirtschaftliche Weltordnung errichten lässt.«[39]

Eine Oxfam-Studie zeigt, dass die weltweit 2153 Milliardäre so viel besitzen wie 60 Prozent der Weltbevölkerung. Während der Coronapandemie konnten die zehn reichsten Milliardäre ihr Vermögen sogar noch verdoppeln. Sie besitzen jetzt 1500 Milliarden Dollar. Laut Oxfam lebte im Jahr 2019 fast die Hälfte der Menschheit unterhalb der Armutsgrenze. Diese wird von der Weltbank mit 5,50 Dollar pro Tag angegeben. Innerhalb der letzten drei Jahre sind schätzungsweise noch gut 160 Millionen Menschen dazugekommen. Noch immer werden demnach gerade in Krisen einige wenige noch reicher, während viele andere nicht wissen, wie sie den nächsten Tag überleben sollen.

Keiner hat diese schreiende Ungerechtigkeit besser in Worte gefasst als der große Lyriker und Dramatiker Bertolt Brecht in der *Heiligen Johanna der Schlachthöfe*. Dort lässt er die sterbende Johanna sagen:

> Die aber unten sind, werden unten gehalten
> Damit die oben sind, oben bleiben.
> Und der Oberen Niedrigkeit ist ohne Maß
> Und auch wenn sie besser werden, so hülfe es
> Doch nichts, denn ohnegleichen ist
> Das System, das sie gemacht haben:
> Ausbeutung und Unordnung, tierisch und also
> Unverständlich.

Und so sind es auch die wenigen Reichen, die den Klimawandel mit ihrem aufwendigen und luxuriösen Lebensstil massiv befeuern. Der *Bericht zur weltweiten Ungleichheit*[40] *2022* stellt fest, dass die »obersten 10 % der Emittierenden für fast 50 % aller Emissionen verantwortlich sind, während die unteren 50 % nur 12 % der Gesamtemissionen produzieren«. Noch konkreter wird eine Studie von Oxfam aus dem Jahr 2022. Sie kommt zu dem Ergebnis, dass die Investitionen der 125 reichsten Milliardäre der Welt so viel CO_2 emittieren wie ganz Frankreich mit zirka 68 Millionen Einwohnern. Das entspricht im Durchschnitt 3,1 Millionen Tonnen pro Jahr pro Milliardär! Das hängt schlicht mit der Tatsache zusammen, dass diese Menschen in der Regel ihr Geld dort investieren, wo die höchste Rendite zu holen ist. Das sind neben der chemischen Industrie noch immer die Energiewirtschaft und die Automobilindustrie, also gerade jene Bereiche, die den größten CO_2-Ausstoß haben. Hinzu kommt in der Regel ein Lebensstil, der im Hinblick auf seine Klimaschädlichkeit ans Obszöne grenzt und leider von vielen immer noch als nachahmenswert und cool wahrgenommen wird. Wenn Typen wie Jeff Bezos, Elon Musk oder Richard Branson in den letzten Jahren damit begonnen haben, ihre Aktivitäten auch auf den Weltraum auszudehnen, wird es spätestens Zeit, massiv gegen solcherlei Wahnsinn zu protestieren. Der *Freitag* hat über diesen »galaktischen Größenwahn« sehr treffend geschrieben: »Den Superreichen genügt es nicht, die Erde auszubeuten. Sie wollen sie vom All aus brennen sehen.«[41]

Aber all das interessiert die Wirtschaft nur wenig, denn sie kennt nun mal keine Qualitäten, sondern kann nur in quantitativen Kategorien denken und handeln. Die Wachstumslogik des Kapitalismus macht dabei vor nichts halt, denn für sie ist nur das von Bedeutung, was sich in Geld ausdrücken lässt. So sieht der Kapitalismus sowohl Menschen als auch die Natur lediglich als Ressource, interessant nur vor dem Hintergrund ihrer möglichen Monetarisierbarkeit. Hinzu kommt, dass die Vertreter:innen dieses Wirtschaftssystems noch immer davon ausgehen, dass alle natürlichen Ressourcen kostenlos zur Verfügung stehen. Sie kennen also weder den Wert der Natur, noch sind sie willens, einen Preis für ihre Güter zu bezahlen. So tauchen diese Kosten nach wie vor in keiner Bilanz auf.

Auf der anderen Seite externalisieren wir alle negativen Begleiterscheinungen unseres Konsums: Pestizideinsatz, Landverbrauch, Umweltzerstörung, CO_2-Emissionen, gefährliche und dreckige Arbeit etc. Die Externalisierung findet dabei auf zwei Ebenen statt: auf der des Raumes und der der Zeit. Ein Kohlekraftwerk externalisiert ein Teil seiner Kosten, in dem es die Luft verschmutzt. Das ist die räumliche Ebene. Gleichzeitig trägt es durch den massiven Ausstoß von Kohlendioxid zur Klimakrise bei, unter deren Folgen noch viele Generationen zu leiden haben werden. Das ist Externalisierung in die Zeit. Das Gleiche gilt im besonderen Maß für die Atomenergie, deren Externalisierung auf zeitlicher Ebene alle anderen Technologien weit übertrifft.

Doch ohne die Möglichkeit der Externalisierung käme dieses Wirtschaftssystem schnell an seine Grenzen. Der Soziologe Stephan Lessenich hat überzeugend dargelegt, dass der Kapitalismus aus sich selbst heraus nicht überlebensfähig wäre. »Er lebt von der Existenz eines ›Außen‹, das er sich einverleiben kann, er zehrt von allen möglichen – materiellen wie immateriellen – Formen des ihm zuzuführenden ›Brennstoffs‹, ohne den sein angeblich ewiges Feuer ziemlich rasch erlöschen würde.«[42]

Die gute Nachricht ist, dass die Praxis der Externalisierung zumindest auf räumlicher Ebene gerade an ihr Ende kommt, denn Externalisierungsgesellschaften brauchen Räume, in die sie externalisieren können. Diese Räume werden zunehmend weniger, wenn es sie überhaupt noch gibt. Lessenich hat richtig erkannt, dass es kein Außen mehr gibt, sondern nur noch »asymmetrische Weltinnenverhältnisse«. So schlägt die menschenverachtende Praxis der Externalisierung zunehmend auf uns selbst zurück.

Das sichtbarste Zeichen dieser antisozialen Politik ist die stetig zunehmende Zahl an Flüchtlingen aus Ländern des Globalen Südens, die aufgrund der Folgen des Klimawandels ihre Heimat verlassen müssen. Das UN-Flüchtlingshilfswerk UNHCR geht davon aus, dass sich zurzeit weltweit mehr als 100 Millionen Menschen auf der Flucht befinden. Knapp ein Viertel von ihnen musste aufgrund der Klimakrise oder Umweltkatastrophen flüchten. Die Weltbank schätzt, dass es bis zum Jahr 2050 zirka 140 Millionen Klimaflüchtlinge geben wird. Andere Prognosen sagen bis zu 200 Millionen Flüchtlinge voraus. In Anbetracht der Tatsache, dass zirka 700 Millionen Menschen in küstennahen Gebieten leben, die zunehmend durch den steigenden Meeresspiegel bedroht sind, lassen sich die künftigen Probleme nur erahnen. Denn diese Menschen werden immer häufiger zerstörerischen Sturmfluten ausgeliefert sein. Hinzu kommt die Versalzung der Böden, die der Landwirtschaft fruchtbare Anbauflächen entzieht. Dadurch wird sie in naher Zukunft nicht mehr in der Lage sein, die dortige Bevölkerung ausreichend zu ernähren. Die europäischen Länder tun dabei noch immer so, als ginge sie das alles nichts an, und sind weit davon entfernt, eine gemeinsame und überzeugende Flüchtlingspolitik zu gestalten. Ihre Politik beschränkt sich darauf, dafür zu sorgen, dass Flüchtlinge überhaupt nicht erst nach Europa gelangen. Da es kaum sichere und legale Routen gibt, liefern wir die Flüchtlinge kriminellen Schleuserbanden aus, was bedeutet, dass viele von ihnen im Mittelmeer ertrinken. 2021 waren das 1924 Menschen, die die Überfahrt übers Mittelmeer nicht überlebt haben oder als vermisst gelten. Dazu 1153 Menschen, die auf der nordwestafrikanischen Seeroute zu den Kanarischen Inseln ums Leben kamen oder vermisst werden. 2022 waren es mehr als 1940 Menschen, die starben oder als vermisst gelten. Dabei kann die Zahl der Toten und Vermissten nur geschätzt werden und liegt möglicherweise um ein Vielfaches höher. Und so enden in der Regel die vielbeschworenen Menschenrechte an den Grenzen Europas, die zunehmend zu Festungswällen ausgebaut werden. Aber natürlich wird darauf geachtet, diese Wälle nicht gänzlich unüberwindbar zu machen. Man lässt immer noch eine Lücke, die groß genug ist, um ein gewisses Kontingent an Menschen ins Land zu lassen. Jemand muss schließlich die Arbeit machen, für die sich hier niemand mehr findet.

Auch wenn das viele Menschen noch gerne glauben möchten, geht es innerhalb eines kapitalistischen Wirtschaftssystems nicht in erster Linie darum, die Bedürfnisse der Menschen zu befriedigen. Durch den zunehmenden Wettbewerbsdruck und das herrschende Konkurrenzprinzip der unterschiedlichen Marktteilnehmer, wie Individuen, Unternehmen oder Staaten, geht es vor allem darum, Kapital zu vermehren. Das setzt ein stetiges Wachstum voraus, das nur durch die Ausbeutung der Natur und der Menschen gelingen kann. Um dieses Wachstum zu generieren, müssen außerdem – vor allem mittels der Werbung – immer wieder neue Bedürfnisse geschaffen und neue Märkte erschlossen werden. Es ist in diesem Kontext schon tausendmal gesagt und geschrieben worden, dass es auf einem begrenzten Planeten mit endlichen Ressourcen kein unendliches Wachstum geben kann. Doch diese simple, für jedes Kind verständliche Einsicht ist bis heute weder bei den entsprechenden politischen Stellen noch bei der Mehrheit der Gesellschaft angekommen oder wird schlichtweg ignoriert.

Man schürt noch immer die Illusion, dass es uns in Zukunft gelingen wird, das Wirtschaftswachstum vom Ressourcenverbrauch zu entkoppeln. Das nennt man auch gern »grünes Wachstum« und soll suggerieren, dass wir so weitermachen können wie bisher, aber eben ein wenig nachhaltiger. Es ist wohl eine der größten Lügen, die uns hier vonseiten der Politik aufgetischt und von vielen – gerade den Profiteuren dieses Systems – nur allzu gern geglaubt wird. Der Soziologe Harald Welzer hat dafür in einem Interview den treffenden Ausdruck »Anästhesienarrativ« geprägt. Es ist vor allem die Partei Die Grünen, die ihren Wähler:innen, bei denen es sich vorwiegend um Vertreter:innen der bürgerlichen Mittelschicht handelt, dieses Narrativ wie Honig um den Mund schmiert. Dazu gehört auch, alternative Energien als das Allheilmittel anzupreisen. Aber innerhalb eines expansiven Systems werden auch alternative Energien lediglich dazu eingesetzt werden, die Ressourcen dieses Planeten noch gründlicher auszubeuten. Noch dazu wird so getan, als ob diese Energien quasi kostenlos zur Verfügung stehen würden. In Wahrheit erfordert die Umstellung unserer Energieversorgung auf erneuerbare Energien einen gigantischen Aufwand an Material und natürlich ihrerseits Energie, die dabei in der Regel aus fossilen Brennstoffen kommt. Das soll nicht heißen, dass wir auf alternative Energien verzichten können. Diese sind unverzichtbar, um unsere Kohlendioxidemissionen auf längere Sicht zu reduzieren. Wenn wir aber nicht gleichzeitig unser derzeitiges Wirtschaftssystem überwinden, das permanent Wachstum generieren muss (im Jahr 2022 waren das in Deutschland 1,9 Prozent), werden all diese Bemühungen die Lage nicht verbessern.

Abgesehen davon, verschiebt der Einsatz von erneuerbaren Energien unseren Ressourcenverbrauch nur auf ein anderes Terrain. Denn jetzt fördern wir statt Kohle und Öl eben

Lithium, Coltan oder Neodym unter zum Teil massiver Zerstörung der Natur. Neodym, das vorwiegend für Windkrafträder und E-Autos benötigt wird, kommt fast ausschließlich aus chinesischen Minen und muss in einem aufwendigen Verfahren vom dafür geförderten Gestein getrennt werden. Bei diesen Prozessen kommt es zur Entstehung giftiger Abfallprodukte, aber auch durch die Förderung selbst werden radioaktives Uran und Thorium freigesetzt. Diese Stoffe können ins Grundwasser gelangen und stellen sowohl für die Natur als auch für den Menschen eine massive Gefährdung dar. Der Einsatz alternativer Energien ändert im Übrigen auch nichts an der Verschmutzung der Flüsse durch Chemikalien, der Degradation der Böden durch Überdüngung oder der Vermüllung der Weltmeere durch Plastik. So bliebe innerhalb eines kapitalistischen Systems, selbst bei völliger Umstellung auf erneuerbare Energien, der größte Teil unserer ökologischen Probleme unberührt.

Aber zurück zum Entkopplungsversprechen. Hier muss man zwischen relativer und absoluter Entkopplung unterscheiden. Relative Entkopplung geht von einer Steigerung des BIP bei langsamer steigendem Naturverbrauch aus. Das setzt in der Regel technische Innovationen voraus, durch die sich der Rohstoff- und Energieverbrauch bei der Warenproduktion reduziert. Der Wirtschaftswissenschaftler Niko Paech hat in seinem Buch *Befreiung vom Überfluss* gezeigt, dass sich an dieser Stelle die Katze in den Schwanz beißt, denn »die Tragik innovativer Entkopplungsmaßnahmen besteht nicht zuletzt darin, dass ihr ohnehin nur theoretisches Problemlösungspotenzial auf genau jener Fortschrittslogik gründet, welche die zu lösenden Probleme überhaupt erst verursacht hat«.[43]

Hinzu kommt ein Problem, das sich sowohl bei relativer als auch bei absoluter Entkopplung einstellt: der sogenannte Reboundeffekt. Denn die auf der einen Seite geschaffenen Effizienzgewinne werden auf der anderen Seite sofort durch eine Erhöhung der Nachfrage (und damit der Produktion) bzw. eine Veränderung des Produktes in Richtung Mehrverbrauch neutralisiert. Man muss nur einen Kühlschrank von heute, der mittlerweile wirklich ein Schrank ist, mit einem Kühlschrank von vor zwanzig Jahren vergleichen, um zu verstehen, was das heißt. Das Volumen dürfte sich locker verdoppelt haben. Das Gleiche gilt für Autos, die aufgrund der Effizienzgewinne in der Produktion immer größer und schwerer werden. Ein Sport Utility Vehicle (SUV) kann da schon einmal um die zwei Tonnen wiegen. So haben zwar die meisten Länder inzwischen eine relative Entkopplung erreicht, doch ist diese relative Entkopplung nicht dazu geeignet, auch nur eines unserer Probleme zu lösen, wie die folgenden Zahlen belegen. Sie verlängert lediglich die Agonie dieses Planeten:

> Von 1980 bis 2008 erhöhte sich die Materialproduktivität weltweit um 37 Prozent. Die Wirtschaftsleistung der Welt wuchs im selben Zeitraum um 147 Prozent, während der Materialverbrauch um »nur« 79 Prozent stieg. Diese relative Entkopplung war jedoch von einer enormen weiteren Materialisierung der Weltwirtschaft begleitet. Exemplarisch zeigt sich dies daran, dass sich die Nutzung von Biomasse auf der Erde in diesem Zeitraum um 35 Prozent erhöhte, die Förderung von mineralischen Bodenschätzen um 133 Prozent, die Förderung fossiler Energieträger um 60 Prozent und der Metallverbrauch um 89 Prozent. Der Ausstoß von Treibhausgasen wuchs um 42 Prozent (Dittrich et al. 2012).[44]

Diese Zahlen zeigen deutlich, dass jeder Versuch, den Ressourcen- und Energieverbrauch von der Wirtschaftsleistung zu entkoppeln, innerhalb einer expansiven Wirtschaft von vornherein zum Scheitern verurteilt ist. So bleibt als einziger Ausweg, das Konsum und Produktionsniveau der reichen Länder des Nordens drastisch zu senken. Leider findet sich hier weit und breit keine Partei, die den Mut hat, den Menschen diese unbequeme Wahrheit zu verkünden. Wer vor diesem Hintergrund weiterhin behauptet, wir könnten mit kleinen Veränderungen auch in Zukunft *business as usual* praktizieren, ist entweder ein notorischer Lügner oder ein unverbesserlicher Ignorant. Beides können wir uns nicht mehr leisten. Denn *business als usual* ist eben »kein Nebenschauplatz der bürgerlichen Demokratie, kein Relikt aus einem autoritären Zeitalter, das einer Korrektur bedarf – es ist die materielle Form des zeitgenössischen Kapitalismus, nichts mehr und nicht weniger«.[45]

Wie sieht es mit der absoluten Entkopplung aus? Sie verspricht das Wunder des Wirtschaftswachstums, ohne die bestehenden Bestandsgrößen zu vermehren. Mit anderen Worten: Das BIP wächst bei gleichzeitigem Rückgang des Energie- und Ressourcenverbrauchs. Niko Paech erkennt hier ganz richtig, dass sich von absoluter Entkopplung nur dann sprechen lässt, wenn die bisherigen Bestandsgrößen verkleinert werden. Denn auch die energie- und rohstoffschonender hergestellten Produkte würden zu einer stetigen Vermehrung des Vorhandenen führen. So müsste man konsequenterweise das Bisherige jeweils um die Größe des neu Dazukommenden verringern. Das ist ein wesentlicher Grund dafür, dass absolute Entkopplung scheitern muss, da sie in der Praxis nicht sinnvoll umgesetzt werden kann. So aber »wächst dann schlicht die Entsorgungsmasse und entwertet Materie sowie Energie. Zudem müsste dieser Umwälzungsprozess, wenn sich aus ihm ein beständiges Wirtschaftswachstum speisen soll, irgendwann auch Objekte erfassen, deren optimierte und maßvolle Weiterverwendung weitaus nachhaltiger wäre als deren (zu früher) Ersatz. Mit anderen Worten: Unter der ökologisch notwendigen Bedingung, sowohl die materiellen Fluss- als auch Bestandsgrößen konstant zu halten, würde ein wachsendes Bruttoinlandsprodukt zu einem umfassenden Wegwerfmechanismus führen.«[46]

Aber selbst für den völlig unwahrscheinlichen Fall, dass es einer solchen Wirtschaft gelänge, »die materiellen Bestands- und Flussgrößen permanent auszutauschen«, gäbe es keine Möglichkeit des Wachstums mehr. Eine derartig strukturierte Ökonomie böte nur noch »einen konstanten Wertschöpfungsstrom auf vergleichsweise geringem Niveau«, so Paech.

Wenn einige Staaten, wie beispielsweise Deutschland und die USA, behaupten, sie hätten ihre Wirtschaft bereits erfolgreich vom Ressourcen- und Energieverbrauch entkoppelt, ist das eine dreiste Lüge. Vielleicht mag das auf den Energie- und Rohstoffverbrauch im eigenen Land zutreffen. Sie verschweigen dabei aber die schlichte Tatsache, dass sie einen wesentlichen Teil der Aufwendungen an Energie und Rohstoffen in andere Länder verschoben haben. Womit wir wieder bei der Praxis der Externalisierung angelangt wären.

Nach der gescheiterten UN-Klimakonferenz in Kopenhagen (COP 15) im Jahr 2009 fand im Jahr darauf in Bolivien die »Weltkonferenz der Völker über den Klimawandel und die Rechte der Mutter Erde« statt. Die Abschlusserklärung[47] benennt ganz klar einen der Hauptverursacher der globalen ökologischen Krise:

> Wir stehen der Endkrise des patriarchalischen Zivilisationsmodells gegenüber, das sich auf die Unterwerfung und Zerstörung von Menschen und Natur stützt, ein Prozess, der sich mit der industriellen Revolution beschleunigte. Das kapitalistische System hat uns eine Denkweise der Konkurrenz, des Fortschritts und des Wachstums ohne Grenzen aufgezwungen. Dieses Produktions- und Konsumregime strebt nach schrankenlosem Profit, es trennt den Menschen von der Natur und richtet ein folgerichtiges System der Herrschaft über diese auf, es verwandelt alles in Ware: das Wasser, den Boden, die menschlichen Gene, die überlieferten Kulturen, die Biodiversität, die Gerechtigkeit, die Ethik, die Rechte der Völker, den Tod und selbst das Leben. Im Kapitalismus wird die Mutter Erde nur zu einer Quelle von Rohstoffen und die Menschen zu Produktionswerkzeugen und Konsumenten, zu Personen, deren Wert danach bemessen wird, was sie haben, nicht danach, was sie sind. Der Kapitalismus braucht eine leistungsfähige Militärindustrie für seinen Akkumulationsprozess und die Kontrolle von Territorien und Naturressourcen, um den Widerstand der Völker zu unterdrücken.

> Es handelt sich um ein imperialistisches System der Kolonisierung des Planeten. Die Menschheit befindet sich vor einer großen Entscheidungsfrage: den Weg des Kapitalismus, der Plünderung und des Todes fortzusetzen oder den Weg der Harmonie mit der Natur und der Achtung vor dem Leben einzuschlagen. Wir müssen ein neues System schaffen, das die Harmonie mit der Natur und zwischen den Menschen wiederherstellt. Gleichgewicht mit der Natur kann es nur geben, wenn es Gleichheit zwischen den Menschen gibt.

Die Autor:innen haben sehr klar erkannt, dass der Kapitalismus nicht nur eine besondere Art des Wirtschaftens ist. Er stellt ein »Zivilisationsmodell« dar, das alle Ebenen der Gesellschaft und alle Lebensbereiche bis hinab zum Individuum durchdrungen hat. Er fördert Eigenschaften wie Habgier und Neid und macht die Menschen zu sozialen Monaden, die nur noch für ihre eigenen Interessen kämpfen. Er hat die Ware zum Fetisch und das Geld zur Religion gemacht. Was keinen Preis hat, ist innerhalb dieses Systems auch nichts wert. Der Wirtschaftswissenschaftler und ehemalige griechische Finanzminister Yanis Varoufakis kommt zu einem ganz ähnlichen Schluss.[48] Er kritisiert, dass die kapitalistischen Gesellschaften ausschließlich auf Tauschwerte fokussiert sind, während die Bedeutung der Lebenswerte immer weiter marginalisiert würde. Es sind aber genau diese Lebenswerte, die eine Gesellschaft zusammenhalten und gerade nicht in Geld ausgedrückt werden können. Dazu gehören Liebe, Freundschaft, Beziehungen aller Art, Musik, Kunst, Sex, Religion, ein Spaziergang im Wald, ein wunderschöner Sonnenuntergang und vieles andere mehr. Erst mit der Verwirklichung dieser Werte ist ein gutes, gelungenes und sinnhaftes Leben überhaupt nur denkbar.

Dazu gehört auch ein Beruf, der diese Bezeichnung verdient. Doch viele Menschen üben keine sinnstiftende Tätigkeit mehr aus, sondern arbeiten in Bullshit-Jobs großer Unternehmen, die nur noch damit beschäftigt sind, sich selbst zu verwalten. Da diese Jobs in der Regel überflüssig sind, fühlen sich auch die Ausführenden dieser sinnfreien Tätigkeiten irgendwann überflüssig. Ohne dauernden Konsum von Waren und Medien aller Art wäre so ein Leben wahrscheinlich nicht lange zu ertragen. Aber für diesen Konsum sorgt zielgruppengenau das kapitalistische Produktionssystem, und so schließt sich der dritte und vierte Kreis der Hölle.

Wir müssen somit in Zukunft nicht nur anders wirtschaften, sondern ein grundsätzlich anderes Zivilisationsmodell schaffen, in dem Konkurrenz- und Wachstumsdenken, Entfremdung, Gier, Militarismus und die Herrschaft über die Natur ersetzt werden durch Gemeinschaft, Kooperation, Empathie, Verbundenheit, Genügsamkeit und Wertschätzung. Das alles sind keine uns fremden Eigenschaften, die wir deshalb erst erfinden müssten. Ganz im Gegenteil konnten die Menschen überhaupt nur aufgrund dieser Eigenschaften die Jahrtausende hindurch überleben. Somit wird es auch höchste Zeit, ein anderes Menschenbild zu entwickeln, das uns all die eben genannten Eigenschaften zutraut und mehr in uns sieht als lediglich den *Homo oeconomicus* innerhalb eines verdummenden Wirtschaftssystems, der im Übrigen eine relativ junge Erfindung ist.

Unsere Gattung *Homo sapiens* existiert dagegen seit zirka dreihunderttausend Jahren. Das ist eine fast unvorstellbar lange Zeit, in der wir gelebt und überlebt haben, ohne diesem Planeten größeren Schaden zuzufügen. Erst in den letzten zweihundert Jahren, und genau genommen erst seit dem Ende des Zweiten Weltkriegs, also in einer vergleichsweise lächerlich kurzen Zeit, haben wir es geschafft, unsere Erde nachhaltig zu zerstören und sie in Teilen an die Grenzen ihrer Belastbarkeit zu bringen. Diese Tatsache sollte genügen, um einzusehen, dass hier ganz offensichtlich etwas mächtig schiefläuft.

DIE WISSENSCHAFT UND DAS CORONAVIRUS

Während der Coronapandemie konnte man beobachten, was bereits in den ersten beiden Kapiteln thematisiert wurde: der Glaube an die Allmacht der Wissenschaft mit allen negativen Konsequenzen eines einseitig szientifischen Weltbildes, das noch dazu Politik macht. So wurde über zwei Jahre hinweg ein so hochkomplexes Land wie die Bundesrepublik Deutschland mit einer einzigen Zahl regiert. War das anfangs die Inzidenz, so im Anschluss die Hospitalisierungsrate. Der gesamte soziale Bereich der Menschen wurde weitestgehend ignoriert. Aus Sicht eines Virologen oder einer Virologin mag das völlig ausreichend sein. Aus Sicht eines Kindes, das nicht in die Schule oder in die Kita darf, einer alleinerziehenden Mutter, die die ganze Last der Betreuung zu tragen hat, eines Altenheimbewohners oder einer Frau, die ihren kranken und vielleicht sterbenden Lebenspartner nicht besuchen darf, stellt sich die Situation naturgemäß anders dar. Wenn Wissenschaft Politik macht, bläst den Menschen der eiskalte Atem der Technokratie ins Gesicht und lässt sie schaudern.

Generell ließ sich während dieser Zeit ein ungeheurer Mangel an komplexem Denken beobachten. So wie man glaubte, ein Land mit einer Zahl regieren zu können, so glaubte man, mit nur einer Maßnahme (der Impfung) diese Pandemie beenden zu können. Das offenbarte nicht zuletzt eine Medizin, die dem reduktionistischen Paradigma vollständig erlegen ist. So wurde einseitig auf den Körper fokussiert und sowohl der geistige als auch der psychische Bereich praktisch ausgeblendet. Aber eine Medizin, die diesen Namen verdient und mehr sein möchte als bloße Iatromechanik, muss immer den ganzen Menschen im Blick haben, da nur so wirkliche Heilung möglich ist. Die Folgen dieser auf einem eindimensionalen Menschenbild gründenden Politik werden uns noch lange begleiten.

An dieser Stelle muss ein kurzer Abstecher in die Politik erlaubt sein. Diese muss in Zukunft lernen, komplexer zu denken und sich dabei nicht einer einseitig wissenschaftlichen Weltsicht unterzuordnen. Sie muss in ihrem Handeln vor allem die unterschiedlichen Lebensrealitäten der Menschen berücksichtigen, die zu vielschichtig sind, als dass sie von den Wissenschaften adäquat abgebildet werden könnten. So würde zu einer verantwortungsvollen Politik ein gut ausgebautes und zukunftsfähiges Gesundheitssystem gehören, das nicht darauf angewiesen ist, Gewinne zu generieren. Doch stattdessen werden weiterhin bundesweit Kliniken geschlossen, da sie keine schwarzen Zahlen schreiben. Von den im Jahr 2000 bestehenden 2242 Krankenhäusern sind heute noch 1697 existent. Allein in diesem Jahr sollen, so das Bündnis Klinikrettung, weitere 68 Standorte geschlossen werden.

Während der Pandemie hieß es immer wieder, es gebe zu wenig Intensivbetten, doch das war nur die halbe Wahrheit. Denn Intensivbetten gäbe es in Deutschland zur Genüge, nur leider kein Personal, um die darin liegenden Patient:innen zu betreuen. Und es ist ein gravierender Unterschied, ob man davon spricht, dass die Intensivstationen voll sind, oder davon, dass es an Pflegepersonal fehlt. Es war der Versuch, sprachlich die eklatanten Missstände im Gesundheitswesen zu verdecken. Die Altenpflegeeinrichtungen eingeschlossen, fehlen in Deutschland zirka 100 000 Pflegekräfte. Bis zum Jahr 2050 werden in Deutschland zirka 6,5 Millionen Menschen auf Pflege angewiesen sein, und das bei anteilig immer weniger Pflegepersonal. Allein in der Intensivpflege fehlen laut Ärzteblatt derzeit zirka 3500 bis 4000 Fachkräfte. Hinzu kommt, dass ein Großteil der fast 2000 Kliniken im Land verzweifelt auf der Suche nach ausgebildeten Ärzt:innen ist.

Es hängt aber nicht zuletzt auch entscheidend von den bestehenden Verhältnissen ab, wie gefährlich ein Krankheitserreger sich konkret präsentiert. Die soziale Stellung eines Menschen wirkt sich selbstverständlich auch auf den individuellen Immunstatus aus. Wer weniger Geld hat, lebt beengter und oftmals in schlechteren Wohngegenden, hat schlechtere Arbeitsbedingungen, ernährt sich schlechter und vieles andere mehr. Aber leider fehlt das politische und wohl zum Teil auch das gesellschaftliche Interesse, die Lebenssituation derjenigen zu verbessern, die am unteren Ende der Einkommensskala rangieren.

Eine gute Ernährung ist ohnehin einer der wichtigsten Faktoren für ein gut funktionierendes Immunsystem. Doch in der Regel enthalten unsere Nahrungsmittel zu viel Zucker und zu viele ungesunde Fette. Die Folgen dieser Ernährung sind Bluthochdruck, Fettleibigkeit und Diabetes die am Ende zu Herz-Kreislauf-Erkrankungen führen. Während der Coronapandemie waren es genau diese Menschen, die unter anderem zu den Risikogruppen gehörten. Herz-Kreislauf-Erkrankungen sind (ganz ohne Corona) für zirka 35 Prozent aller Todesfälle in Deutschland verantwortlich. So sterben in Deutschland jedes Jahr mehr als 300 000 Menschen an kardiovaskulären Erkrankungen wie Herzinfarkt und Schlaganfall. So sollte die erste Amtshandlung einer verantwortungsvollen und zukunftsorientierten Politik sein, dafür zu sorgen, dass solche Lebensmittel, die eher schon Todesmittel sind, nicht mehr hergestellt werden dürfen.

Für Kinder und alte Menschen hat sich die Politik ohnehin nie interessiert, denn die einen können noch nicht wählen, und für die anderen braucht man, so scheint es, keine Politik mehr zu machen. Besonders die Schließungen von Kitas und Grundschulen haben sich im Nachhinein als schwerwiegender Fehler herausgestellt. Abgesehen davon, waren auch die Schulen denkbar schlecht für diese Pandemie gerüstet. Eine Untersuchung des Verbandes Bildung und Erziehung (VBE) kommt zu dem Ergebnis, dass bis zum Jahr 2030 insgesamt 81 000 Lehrerinnen und Lehrer fehlen werden. Die Klassen sind daher zu groß, die digitale Infrastruktur ist eine Katastrophe, und die Schulgebäude sind in vielen Fällen alt und marode. Während der Pandemie ließen sich oftmals noch nicht einmal die Fenster öffnen. Und wer daran geglaubt hat, dass sich nach dem Ende der Pandemie daran irgendetwas ändern würde, sieht sich bitter enttäuscht.

So darf man der Wissenschaft niemals politische bzw. staatspolitische Macht geben, da ihre Vertreter:innen naturgemäß nicht in der Lage sind, angemessen mit einem so hochkomplexen Gebilde, wie es ein Staat und seine Bevölkerung nun einmal darstellen, umzugehen. Gerade der ungeheuer vielschichtige soziale Bereich stellt eine komplette Überforderung der wissenschaftlichen Methode dar, für die zwei mal zwei naturgemäß immer vier ist. Eine Gesellschaft zeichnet sich aber gerade durch ihre Grautöne, ihre vielfachen Schattierungen und ihre Pluralität aus. Sie sind es, die das gesellschaftliche Leben erst interessant, bunt und schön machen. Das aber sind Kategorien, in denen ein Wissenschaftler oder eine Wissenschaftlerin nicht denken darf (und oftmals wohl auch nicht kann).

Noch gefährlicher in diesem Zusammenhang ist aber die Tendenz der Wissenschaften, zumindest innerhalb der politischen Sphäre, ins Totalitäre abzudriften. Denn, so der Sozialpsychologe Harald Welzer, »die Verwissenschaftlichung des Diskurses bedeutet eine politische Entleerung des öffentlichen Raumes, eine Überformung durch Pseudorationalität. [...] Man darf in diesem Zusammenhang daran erinnern, dass die Einrichtung der Welt nach wissenschaftlichen Kriterien automatisch zum Totalitarismus tendiert, weil es ja ›Gesetze‹ sind, nach denen Gesellschaft ausgerichtet wird [...].«[49] Problematisch waren deshalb auch Maßnahmen zur Eindämmung der Pandemie, die aufgrund von vermeintlichen Fakten getroffen wurden, von denen sich viele im Nachhinein als falsch herausstellten. Einige dieser Maßnahmen haben den Rechtsstaat und mit ihm das Grundgesetz bis an die Grenzen der Belastbarkeit strapaziert und diese zum Teil überschritten.

So wurden, wie auch in anderen Bereichen, die Wissenschaften und ihre Vertreter:innen während der Pandemie völlig überschätzt. Viele sind noch immer der Meinung, wissenschaftliche Ergebnisse wären objektiv, neutral und unhinterfragbar wahr. Man unterstellt der Wissenschaft hier einen Unfehlbarkeitsanspruch, den man sonst nur von der katholischen Kirche kannte.

Aber natürlich ist das naiv, und selbst Wissenschaftler:innen, wenn sie denn seriös sind, würden das niemals von ihrer eigenen Arbeit behaupten. Vieles von dem, was die Wissenschaft anfangs im Zusammenhang mit den entwickelten Impfstoffen verlauten ließ, hat sich im Nachhinein als unzutreffend erwiesen. Das kann auch gar nicht anders sein, denn die Zeit zwischen Entwicklung und (bedingter) Zulassung war viel zu kurz. Im Normalfall dauert es im Durchschnitt zehn Jahre und länger, bis ein Impfstoff auf den Markt kommt. Im Fall der Coronaimpfstoffe betrug die Zeit von der Entwicklung bis zur Anwendung keine zwölf Monate. Die ersten Fälle von COVID-19 wurden Ende Januar 2020 in Bayern bestätigt. Am 21. Dezember 2020 erhielt das Vakzin Comirnaty der Firma Biontech/Pfizer als erster COVID-19-Impfstoff die bedingte Marktzulassung. Die erste Impfung in Deutschland erfolgte fünf Tage später.

So geht es auch in der wissenschaftlichen Forschung um Interessen, Präferenzen und vor allem um Geld. Im Rahmen der Impfstoffforschung ging es sogar um ziemlich viel Geld. Allein der Impfstoffhersteller Biontech hat im Jahr 2021 einen Nettogewinn von rund 10,3 Milliarden Euro erwirtschaftet. Schon aus diesen Gründen kann wissenschaftliche Forschung niemals neutral sein. So hat »die Reduktion von moralischem Fortschritt und von Ethik auf naturwissenschaftlich-technologische Modellbildung in von gezieltem ökonomischen Wettbewerb gesteuerten Forschungssystemen […] einen indirekten, aber erheblichen Beitrag zur Corona-Krise geleistet«.[50] Deshalb sollte jeder mündige Bürger und jede mündige Bürgerin sehr kritisch sein, was wissenschaftliche Forschung und deren Ergebnisse anbelangt. Vor allem dann, wenn diese Ergebnisse unmittelbaren Einfluss auf politische Entscheidungen haben. Der Wille, Kritik zu üben, und die Fähigkeit, diese auf sachlichem Niveau zu kommunizieren, ist dabei kein Makel, sondern sollte eine zentrale und fundamentale Eigenschaft eines jeden demokratisch gesinnten Menschen sein. So gesehen, war die Coronapandemie auch ein Lehrstück in Sachen Demokratie, in dem leider viele ganz entsetzlich gescheitert sind.

II ZWISCHENSPIEL

»[...] daß wir die Welt und uns selbst nur dann heilen können, wenn wir an die Stelle dieses zersplitterten Weltbilds ein anderes setzen, das mehr auf Ganzheit, Beziehung und Integration ausgerichtet ist, auf mehr Achtung für die Erde und weniger anthropozentrische Arroganz«.

Ken Wilber

LEISE ZWEIFEL

Der Glaube an den ungebremsten Fortschritt der Wissenschaften begann spätestens nach Ende des Zweiten Weltkrieges. Auch wenn die Atombombenabwürfe auf Hiroshima und Nagasaki im August 1945 bereits in aller Grausamkeit die Folgen einer Wissenschaft offenbarten, die sich selbst das Etikett »wertfrei« aufgeklebt hat, konnte das ihren Siegeszug nicht stoppen. Es hatte lediglich zur Folge, dass viele Physiker in die Biologie wechselten. Dadurch hielt zwar das physikalische Verfahren in die Wissenschaft des Lebens Einzug, aber leider nicht die philosophischen Implikationen der Quantenphysik, die gut zwanzig Jahre zuvor die Physik revolutioniert hatte. Doch gerade diese Implikationen wären so entscheidend für ein erweitertes Verständnis des Lebens und des Bewusstseins gewesen.

Die Quantenphysik zeigt ja vor allem, dass alles miteinander zusammenhängt und Materie nicht wieder aus Materie aufgebaut ist, sondern sich vielmehr in Beziehungsstrukturen auflöst, die eher dem Geistigen ähneln. Und so scheitert die Biologie wie auch die Neurowissenschaft bis heute an den großen Fragen, die das Lebendige und Geistige an uns richtet. Immerhin hatte der Physiker und Nobelpreisträger Erwin Schrödinger bereits Anfang der Vierzigerjahre des letzten Jahrhunderts richtig erkannt, dass Lebendiges sich offensichtlich nicht auf physikalische Gesetze zurückführen oder reduzieren lässt, da Lebewesen etwas kategorial anderes sind als gewöhnliche physikalisch beschreibbare Objekte.

Bis in die Siebzigerjahre des letzten Jahrhunderts war man davon überzeugt, dass es kaum etwas gebe, was der Mensch nicht erreichen könnte. Einige Wissenschaftler machten bereits Pläne zur Besiedelung des Weltraums, und es gab offenbar keine Grenze für den menschlichen Expansionsdrang auf allen Gebieten. Doch langsam wurde die destruktive Seite unserer naturwissenschaftlich-technologisch geprägten Zivilisation unübersehbar, und das Wissen darum erreichte jetzt auch weite Teile der Gesellschaft. Die massive Verschmutzung und Übernutzung der Natur durch die Industrie war nicht mehr zu leugnen. 1972 erschien im Auftrag des Club of Rome das Buch *Die Grenzen des Wachstums* von Dennis und Donella Meadows, das bereits in aller Deutlichkeit zeigte, dass es auf einem begrenzten Planeten mit endlichen Ressourcen kein unendliches Wachstum geben kann. Die Autoren kamen in dieser wegweisenden Studie zu dem Schluss, dass die Wachstumsgrenzen des Planeten in den kommenden einhundert Jahren – von 1972 an gerechnet – erreicht würden. Das alles unter der Annahme, dass sowohl das Wachstum der Weltbevölkerung weiterhin zunimmt als auch der Grad der Industrialisierung, die Verschmutzung der Umwelt sowie die Ausbeutung der natürlichen Ressourcen. In der Zwischenzeit müssen wir allerdings feststellen, dass ihre Prognose zu optimistisch war, denn die Wachstumsgrenzen haben wir schon heute nicht nur erreicht, sondern bereits überschritten. Doch die eigentlich simple Erkenntnis, dass der Planet Erde und mit ihm seine Rohstoffe begrenzt sind, versetzte auch dem bis dahin ungetrübten Fortschrittsglauben der Wissenschaftler:innen einen Dämpfer.

In den Achtzigerjahren starben großflächig die Wälder, ausgelöst durch sauren Regen, und die Fluorkohlenwasserstoffe der Spraydosen und Kühlschränke zerstörten die lebenswichtige Ozonschicht des Planeten. All das wurde von einer breiten Öffentlichkeit wahrgenommen und diskutiert, und folgerichtig zogen *Die Grünen* 1983 in den Bundestag ein. Als am 26. April 1986 das Kernkraftwerk in Tschernobyl explodierte und praktisch die ganze Welt kontaminierte, verstärkte das zwar den Zweifel an der Atomkraft, änderte aber nichts an der globalen Energiepolitik, die erst einmal weiter auf Kernenergie setzte. Im Jahr 2002 kam es unter der damaligen rot-grünen Bundesregierung immerhin zum sogenannten »Atomkonsens«, der vorsah, bis etwa 2021 alle neunzehn deutschen Kernkraftwerke abzuschalten. Acht Jahre später wurden die 2002 vereinbarten Laufzeiten der Kernkraftwerke durch die schwarz-gelbe Regierung unter Kanzlerin Angela Merkel um acht bzw. vierzehn Jahre verlängert. Erst die Reaktorkatastrophe von Fukushima im Jahr 2011 war zumindest für Deutschland das Signal, endgültig aus der Kernenergie auszusteigen. In Deutschland ist dieser Ausstieg inzwischen vollzogen, während viele andere Länder noch immer auf diese Steinzeittechnologie setzen. Und besonders schlimm: In Japan wird inzwischen allen Ernstes der Neubau von Atomkraftwerken diskutiert. Vielleicht ist unserer Spezies wirklich nicht mehr zu helfen. Denn über neue Atomkraftwerke zu sprechen, während die Aufräumarbeiten in Fukushima noch lange nicht abgeschlossen und die Folgen des GAUs noch gar nicht absehbar sind, lässt sich rational kaum mehr erklären.

In den zerstörten Reaktoren des Kraftwerks wird es voraussichtlich noch bis Ende 2031 dauern, bis die Brennelemente aus den Brennelementlagerbecken vollständig entladen sind. Mit dem Ende der Aufräum- und Sicherungsarbeiten wird erst um das Jahr 2050 gerechnet. Ob dieser Zeitplan eingehalten werden kann, ist dabei fraglich. Bei dem Reaktorunglück kam es neben der Freisetzung radioaktiver Stoffe in die Atmosphäre auch zur Kontamination des Kühlwassers mit Jod-131, Cäsium-134, Cäsium-137 und Strontium-90. Dieses kontaminierte Wasser gelangte schließlich in großen Mengen ins Meer. Die Folgen für Mensch und Natur sind völlig unabsehbar und werden uns die nächsten Jahrhunderte begleiten. Das gilt besonders für Cäsium-137, das eine Halbwertszeit von 30 Jahren hat, also erst nach 30 Jahren zur Hälfte zerfallen sein wird.

Abgesehen davon, dass es in jedem Atomkraftwerk der Welt jederzeit zu einem vergleichbaren Unfall kommen kann, bleibt das unlösbare Problem der Endlagerung abgebrannter Brennelemente und radioaktiver Abfälle. Dass dieses Problem bis heute nicht gelöst ist, hat einen einfachen Grund: Es gibt schlicht und ergreifend keine sichere Lagerung dieser Materialien für längere

Zeiträume. Denn niemand kann garantieren, dass die dazu ausgewählten Lagerstätten, wie z. B. stillgelegte Salzbergwerke, über lange Zeiträume stabil bleiben. Außerdem ist völlig ungeklärt, wie man nachfolgenden Generationen in Jahrhunderten oder auch Jahrtausenden die entsprechenden Informationen hinterlassen kann, dass es sich bei diesen Abfällen um hochgefährliche Stoffe handelt. Plutonium-239 als das am häufigsten produzierte Plutoniumisotop hat eine Halbwertszeit von zirka 24 000 Jahren. Die Halbwertszeit von Neptunium, das ein Nebenprodukt der Energiegewinnung in Kernreaktoren ist, beträgt zirka 2,1 Millionen Jahre.

Die Kernenergie trägt weltweit ohnehin nur zirka zehn Prozent zur weltweiten Stromerzeugung bei, könnte also problemlos durch alternative Energien ersetzt werden. Wollte man den weltweiten Energieverbrauch durch Kernkraft decken, müssten wir zirka 15 000 Kraftwerke bauen. In diesem Fall wären die Uranvorräte nach spätestens fünfzehn Jahren erschöpft. Allein diese absurden Zahlen zeigen, dass die Zeit der Kernenergie ein für alle Mal abgelaufen ist, auch wenn das einige Hardliner noch immer nicht wahrhaben wollen.

Denn trotz dieser gravierenden Einwände und der beiden großen und einer Vielzahl kleinerer Katastrophen wird Kernenergie von einigen Politikern, Wissenschaftlern und Journalisten seit Kurzem wieder ernsthaft als das Allheilmittel gegen die Klimakrise gepriesen, da sie angeblich CO_2-neutral sein soll. Betrachtet man allerdings den gesamten Lebenszyklus eines Kernkraftwerks, stellt sich der Sachverhalt völlig anders dar. Allein der langjährige Bau eines solchen Kraftwerks erzeugt schon durch die Zementproduktion gewaltige Mengen an CO_2. Das Gleiche gilt für den Rückbau nach Ende der Laufzeit, der in der Regel länger dauert als der Betrieb. Hinzu kommen die Kohlendioxidemissionen durch die Gewinnung von Uran und nicht zuletzt durch die Verfügbarmachung der Atommülllager. Der World Information Service on Energy (WISE) hat unter Berücksichtigung des gesamten Lebenszyklus eines Kernkraftwerkes in einer

Studie aus dem Jahr 2017 den CO_2-Ausstoß pro Kilowattstunde auf 117 Gramm berechnet. Atomkraft ist somit, von allen anderen Gefahren abgesehen, keine Alternative zu erneuerbaren Energien und mit Sicherheit kein Mittel gegen die Klimakrise. Wir müssen diese Hochrisikotechnologie endgültig hinter uns lassen.

Auch der Krieg in der Ukraine und die damit einhergehende Energiekrise haben den Befürwortern dieser lebensbedrohenden Technologie neuen Auftrieb gegeben. Nicht nur die Grünen, die selbst aus der Antiatomkraftbewegung hervorgegangen sind, haben Ende 2022 für eine Verlängerung der Laufzeit der bestehenden Atomkraftwerke gestimmt. Selbst Greta Thunberg, die Begründerin der Fridays-for-Future-Bewegung, hat sich inzwischen für Atomenergie ausgesprochen, wenn die Alternative dazu Energie aus Kohlekraftwerken heißt. Das zeigt, dass sie alle nicht verstanden haben, worum es hier wirklich geht, und nicht in der Lage oder willens sind, das in Politik und Wirtschaft vorherrschende Paradigma zu überwinden. Denn es geht nicht um die Frage Atomenergie versus Kohlekraftwerke, sondern darum, unser Wirtschaftssystem so umzubauen, dass wir weder die eine noch die andere Energieform benötigen. Das heißt, darüber nachzudenken, was eigentlich produziert werden soll. Denn ein großer Teil der hergestellten Produkte sind überflüssiger Schrott, den in Wahrheit niemand braucht. Die Produktion all dieser sinnlosen Güter war nur möglich, da die Industrie über billige Energie in Form von russischem Gas verfügte. Doch anstatt den Mangel an Erdgas zu nutzen, um unsere Produktion in einigen Bereichen herunterzufahren, werden zurzeit bis zu elf LNG-Terminals gebaut und damit massiv in fossile Infrastruktur investiert. Das Flüssiggas kommt dabei vorwiegend aus den USA, wo es durch das extrem umweltschädliche Fracking gewonnen wird.

In Anbetracht der Risiken und bereits entstandenen Schäden ist die Forderung nach einer Fortsetzung der Energiegewinnung durch Atomenergie ein ungeheurer Skandal, der jeden vernünftig denkenden, von der Industrie nicht bezahlten und durch die Politik noch nicht korrumpierten Menschen nur noch sprachlos zurücklassen kann.[1] Davon abgesehen, offenbart der Krieg in der Ukraine ein weiteres gravierendes Problem: die Anfälligkeit von Atomkraftwerken in kriegerischen Auseinandersetzungen. Das größte Atomkraftwerk Europas im ukrainischen Saporischschja wurde über viele Wochen beschossen, sodass ein GAU auf längere Sicht nicht ausgeschlossen werden konnte. Dass das bisher nicht passiert ist, war nicht zuletzt schlicht Glück. Ein solcher Unfall hätte – wie seinerzeit der GAU im Kernkraftwerk Tschernobyl – die Verstrahlung weiter Teile Europas zur Folge. Und natürlich besteht grundsätzlich auch die Gefahr, dass Atomkraftwerke durch den Absturz ziviler Flugzeuge massiv beschädigt werden können, mit allen daraus folgenden möglichen Konsequenzen. Doch die vorerst gute Nachricht ist, dass trotz all ihrer Fürsprecher:innen die Erzeugung von Atomenergie – zumindest in Deutschland – seit dem 15. April 2023 Geschichte ist. Allerdings arbeiten viele daran, diese Entscheidung rückgängig zu machen, und werden damit hoffentlich erfolglos bleiben.

Neben der Reaktorkatastrophe von Tschernobyl ereigneten sich zwei große Chemieunfälle, die ebenfalls Zweifel an der Beherrschbarkeit unserer Technologien aufkommen ließen. Am 10. Juli 1976 kam es in einer chemischen Fabrik im italienischen Meda zum Austritt großer Mengen von Dioxin, das einen ganzen Landstrich vergiftete, darunter die Gemeinde Seveso. Viele Tiere verendeten, Hunderte von Menschen erkrankten und starben zum Teil an den Folgen einer Dioxinvergiftung. Die Betroffenen wurden, genau wie beim Reaktorunglück in Tschernobyl, nicht über den Unfall informiert und das verseuchte Gebiet erst acht Tage nach dem Unglück evakuiert.

Eine völlig andere Dimension hatte die Chemiekatastrophe im indischen Bophal am 3. Dezember 1984. Aufgrund menschlichen Versagens kam es in einer Pestizidfabrik des amerikanischen Chemiekonzerns Union Carbide zum Austritt von bis zu vierzig Tonnen giftiger Stoffe, darunter das hochtoxische Methylisocyanat, das schon in geringsten Mengen tödlich ist. Es greift die inneren Organe an, schädigt das Gehirn und kann zur

Unfruchtbarkeit führen. Die genauen Opferzahlen sind bis heute nicht bekannt, aber man schätzt, dass bis zu 25 000 Menschen an den Folgen dieses Unglücks gestorben sein könnten. Die Zahl der Verletzten geht in die Hunderttausende. Bis heute kommen Babys mit Behinderungen zur Welt, kommt es zu Fehl- und Totgeburten. Auch hier: Vertuschung, Lügen und Korruption. So offenbarten diese beiden Tragödien nicht nur die möglichen destruktiven Folgen unserer Technik, sondern auch die Skrupellosigkeit des technisch-kapitalistischen Systems, das buchstäblich dazu bereit ist, über Leichen zu gehen. Denn vor allem in Bophal sparte man aufgrund von Umsatzeinbußen beim Verkauf des Schädlingsbekämpfungsmittels Sevin, wo immer man konnte: Das heißt: weniger Kontrollen, Reduzierung des Personals, längere Wartungsintervalle etc. All das ging natürlich auf Kosten der Sicherheit, bis es zur Katastrophe kam. Für diese Form der Gewinnmaximierung hatte man den Tod und die Schädigung der Gesundheit unzähliger Menschen in Kauf genommen. Bis heute hat sich an solchen Praktiken kaum etwas geändert.

So haben diese Unglücke, die Entwicklung und der Einsatz von Atombomben, das Erkennen der Wachstumsgrenzen, die sichtbare Umweltzerstörung sowie die Kraftwerkskatastrophe in Tschernobyl uns bereits damals eindrucksvoll vor Augen geführt, dass wir in vielen Bereichen auf dem falschen Weg sind. Auf einem Weg, der über kurz oder lang in die Selbstzerstörung führen wird. Doch schon lange vor diesen Katastrophen gab es viele Menschen, die gegen die technokratisch-kapitalistische Gesellschaftsordnung rebellierten. So entstand bereits in den Sechzigerjahren eine kulturelle Gegenbewegung, deren Protagonist:innen schon damals viele Probleme klar erkannten, die zum Teil erst heute in ihrer ganzen Tragweite sichtbar geworden sind.

DIE GEGENKULTUR

Der Begriff »Gegenkultur« wurde vom Historiker und Schriftsteller Theodore Roszak geprägt. In seinem Buch *The Making of a Counter Culture* (erschienen 1969) gelang ihm eine hervorragende Analyse der Jugendbewegungen dieser Zeit. Unter dieser Bezeichnung versteht man heute verschiedene soziale Bewegungen von den sogenannten 68ern über diverse Bürgerrechtsbewegungen bis zu den Hippies, die alle eines gemeinsam hatten: die grundlegende Infragestellung der herrschenden Werte und Normen der Mehrheitsgesellschaft. Dazu gehörte auch und vielleicht in erster Linie der Kampf gegen die Technokratie. So widmet Roszak in seinem Buch ein ganzes Kapitel dem »Mythos des objektiven Bewusstseins«.[2] Dieses eng mit den Wissenschaften verbundene objektive Bewusstsein ist für Roszak »entfremdetes Leben, das als wissenschaftliche Methode eine höchst ehrenhafte Stellung erlangt hat«. Die Gegenkultur hätte aber, so Roszak, den Zusammenhang von Wissenschaft, Technokratie und Totalitarismus erkannt. Das würde sie von den früheren »kollektivistischen Ideologien unterscheiden, die ebenso wie der kapitalistische Klassenfeind auf den industriellen Fortschritt setzten« und aus diesem Grund den totalitären Charakter einer szientistisch geprägten Gesellschaft ignoriert hätten. Denn für diese Ideologien würde das Wissenschaftsprinzip nach wie vor »als Garantie für den sozialen Fortschritt angesehen«. Roszak weist deutlich auf die Gefahren hin, die einer wissenschaftlich-technologisch organisierten Gesellschaft drohen. Denn der Einzelne würde eine solche Gesellschaft kaum mehr verstehen und müsse sich gezwungenermaßen den »Experten« ausliefern. Denn nur diese würden den Schlüssel für das Verständnis der Welt und damit für ein gutes Leben in den Händen halten. Dass dieses Expertenwissen mit einer ungeheuren Macht einhergeht, muss an dieser Stelle nicht extra betont werden. Roszak treibt die Angst um, dass der Mensch letztlich alles der Objektivierung unterwerfen könnte und damit gerade das abschafft, was das Leben lebenswert macht. Und so wirft er den Experten vor, durch ihr Verständnis von Fortschritt auch einen »offenen Krieg gegen die Freude zu führen«. Mit ironischem Unterton fragt er, warum wir nicht Maschinen erfinden, »die das Denken, die Kreativität, die Entscheidungen und moralischen Urteile objektivieren …? Laßt uns Maschinen konstruieren, die Spiele veranstalten, Gedichte machen, Musik komponieren und Philosophie lehren.« In Anbetracht der rasanten Entwicklung der sogenannten künstlichen Intelligenz (Stichwort ChatGPT) zeigen sich die bereits damals erkannten Gefahren einer technologischen Gesellschaft heute wieder in ihrer ganzen Deutlichkeit. Es besteht die reale Gefahr, dass die Demokratie schleichend zur »Algokratie«, zur Herrschaft der Algorithmen, degenerieren könnte. Viele dieser digitalen Technologien befinden sich heute in den Händen einiger weniger Unternehmen wie Alphabet Inc. (Google) oder einzelner Superreicher, nennen wir sie korrekt Oligarchen, wie Elon Musk oder Bill Gates. Der Chatbot ChatGPT beispielsweise wurde vom US-amerikanischen Unternehmen OpenAI entwickelt, in das Microsoft viele Milliarden Dollar investiert hat. Bots sind dazu in der Lage, im großen Stil die öffentliche Meinung zu manipulieren, was sich auf das Wählerverhalten auswirken kann, und stellen dadurch eine massive Gefahr für die Demokratie dar. Noch dazu, wenn sie nicht von der Mehrheitsgesellschaft kontrolliert werden. Die Wahl Donald Trumps zum amerikanischen Präsidenten im Jahr 2016 war auch das Ergebnis des Einsatzes sogenannter Social Bots. Darunter versteht man Computerprogramme, die in sozialen Netzwerken wie gewöhnliche Nutzer agieren und dazu in der Lage sind, massenhaft Fake News zu verbreiten. Dazu kommen die sogenannten Deepfakes, also gefälschte Bilder, Videos oder Audioaufnahmen (wie z.B. Interviews), die sich schon jetzt kaum mehr als solche identifizieren lassen. Wie aber soll eine Gesellschaft, die nicht zuletzt auf Vertrauen beruht, noch funktionieren, in der sich Wahrheit und Lüge buchstäblich nicht mehr voneinander unterscheiden lassen?

So entwickelten die Protagonist:innen der Gegenkultur schon damals ein feines Gespür für die Gefahren einer wissenschaftlich-technologischen Gesellschaft, und die Zeit der naiven Wissenschaftsgläubigkeit schien eigentlich vorbei zu sein. Während dieser Zeit erschienen eine Vielzahl an wegweisenden Büchern. Vieles von dem, was damals gedacht und geschrieben wurde, liest sich erstaunlich aktuell, und nicht wenige der heute noch wichtigen Ideen und Theorien sind damals entstanden. Nicht alle der im Folgenden genannten Autor:innen waren dezidierte Vertreter der Gegenkultur. Aber natürlich waren auch diejenigen, die nicht Teil dieser Gegenkultur waren, von den Ideen und Forderungen der unterschiedlichen Bewegungen dieser Zeit beeinflusst und haben jeweils wichtige Beiträge zu den entsprechenden Diskursen geliefert. Dieser Einfluss ging zwar zunehmend zurück, ist aber bis heute noch in vielerlei Gestalt spürbar.

Was auch heute noch fasziniert, ist die Offenheit, aber auch die Radikalität der entsprechenden Diskurse. Es wurde hart und kontrovers diskutiert, aber es wurde diskutiert! Die Universitäten bzw. die geisteswissenschaftlichen Fakultäten waren zentrale Orte dieser Auseinandersetzungen und noch nicht zu beruflichen Ausbildungsstätten mit festen Lehrplänen degeneriert. Im Gegensatz zu dieser diskussionsfreudigen Zeit wird heute zunehmend versucht, entsprechende Diskurse zu unterdrücken, indem man den politischen Gegner auf unterschiedliche Art und Weise diskreditiert, um ihn damit als ernst zu nehmenden Diskussionspartner auszuschließen. Das ist im Kern antidemokratisch mit der zum Teil erschreckenden Tendenz, ins Totalitäre abzudriften, und sollte uns alle aufhorchen lassen. Allein auf dieser Ebene ließe sich viel aus der Zeit der Sechziger,- Siebziger- und auch noch der Achtzigerjahre lernen, denen wir viel zu verdanken haben.

Eine wichtige Persönlichkeit dieser Zeit war der britische Religionsphilosoph und Autor Alan Watts, der hier eine kaum zu überschätzende Rolle spielt. Er war einer der Ersten, der die buddhistische Philosophie, besonders in Form des japanischen Zen-Buddhismus, im Westen bekannt machte. Sein bereits 1957 erschienenes Buch *The Way of Zen* (dt. *Zen-Buddhismus. Tradition und lebendige Gegenwart*) wurde zum Bestseller und beeinflusste eine ganze Generation. Wenn heute im Zusammenhang mit ökologischen Themen von Ganzheitlichkeit, Kooperation oder Empathie die Rede ist, geht das zu einem nicht geringen Teil auf seine Tätigkeit als Zen-Lehrer sowie auf seine Vielzahl an Publikationen zurück. Gerade die Überwindung des Dualismus, durch den der Westen geprägt ist, ist der Kern der buddhistischen Philosophie und war auch ein zentrales Anliegen von Watts. Seine Bedeutung für die Gegenkultur auf spiritueller Ebene war dabei ähnlich groß, wie es die Frankfurter Schule auf politischer Ebene war. Deren Vertreter unterzogen die Technokratie, die Wissenschaft und die kapitalistische Industriegesellschaft einer fundamentalen Kritik. Hier muss man vor allem Herbert Marcuse nennen, Max Horkheimer, Theodor Adorno und Erich Fromm. *Die Dialektik der Aufklärung* von Horkheimer und Adorno, eines der wichtigsten philosophischen Bücher des vergangenen Jahrhunderts, liest sich erschreckend aktuell und ist nicht ohne Grund im letzten Jahr noch einmal aufgelegt worden.

Aber auch der Name Ronald D. Laing darf hier nicht fehlen. Der schottische Psychiater war einer der führenden Vertreter der Gegenkultur in Großbritannien. Er forderte einen völlig neuen Blick auf psychische Erkrankungen, besonders die Schizophrenie, und hat durch seine Schriften maßgeblich zur Modernisierung und Humanisierung der Psychiatrie beigetragen. Ausgehend von der existenzialistischen Philosophie Sartres, kritisierte er außerdem die zunehmende Entfremdung des modernen Menschen. Diese Entfremdung zeige sich zum einen in der Zerstörung der eigenen Erfahrung von sich und der Welt wie auch in der Zerstörung unserer Beziehungen zur Welt wie auch zu anderen Menschen. Dabei sieht Laing besonders im Verlust der Beziehung zu unserem Inneren und damit auch zu einer transzendenten Ebene »eine fast unglaubliche Verwüstung unserer Erfahrung«. Diese

»Verwüstung unserer Erfahrung« bildet für ihn die Grundlage für die Zerstörung der natürlichen Umwelt wie auch unserer eigenen Zerstörung und des anderen im Krieg.[3]

Spätestens mit dem Beginn der New-Age-Bewegung, die sich durch Innerlichkeit, ganzheitliches Denken und nicht zuletzt Kapitalismus- und Wissenschaftskritik auszeichnete, schien sich ein grundlegender Bewusstseinswandel zu vollziehen. Man sah jetzt deutlich die Grenzen und Gefahren der Wissenschaft und versuchte, ihrem defizienten Weltbild ein ganzheitliches und vor allem spirituelles entgegenzusetzen. Mit dieser Bewegung verbindet man vor allem Namen wie David Spangler, George Trevelyan und nicht zuletzt Marilyn Ferguson, eine amerikanische Schriftstellerin, die im Jahr 1980 das vielzitierte Buch *The Aquarian Conspiracy* (dt. *Die sanfte Verschwörung. Persönliche und gesellschaftliche Transformation im Zeitalter des Wassermanns*)[4] veröffentlichte. Sie sah bereits eine starke Gemeinschaft am Werk, »um in dieser Welt eine radikale Veränderung herbeizuführen«. Die Mitglieder dieses Netzwerks hätten sich »von gewissen Grundkonzeptionen westlichen Denkens losgesagt und dabei möglicherweise sogar die Kontinuität der Geschichte unterbrochen«. Das war ein wenig zu optimistisch gedacht, denn wie wir wissen, behielt die Geschichte in zentralen Bereichen ihre Kontinuität leider bis heute bei.

Eine führende Rolle spielte seinerzeit auch der österreichisch-amerikanische Physiker Fritjof Capra, der unter anderem eine Synthese von moderner Physik und asiatischer Philosophie anstrebte und mit seinem 1982 erschienenen Buch *The Turning Point* (dt.: *Wendezeit*) einen Bestseller schrieb. Auch er war davon überzeugt, dass wir ein neues Paradigma benötigen, das mit einer neuen Art, die Welt wahrzunehmen, und mit einem Wandel unserer Wertvorstellungen einhergeht. Er irrte sich allerdings in seiner Prognose, dass dieser Wandel »weg von der mechanistischen und hin zur ganzheitlichen Beschreibung der Wirklichkeit«[5] bereits im Gange sei und das kommende Jahrzehnt beherrschen würde. Es kam bekanntlich anders.

Aber bereits zehn Jahre vorher begann die Philosophie, sich mit Fragen der Umweltethik und der Idee eines ganzheitlichen Weltbildes zu beschäftigen. 1972 erschien das ungeheuer einflussreiche Buch *Das Prinzip Verantwortung* des deutsch-amerikanischen Philosophen Hans Jonas, das heute noch zu den Gründungstexten der Umweltethik zählt. Jonas unternahm dort den Versuch, eine Ethik zu entwickeln, die auch zeitlich weit in der Zukunft sich verwirklichende Folgen unseres Tuns in ihre ethischen Beurteilungen mit einbezieht. Hier findet sich auch sein zentraler, an Kant angelehnter Imperativ: »Handle so, daß die Wirkungen deiner Handlung verträglich sind mit der Permanenz echten menschlichen Lebens auf Erden.«[6]

Im gleichen Jahr veröffentlichte der Philosoph und Systemtheoretiker Gregory Bateson sein Buch *Steps to an Ecology of Mind* (dt. *Ökologie des Geistes*), das ebenfalls einen starken Einfluss auf das Denken dieser Zeit hatte. Bateson beschrieb dort bereits drei Grundursachen, die die Menschheit in ihrer Existenz bedrohen: der technologische Fortschritt, das Bevölkerungswachstum und bestimmte Irrtümer im Denken und in den Haltungen der abendländischen Kultur.[7] Einer dieser Irrtümer war für ihn der gegen die Natur gerichtete Anthropozentrismus unserer westlichen Zivilisation.

Ebenfalls im Jahr 1972 stellte der unabhängige Wissenschaftler James Lovelock seine Gaia-Hypothese vor, die sich zur heutigen Gaia-Theorie weiterentwickelt hat. Diese besagt, dass die Erde ein lebendiges, sich selbst regulierendes System darstellt, das über lange Zeiträume hinweg für lebensfreundliche Bedingungen sorgt. Das war seinerzeit eine bahnbrechende Theorie und ist es für viele im Grunde noch immer.

Der norwegische Philosoph Arne Naess publizierte im Jahr 1973 einen Artikel *(The Shallow and the Deep, Long-Range Ecology Movements: A Summary)*, in dem er den bis heute gültigen Begriff »Tiefenökologie« (Deep Ecology) prägte und sich damit vom bis dahin vorherrschenden oberflächlichen Ökologieverständnis absetzte.

Auf dem Gebiet der Wirtschaft veröffentlichte im gleichen Jahr der britische Ökonom Ernst Friedrich Schumacher sein bis heute immer wieder neu aufgelegtes Werk *Small is Beautiful.* In diesem wegweisenden Buch erhob Schumacher im Rückgriff auf Ideen Leopold Kohrs die bis heute gültige Forderung, sowohl die Industrie als auch die Institutionen auf ein menschliches Maß zurückzubauen.

Peter Singer schrieb 1975 mit *Animal Liberation* das Gründungswerk der Tierethik. Auch wenn der dort vertretene präferenzutilitaristische Ansatz viel Platz für Kritik lässt, bleibt es bis heute ein wichtiges Buch in diesem Bereich, das viele andere Publikationen im Bereich der Tierethik nach sich gezogen hat.

Der Philosoph Klaus Michael Mayer-Abich, der unter anderem einen Lehrstuhl für Naturphilosophie an der Universität Essen innehatte, versuchte während dieser Zeit, in seinen Büchern eine holistische Philosophie zu begründen. Unserem anthropozentrischen, »humanegoistischen« Weltbild möchte er ein physiozentrisches entgegensetzen, das heißt ein Weltbild, in dem nicht wir im Zentrum stehen, sondern die Natur als Ganzes.

Der deutsche Biochemiker Frederic Vester begann, sich mit komplexen Systemen und vernetztem Denken zu beschäftigen. Seine seinerzeit geäußerte Kritik an unserem fehlerfixierten Bildungssystem und den dazugehörigen Schulen, in denen Lernen – allein schon aufgrund ihrer »verbrecherischen Architektur« – eher verhindert als gefördert werde, liest sich wie gestern geschrieben. Allerdings dürfte sich die Situation in der Zwischenzeit noch weiter verschlechtert haben. Denn mittlerweile beginnt diese verbrecherische Architektur langsam auseinanderzufallen, und nicht selten müssen die Eltern der dort einsitzenden Schüler:innen die Unterrichtsräume oder wahlweise die Toiletten in Eigeninitiative renovieren. Eigentlich müssten viele dieser Gebäude abgerissen oder grundsaniert werden. Aber da Kinder bekanntlich keine Lobby haben, spielt dieses Problem auf politischer Ebene kaum eine Rolle. Das Gleiche gilt im Übrigen für die deutschen Universitäten, die einen geschätzten Sanierungsstau von zirka sechzig Milliarden Euro haben.

Zu guter Letzt veröffentlichte der in einem anderen Zusammenhang bereits erwähnte Wissenschaftsjournalist Hoimar von Ditfurth im Jahr 1985 sein vielgelesenes Buch *So lasst uns denn ein Apfelbäumchen pflanzen*, in dem er bereits in aller Deutlichkeit auf die Umweltzerstörungen durch unsere technologisch-wissenschaftliche Zivilisation hinwies. Seinerzeit von vielen als Apokalyptiker und unverbesserlicher Pessimist gescholten, haben sich mittlerweile viele seiner Prognosen bestätigt. Ditfurth war schon aufgrund seines Alters kein Vertreter der Gegenkultur, sondern als Professor und – zumindest für einige Jahre – leitender Angestellter eines großen Pharmakonzerns eher ein Vertreter des gehobenen Bürgertums. Aber nach und nach wandelte er sich, wohl nicht zuletzt durch den Einfluss seiner Tochter Jutta Ditfurth, zu einem linksliberalen Denker, der sich zunehmend mit ökologischen Fragen beschäftigte. Er betonte schon damals die Dringlichkeit einer grundlegenden Veränderung unseres Denkens und Handelns. Denn wenn »es uns nicht gelingt, unser gesellschaftliches Verhalten radikal zu ändern, gibt es niemanden, der uns retten könnte. Die expansive, aggressive, spezies-egoistische Art unseres Umgangs mit der uns ausgelieferten übrigen lebenden Natur ist für den Erfolg in unserer ganzen bisherigen Geschichte ausschlaggebend gewesen. […] Die unsere Lernfähigkeit auf das äußerste strapazierende Lektion, die wir zu absolvieren haben, besteht nun aber in der Einsicht, daß genau das, was einige hunderttausend Jahre lang unbestreitbar Voraussetzung unseres Überlebenserfolges gewesen ist, von Stund an als Ursache drohenden Aussterbens zu gelten hat.«[8]

So reifte bereits vor fünfzig Jahren die Erkenntnis, dass wir in vielen Bereichen unserer Gesellschaft auf dem falschen Weg sind. Einiges hat sich seitdem verbessert (das betrifft beispielsweise die Rechte von Minderheiten), vieles hat sich, zum Teil massiv, verschlimmert. Die Klimakrise, die Anfang der Siebzigerjahre für viele noch ein theoretisches Problem darstellte, ist heute für Millionen Menschen, gerade im Globalen Süden, zum knallharten, wenn nicht gar lebensbedrohenden Alltag geworden. Und noch immer ist es uns nicht gelungen, unsere Art des Wirtschaftens und mit ihr das reduktionistische Paradigma der Wissenschaften zu überwinden. Denn das eine lässt sich nicht ohne das andere denken.

Der damaligen Gegenkultur gebührt auch das Verdienst, erkannt zu haben, dass Spiritualität ein wesentlicher Faktor bei der dringend nötigen Umgestaltung spielen muss. Seinerzeit ist diese Spiritualität leider nicht selten in billige Esoterik oder bloßen Eskapismus umgeschlagen. Und Drogen waren anfangs ein wichtiges Mittel, um zu träumen und mystische Einsichten zu fördern. Doch am Ende wurden sie nur noch um ihrer selbst willen konsumiert. Alan Watts hat bereits Anfang der Sechzigerjahre darauf hingewiesen, dass Drogen nur ein Mittel sein können, um zu speziellen Einsichten zu gelangen, niemals Zweck an sich. Er vergleicht sie mit den Instrumenten eines Forschers, die auch nur dazu dienen, Dinge sichtbar zu machen. Die eigentliche wissenschaftliche Arbeit würde aber erst im Anschluss daran beginnen. So müsse es auch nach einer psychedelischen Erfahrung darum gehen, die so gewonnenen Einsichten praktisch umzusetzen.[9] Heute sind wir eine Gesellschaft, die wahrscheinlich mehr Drogen konsumiert als je zuvor und gleichzeitig nüchterner nicht sein könnte. Wir sind eine durchalkoholisierte Gesellschaft, ohne den Mut und die Fähigkeit zu träumen. Und so ist die Bewahrung des Status quo »die neue Utopie unserer Zeit« (Stephan Lessenich).

Davon abgesehen, waren die Vertreter:innen der Gegenkultur selbst noch zu tief in den Wahn des ewigen Wachstums und Fortschritts verstrickt, um ihn wirklich überwinden zu können. Wir wissen heute in allen Bereichen mehr und haben neue und andere Erfahrungen gemacht, sodass wir die Fehler von damals nicht noch einmal begehen werden. Wir müssen da weitermachen, wo die Protagonist:innen der Gegenkultur aufgehört haben oder gescheitert sind, um das Projekt der Transformation dieser Gesellschaft zu einem guten Ende zu führen. Was wir dabei von der Gegenkultur lernen können, sind der Mut, die Welt radikal neu zu denken, und die Entschlossenheit, das, was man einmal als richtig erkannt hat, wenn nötig gegen alle Widerstände umzusetzen.

Ein sicheres Zeichen dafür, auf dem richtigen Weg zu sein, ist dabei die Ablehnung durch eine breite Gesellschaftsschicht, wie sie beispielsweise gerade die *Letzte Generation* erfährt. Deren Vertreter:innen werden ja bereits als »Klimaterroristen« bezeichnet. Immerhin ist dieser Begriff zum Unwort des Jahres 2022 gewählt worden. Aber dass er überhaupt existiert, sagt doch viel über Teile dieser Gesellschaft aus, die einfach nicht wahrhaben wollen, dass die Klimakrise eine der größten globalen Herausforderungen darstellt und radikale Aktionen nötig sind, um darauf hinzuweisen.

Die Aktionen dieser Bewegung sind dabei gewaltfrei und richten sich niemals gegen Personen. Aber sie wollen ganz gezielt unseren Alltag stören, um auf diese Weise auf die Klimakatastrophe aufmerksam zu machen. Die Aktionen dieser Gruppe sind radikaler geworden, weil ihre Vertreter:innen richtig erkannt haben, dass Reden oder Demonstrieren allein nichts bewirkt. Die Fridays-for-Future-Bewegung wurde und wird vonseiten der Politik und der Gesellschaft im Hinblick auf ihre Forderungen weitestgehend ignoriert oder aufgrund ihrer Harmlosigkeit gar assimiliert. Dazu passt ganz gut, dass im Jahr 2020 die Firma Siemens der Klimaschutzaktivistin und FFF-Vertreterin Luisa Neubauer einen Sitz im Aufsichtsrat angeboten hat, den diese allerdings ausschlug.

Rupert Read, ehemaliger Sprecher von Extinction Rebellion, hat das Lebensgefühl der jungen Generation in deutliche Worte gefasst: Wir sind »von der Annahme befreit, dass es im Leben darum geht, eine gute Zeit bis zur Rente zu verbringen; denn wir können nicht länger davon ausgehen, dass unsere Zivilisation noch existieren wird, wenn wir einmal alt sind. Wir sind davon befreit, zu glauben, dass wir uneingeschränkt dem Gesetz zu gehorchen haben; denn wie kann das geltende Recht für uns bindend sein, wenn es uns und unsere Kinder auf die Verwüstung verpflichtet?«[10] Dazu passt hervorragend eine Äußerung des nordrhein-westfälischen Umweltministers Oliver Krischer von den Grünen im Zusammenhang mit der Abbaggerung der Siedlung Lützerath im Januar 2023. Er beklagt zwar, dass die Siedlung abgebaggert werden müsse, betont aber, dass diese Entscheidung gerichtlich getroffen wurde. Und da Deutschland ein Rechtsstaat sei, habe man dieses Urteil gefälligst zu akzeptieren. Mit dieser Argumentation wäre die Vergewaltigung in der Ehe bis zum 15. Mai 1997 völlig in Ordnung gewesen, denn erst an diesem Tag beschloss der Bundestag, Vergewaltigung in der Ehe als Verbrechen zu bewerten. Rein juristisch mag bis zu diesem Datum eine solche Tat legal gewesen sein, moralisch gerechtfertigt war sie deshalb noch lange nicht. Das Gleiche gilt für die Todesstrafe in vielen Ländern der Welt. Auch wenn sie dort geltendes Recht ist, bleibt sie moralisch verwerflich. Man sieht, dass man mit einer solchen Argumentation selbst die schlimmsten Verbrechen rechtfertigen kann. Nein, da hat Rupert Read völlig recht – geltendes Recht kann nicht bindend sein, wenn es uns auf die Verwüstung oder auf irgendwelche kriminellen Handlungen verpflichtet oder diese erlaubt. Mehr noch, ist moralischer Fortschritt überhaupt nur möglich, wenn geltendes Recht, das ganz offensichtlich Unrecht legitimiert, immer wieder infrage gestellt wird. Dass gerade ein Vertreter der Grünen derart argumentiert, zeigt einmal mehr, wie moralisch auf den Hund gekommen diese Partei mittlerweile ist.

Je mehr die berechtigten Forderungen der jungen Generation ignoriert werden, umso radikaler wird sich der künftige Protest gestalten. Die Gründung der Roten Armee Fraktion (RAF) vor gut fünfzig Jahren war auch (nicht ausschließlich) das Ergebnis der völligen Ignoranz und Missachtung der politischen Forderungen sowie der Kriminalisierung der Studentenbewegung vonseiten des Establishments. Und man muss kein Prophet sein, um eine ähnliche Radikalisierung der Klimaschützer auch im ökologischen Bereich für möglich zu halten, sollte sich die

Mehrheitsgesellschaft weiterhin für *business as usual* entscheiden. Damals spielten bei der Vergiftung des politischen Klimas auch die Medien, vor allem die Springer-Presse, eine zentrale Rolle. Nach der Ermordung des Studenten Benno Ohnesorg während der Demonstration am 2. Juni 1967 gegen den Staatsbesuch von Schah Mohammad Reza Pahlavi in Westberlin titelte die *Bild*-Zeitung: »Wer Terror produziert, muss Härte in Kauf nehmen!« Leider sieht es so aus, als hätten Teile der Medien, und dazu gehört nicht nur die eben erwähnte Zeitung, nichts aus der Geschichte gelernt und beteiligen sich wieder an der Kriminalisierung einer kleinen gesellschaftlichen Gruppe, die für eine lebenswerte Zukunft kämpft, anstatt ihre Kritik gegen die Mächtigen zu richten, die an einer solchen Zukunft ganz offensichtlich nicht interessiert sind.

Es ist schon interessant zu beobachten, welche Wut und welcher Hass den Überbringern der schlechten Botschaft entgegenschlägt. Denn eigentlich müsste sich diese Wut gegen diejenigen richten, die für die Klimakrise mit all ihren destruktiven Folgen maßgeblich verantwortlich sind. Davon ist aber kaum die Rede. Vielleicht hängt es damit zusammen, dass die meisten Menschen in Wahrheit wissen, dass ihr Lebensstil nicht mehr zukunftstauglich ist. Aber anstatt sich dieser unangenehmen Wahrheit und ihrem eigenen Versagen in diesem Zusammenhang zu stellen, werden diejenigen angegriffen, kriminalisiert und als Extremisten bezeichnet, die diesen Planeten retten möchten. Doch extremistisch »ist nicht das Individuum, das aufbegehrt und versucht, Aufmerksamkeit auf die drohende Zukunft zu lenken. Extremistisch ist die Gesellschaft, die diese drohende Zukunft ausblendet und den Wohlstand der Gegenwart gegen die Zerstörung jeglicher Lebensgrundlagen in der Zukunft ausspielt.«[11] Viele versuchen nun mal um jeden Preis, das zu vermeiden, was die Psychologie »kognitive Dissonanz« nennt. Es geht darum, das eigene defizitäre Weltbild zu retten und vom eigentlichen Problem abzulenken. Klimaaktivist:innen anzugehen oder zu kriminalisieren ist einfach, da sie über keinerlei Lobby verfügen. Seine

Wut gegen die Mächtigen zu richten ist dagegen weitaus schwieriger und erfordert Mut und Zivilcourage, also genau jene Eigenschaften, die in Deutschland am wenigsten entwickelt sind.

Wir müssen endlich damit anfangen, die wahren Schuldigen der Klimakatastrophe zu benennen, und uns eingestehen, dass wir uns zu lange in einer Scheinrealität eingerichtet haben. Diejenigen zu bestrafen, die uns auf diesen simplen Tatbestand hinweisen, ist ziemlich billig und wird unsere Probleme nicht lösen. Indem wir weiterhin die bitteren Wahrheiten im Zusammenhang mit der Klimakrise ignorieren, werden wir den kommenden Zusammenbruch unserer Zivilisation lediglich verzögern. Verhindern könnten wir ihn nur, wenn wir uns mutig den Tatsachen stellen und mit allen uns zur Verfügung stehenden Kräften an einer Neugestaltung unserer Gesellschaft arbeiten. In diesem Zusammenhang reicht es allerdings nicht, ein Tempolimit von 100 km/h auf deutschen Autobahnen und die Einführung eines bezahlbaren Personennahverkehrs durch ein 9-Euro-Ticket zu fordern, wie es die Letzte Generation tut. Das sind richtige und wichtige Forderungen, die aber auch von politischen Parteien vertreten werden. Eine Bewegung wie die *Letzte Generation* sollte sich damit nicht zufriedengeben, sondern den grundlegenden Umbau dieser Gesellschaft einfordern.

Dabei muss eine neue Gegenkultur, die diesen Namen verdient, eine Kultur sein, »die von den wichtigsten Grundsätzen unserer Gesellschaft so stark abweicht, daß sie von vielen gar nicht als Kultur, sondern als barbarische Störung empfunden wird«.[12] Jede wirkliche Veränderung dieser Gesellschaft wird von denen, die nicht willens sind, etwas von ihren Privilegien abzugeben, zwangsläufig als »barbarische Störung« empfunden werden. Und natürlich werden sie alles dafür tun, die Vertreter:innen dieser Bewegungen mit allen Mitteln zu bekämpfen. Sie sollten sich dadurch nicht einschüchtern lassen, denn die Wahrheit liegt für alle offensichtlich auf ihrer Seite. Die Geschichte wird über diejenigen ihr Urteil sprechen, die sich der dringend notwendigen Transformation entgegenstellen.

DIE RENAISSANCE DES SZIENTISMUS

Rückwirkend betrachtet, deutete demnach vieles darauf hin, dass der Glaube an die Omnipotenz der Wissenschaften und damit der Glaube an die Richtigkeit eines ausschließlich wissenschaftlichen Weltbildes langsam erodierte und zum Teil bereits überwunden schien. Aber in den letzten Jahren und Jahrzehnten erleben wir eine Renaissance der Wissenschaftsgläubigkeit und damit auch eine Renaissance der defizienten wissenschaftlichen Ideologie, die alles Frühere noch weit übertrifft. Selbst eine Bewegung wie Fridays for Future wirbt mit dem Slogan »unite behind the science«, ohne zu erkennen, dass gerade die aus dem Ruder gelaufenen Wissenschaften Teil des Problems sind. Der Philosoph Markus Gabriel schreibt, dass die Forderung, uns hinter den Wissenschaften zu vereinigen, allein schon deshalb Unsinn sei, da das auch »technokratische Regimes, Militärdiktaturen und die von vielen inzwischen für das Übel schlechthin gehaltene Automobilindustrie«[13] täten. Außerdem würden die Wissenschaften zwar die benötigten Fakten – beispielsweise zur Klimakrise – zur Verfügung stellen, womit aber nicht zwangsläufig moralische Forderungen verbunden sein müssen. Die Wissenschaften sind eben per Definition nicht in der Lage, ethische Maßstäbe zu formulieren. Aus diesen Gründen eignen sie sich nicht als Motto einer Bewegung, die wirkliche gesellschaftliche Veränderungen bewirken möchte.

Wir alle müssen wieder den Mut zu träumen haben und unser Denken nicht permanent an wissenschaftliche Erkenntnisse zurückbinden. Damit bleiben wir nur Gefangene eines langweiligen und jeder Hoffnung beraubten Denkens des rein Faktischen und werden zwangsläufig scheitern. Wir werden uns und unsere Kultur auf längere Sicht nur bewahren, indem wir uns mutig, kreativ und fantasievoll den kommenden Veränderungen stellen. Dazu gehört die Fähigkeit, eine radikal andere Welt zu imaginieren, die im besten Fall durch die gelebte Praxis bereits in Ansätzen erkennbar wird.

Davon abgesehen, sind die Wissenschaften und mit ihr die Aufklärung, die einst angetreten sind, die Mythologien aufzulösen, inzwischen selbst mythologisch geworden oder waren es in Wahrheit schon immer. Horkheimer und Adorno haben gezeigt, dass sich spätestens mit Auschwitz der Glaube an die Vernunft und Rationalität der Aufklärung als Illusion erwiesen hat.[14] Denn »der Begriff dieses Denkens, nicht weniger als die konkreten historischen Formen, die Institutionen der Gesellschaft, in die es verflochten ist, [enthalten] schon den Keim zu jenem Rückschritt [...], der heute überall sich ereignet«. Und je mehr »die Denkmaschinerie das Seiende sich unterwirft, umso blinder bescheidet sie sich bei dessen Reproduktion. Damit schlägt Aufklärung in die Mythologie zurück, der sie nie zu entrinnen wußte. Denn Mythologie hatte in ihren Gestalten die Essenz des Bestehenden: Kreislauf, Schicksal, Herrschaft der Welt als die Wahrheit zurückgespiegelt und der Hoffnung entsagt. In der Prägnanz des mythischen Bildes wie in der Klarheit der wissenschaftlichen Formel wird die Ewigkeit des Tatsächlichen bestätigt und das bloße Dasein als der Sinn ausgesprochen, den es versperrt.«

Die Renaissance der neuen Wissenschaftsgläubigkeit lässt sich auf zwei zentrale Ursachen zurückführen. Zum einen begann man Anfang der Neunzigerjahre mittels technischer Innovationen, den Schadstoffausstoß der Industrie und des Individualverkehrs zu reduzieren. Hinzu kam die Verlagerung besonders umweltschädlicher Produktionsmethoden ins Ausland, die 1999 ihren Höhepunkt erreichte. Heute bezeichnet man dieses Vorgehen als »Carbon Leakage«, also die Verlagerung von Kohlendioxidemissionen in Drittstaaten. Aber es ging und geht in diesem Zusammenhang nicht nur um CO_2-Emissionen, sondern beispielsweise auch um giftige Abfälle der chemischen Industrie. So sind heute in Indien, wo die meisten Pharmakonzerne produzieren lassen, ganze Landstriche verseucht. In den betreffenden Gewässern wurden Konzentrationen von Antibiotika und anderen Wirkstoffen nachgewiesen, die oftmals mehrere Tausend Mal über den Grenzwerten der jeweiligen Substanzen liegen. Das fördert die Entstehung multiresistenter Keime. So führen schon heute bakterielle Infektionen durch multiresistente Erreger, gegen die keines der gängigen Antibiotika mehr wirkt, weltweit zu mehr als einer Million Toten im Jahr. Neben Indien ist es vor allem auch China, wo ein Großteil der Wirkstoffe produziert wird, die in unseren Medikamenten enthalten sind. Und auch China ist nicht gerade für die höchsten Umweltstandards bekannt, um es vorsichtig auszudrücken. Abgesehen davon, mussten wir während der Coronapandemie erfahren, wie abhängig wir in dieser Beziehung von den genannten Ländern sind.

So wurden durch die Externalisierung umweltschädlicher Produktionsmethoden die Luft in den Industrieländern nach und nach wieder reiner und die Flüsse sauberer, und man glaubte lange, mithilfe der Technik die Umweltproblematik in den Griff zu bekommen. Hier liegt demnach ganz sicher ein Grund für den neuen Glauben an die Möglichkeiten der Technik. Aber wir begreifen heute, dass das ein Irrglaube war, und übersehen leicht, dass die Luft jetzt in den Ländern verschmutzt ist und die Flüsse tot sind, in die wir unsere umweltschädigende Produktion verlagert haben. Darüber hinaus führten die verbesserte Technik und die damit verbundene Verringerung der Umweltschäden zu einer weiteren Erhöhung der Produktion. Aus den berühmten Grenzen des Wachstums wurde jetzt ein »Wachstum der Grenzen« (Niko Paech). So gehört Deutschland heute, auch durch die massive Kohleverstromung, zu den größten Klimasündern der Welt und emittiert jährlich zirka 800 Millionen Tonnen Treibhausgase, von all den anderen umweltschädlichen Folgen unseres Lebensmodells ganz zu schweigen.

Der zweite wesentliche Grund für den »Neoszientismus« liegt im Zusammenbruch der Sowjetunion Anfang der Neunzigerjahre. Es war das Ende der kommunistischen Ideologie und der Beginn eines entfesselten Kapitalismus, den wir heute unter dem Namen Neoliberalismus kennen. Dieser von der Leine gelassene

Kapitalismus begann allerdings bereits mit der Wahl Margaret Thatchers zur Premierministerin Großbritanniens im Jahr 1979. Sie privatisierte Staatskonzerne, entmachtete die Gewerkschaften und schränkte die Arbeitnehmerrechte ein. Der Staat sollte, wie schon im sogenannten Manchester-Liberalismus im England des frühen 19. Jahrhunderts, nur noch Nachtwächterfunktion haben. Was Thatcher begann, wurde schnell von anderen Staatslenkern kopiert, und so war der Neoliberalismus ideologisch bereits gefestigt und zum Teil praktisch umgesetzt, als im Jahr 1989 der »Eiserne Vorhang« und damit auch die letzte Schranke für die neue »kannibalistische Weltordnung« (Jean Ziegler) fiel. Seitdem hat sich dieses antisoziale Wirtschaftsmodell wie ein Krebsgeschwür beinahe über die ganze Welt ausgebreitet und ist dabei, diese zu zerstören. Dabei macht es weder vor der Natur noch vor Menschen oder Demokratien halt.

Der amerikanische Politikwissenschaftler Francis Fukuyama veröffentlichte im Jahr 1992 passend dazu das Buch *The End of History and the Last Man* (dt. *Das Ende der Geschichte*), in dem er im Rückgriff auf Hegels Theorie der Anerkennung die gewagte und mittlerweile wohl als widerlegt geltende These aufstellte, dass liberale Marktwirtschaft und Demokratie von jetzt an ihren globalen Siegeszug antreten würden. Hier wird noch so getan, als ob Kapitalismus und Demokratie von jeher geschwisterlich vereint wären. Möglicherweise ist aber das genaue Gegenteil richtig. Denn der zum Teil obszöne Reichtum einiger weniger verletzt den Gleichheitsanspruch, der eine Grundlage jeder demokratischen Gesellschaft ist. So schreibt der Anthropologe Jason Hickel in seinem Buch *Weniger ist mehr*: »Man hat uns lange erzählt, Kapitalismus und Demokratie seien Teile eines Gesamtpakets. In Wirklichkeit sind die beiden möglicherweise inkompatibel. Die Besessenheit des Kapitals mit immerwährendem Wachstum auf Kosten der lebendigen Welt widerspricht den Werten der Nachhaltigkeit, an die die meisten von uns glauben. Wenn man den Menschen ein Mitspracherecht gibt, dann entscheiden sie sich am Ende dafür, die Wirtschaft nach den Prinzipien einer stationären Wirtschaft zu organisieren, die dem Wachstumsimperativ zuwiderlaufen. Mit anderen Worten: Der Kapitalismus hat eine antidemokratische Tendenz, und die Demokratie hat eine antikapitalistische Tendenz.«[15]

Das Ende der Sowjetunion sorgte also für eine Art Wiedergeburt der Wissenschaften aus dem Geist des Kapitalismus, denn dieser war zwingend auf die reduktionistische Naturkonzeption der Wissenschaften angewiesen. Seitdem sind die Wissenschaften in einer zunehmend säkularen und damit orientierungslosen Gesellschaft, die ihre Verbindung sowohl zum Himmel als auch zur Erde gekappt hat, zur neuen Religion geworden, und ihre Repräsentanten werden zum Teil wie Heilige verehrt. Und so ist die »Wissenschaft, die ihre Freiheit in Kämpfen gegen die kirchlich-staatliche Autorität errang, heute selber eine unfehlbare Autorität, der man ›dient‹ und ›Opfer bringt‹, die ihre Jünger und ihre Propheten hat und ihre Häresien und Renegationen bekämpft«.[16]

Dieses Kapitel trägt nicht ohne Grund den Titel »Zwischenspiel«. Denn sowohl die Gegenkultur der Sechziger- und Siebzigerjahre als auch die gerade beschriebene Renaissance des Szientismus und der damit verbundenen Technokratie sind noch nicht das letzte Wort. Beide sind lediglich ein Intermezzo auf einem Weg, der noch nicht zu Ende ist. Es war ein Intermezzo der Gegenkultur, da die von ihr angestrebte grundlegende Transformation der Gesellschaft nicht gelungen ist, und es ist ein Intermezzo des Szientismus, weil er schon bald überwunden werden wird, um einer Kultur der Ganzheitlichkeit und Wertschätzung gegenüber allem Lebendigen Platz zu machen. Theodore Roszak schrieb bereits damals: »Es ist die Aufgabe der Jugendlichen, die offene Augen haben und die Lage durchschauen, die tödliche Kultur ihrer Eltern zu erneuern; und sie dürfen dabei keine Zeit verlieren.«[17] Das klingt doch ziemlich aktuell, mit dem Unterschied, dass die Kultur der Eltern heute noch tödlicher ist, als sie es vor zirka fünfzig Jahren war, als Roszak diesen Satz geschrieben hat.

III DIE ZWEI SEITEN DER WIRKLICHKEIT

»Die innere Erfahrung ist zwar unmittelbare Selbstgewißheit, [hat] aber keine systematische Wissenschaft auf ihrer Seite […], während die Naturwissenschaft für ihr Seinsideal zwar keine unmittelbare Evidenz, aber seine ständige heuristische Bewährung in der Systematisierung der Phänomene vorweisen kann.«

Hans Jonas

INNEN UND AUSSEN

Die Entwicklung der modernen Naturkonzeption lässt sich bis ins 15. und 16. Jahrhundert zurückverfolgen. Die Ursachen hierfür sind vielfältig, bedingen und verstärken sich gegenseitig und können kaum alle benannt werden. Sie reichen von der Entdeckung Amerikas über die Erfindung des Buchdrucks, die Reformation durch Martin Luther und den Sieg der nominalistischen Philosophie im ausgehenden Mittelalter bis zu Nikolaus Kopernikus und dem heliozentrischen Weltbild. In diese Zeit fällt auch die allmähliche Herausbildung kapitalistischer Strukturen. Dazu kommen ein stetiges Wachstum der Weltbevölkerung, eine zunehmende Verstädterung und mit ihr die Entstehung von Manufakturen und kleineren Fabriken und im Gefolge zur Arbeitsteilung mit jeweils ganz spezifischen Anforderungen. Wissenschaftliche Erkenntnisse und Erfindungen spielten somit eine immer größere Rolle. Ohne fortlaufende technische Innovationen wäre das beginnende kapitalistische Wirtschaftssystem schon nach kurzer Zeit am Ende gewesen.

Einer der entscheidenden Faktoren in diesem Zusammenhang ist die Entdeckung oder vielmehr die Wiederentdeckung der Individualität. Welche Rolle das Christentum dabei spielte, haben wir bereits gesehen. Aber jetzt erst gilt der Satz des Protagoras, dass der Mensch das Maß aller Dinge sei, in seiner ganzen Konsequenz. Aber mehr noch wird der Mensch nicht nur zum Maß aller Dinge, sondern gleichsam zum Mittelpunkt der Welt. In seinem Buch *Über die Würde des Menschen* lässt der italienische Renaissancephilosoph Giovanni Pico della Mirandola den Schöpfer sagen:

> Wir haben dir keinen festen Wohnsitz gegeben, Adam, kein eigenes Aussehen noch irgendeine besondere Gabe, damit

> du den Wohnsitz, das Aussehen und die Gaben, die du selbst dir ausersiehst, entsprechend deinem Wunsch und Entschluß habest und besitzest. Die Natur der übrigen Geschöpfe ist fest bestimmt und wird innerhalb von uns vorgeschriebener Gesetze begrenzt. Du sollst dir deine ohne jede Einschränkung und Enge, nach deinem Ermessen, dem ich dich anvertraut habe, selber bestimmen. Ich habe dich in die Mitte der Welt gestellt, damit du dich von dort aus bequemer umsehen kannst, was es auf der Welt gibt. Weder haben wir dich himmlisch noch irdisch, weder sterblich noch unsterblich geschaffen, damit du wie dein eigener, in Ehre frei entscheidender, schöpferischer Bildhauer dich selbst zu der Gestalt ausformst, die du bevorzugst. Du kannst zum Niedrigeren, zum Tierischen entarten; du kannst aber auch zum Höheren, zum Göttlichen wiedergeboren werden, wenn deine Seele es beschließt.[1]

Neben diesem neuen Verständnis des Menschen, der sich als freies Individuum sozusagen noch einmal selbst erschaffen muss, kam es auch auf anderer Ebene zu revolutionären Umbrüchen. Bis dahin wurde der gesamte Kosmos als lebendiges und bewusstes Subjekt angesehen, in dem wir unseren Platz einnehmen müssen, so wie alle anderen Lebewesen auch. Und noch vielmehr galt das für die Natur dieses Planeten, die uns im Laufe einer, wie wir heute wissen, zirka vier Milliarden Jahre langen Geschichte hervorgebracht hat. Diese animistische Anschauung wurde jetzt vonseiten der Wissenschaft zunehmend bekämpft und Natur als etwas von uns Getrenntes angesehen. Hier spätestens beginnt die totale Entfremdung des Menschen von der Natur und in ihrem Gefolge die Entfremdung von sich selbst. Und seitdem leben wir auf diesem Planeten wie Außerirdische, die hier eigentlich gar nicht hingehören, und benehmen uns auch so. Wir sind, so hat es der Biologe Stefano Mancuso treffend formuliert, »Neuankömmlinge auf dem Planeten und verhalten uns wie Kinder, die gefährlichen Unsinn anstellen, ohne den Wert und die Bedeutung dessen zu erkennen, womit sie herumspielen«.[2]

Seit dieser Zeit leidet die Wissenschaft zunehmend unter zwei grundlegenden Defiziten: Zum einen beruht sie auf einem falschen oder besser unvollkommenen Bild der Natur, und zum anderen hat sie dieses falsche Bild der Natur zur Weltanschauung gemacht – mit allen negativen Konsequenzen. Und dieses Bild von Natur, das die meisten von uns in mehr oder weniger verdünnter Form in ihren Köpfen haben, ist deshalb falsch, weil es lediglich die Außenseite der Natur zeigt und ihre Innenseite ignoriert, reifiziert oder versucht, sie mithilfe der wissenschaftlichen Methode wegzuerklären.

Aber es ist gerade die Innenseite der Welt, die gleichbedeutend mit ihrem Sein ist und dieses gleichbedeutend mit Wahrheit. So mag alles, was wir über die Oberflächen aussagen können, richtig sein, aber es ist deshalb noch lange nicht wahr. Denn Wahrheit offenbart sich nur im Wesen der Welt, und um »zu diesem oder wenigstens in seine Nähe zu gelangen, müssen wir durch das Richtige hindurch das Wahre suchen«.[3] Wir müssen also die Oberflächen durchstoßen, um zum Eigentlichen der Welt zu gelangen.

Mit Beginn der Aufklärung und der damit einhergehenden einseitigen Betonung des Verstandes verstärkte sich diese eingeschränkte, auf Oberflächen fixierte Sicht auf die Welt. Und spätestens mit der zunehmenden Industrialisierung gerät die Innenseite der Welt zunehmend in Vergessenheit oder wird schlicht verdrängt. »Mimetische, mythische, metaphysische Verhaltensweisen galten nacheinander als überwundene Weltalter, auf die hinabzusinken mit dem Schrecken behaftet war, daß das Selbst in jene bloße Natur zurückverwandelt werde, der es sich mit unsäglicher Anstrengung entfremdet hatte, und die ihm eben darum unsägliches Grauen einflößte. Die lebendige Erinnerung an die Vorzeit, schon an die nomadischen, um wie viel mehr an die eigentlich präpatriarchalischen Stufen, war mit den furchtbarsten Strafen in allen Jahrtausenden aus dem Bewußtsein der Menschen ausgebrannt worden. Der aufgeklärte Geist ersetzte Feuer und Rad durch das Stigma, das er aller Irrationalität aufprägte, da sie ins Verderben führt.«[4]

In der Zwischenzeit müssen wir uns allerdings demütig eingestehen, dass es im Gegenteil die kalte Ratio, die rein instrumentelle Vernunft des Szientismus ist, die glaubt, alles in mathematische Formeln auflösen zu können, die uns zunehmend ins Verderben führt. Denn dieses Weltbild der szientistischen Vernunft ist nicht zuletzt dafür verantwortlich, dass sich die Umsetzung wissenschaftlicher Erkenntnisse in Technik sehr oft zerstörerisch auf unsere Mitwelt auswirkt. Denn was die lebendige Welt von einem Ding, einem leblosen Objekt, unterscheidet, ist eben gerade ihre von der instrumentellen Vernunft missachtete Innenseite: ihre Subjektivität, ihre Autonomie oder mit einem aus der Mode gekommenen Wort: ihre Seele. Ein Wort im Übrigen, das sich noch nicht einmal mehr in der Psychologie findet und in der Regel schlicht durch »Gehirn« ersetzt wird.

Wir gehen also davon aus, dass die Welt neben der Außenseite, die der wissenschaftlichen Beschreibung zugänglich ist, auch über eine Innenseite verfügt, die sich dem Zugriff der instrumentellen Vernunft zur Gänze entzieht. Für die einen mag das völlig klar und keiner weiteren Erklärung bedürftig sein. Die anderen könnten das erst einmal bezweifeln und vielleicht sagen: Was soll das heißen, Innenseite und Außenseite? Es existiert nur Materie, in die ich wissenschaftlich immer tiefer eindringen kann, bis auch die letzte Frage gelöst ist. Es gebe letztlich nichts, was den Wissenschaften verborgen bleibe. Alles, was wir nicht wissen, wüssten wir *noch* nicht. Die ungelösten Rätsel von heute wären somit die gelösten Rätsel von morgen. Alles ließe sich schlussendlich in eine Gleichung packen, die ohne Rest aufgeht.

Und in der Tat ist die Suche nach einer solchen Gleichung, oder besser Weltformel, seit Jahrzehnten im Gange; allerdings ohne nennenswerten Erfolg. Es ist vor allem der Physiker Stephen Hawking, den man gerne mit diesem Thema in Verbindung bringt. Er starb, ohne auch nur einen winzig kleinen Teil der Weltformel in seinen Händen zu halten. Und auch alle anderen Physiker und Physikerinnen werden eines Tages diesen Planeten verlassen, ohne die Formel zur Erklärung von allem entdeckt zu haben.

Aber gehen wir einmal von dem Fall aus, es gäbe so etwas wie eine Weltformel. Was würde sie uns sagen? – Buchstäblich nichts! Der österreichische Philosoph Ludwig Wittgenstein wusste das schon zu einer Zeit, in der es den Begriff »Weltformel« noch gar nicht gab. Vor ziemlich genau einhundert Jahren schrieb er am Ende seines berühmten *Tractatus logico-philosophicus*: »Wir fühlen, dass selbst, wenn alle möglichen wissenschaftlichen Fragen beantwortet sind, unsere Lebensprobleme noch gar nicht berührt sind.«[5]

So zeigt sich uns die objektive Seite der Welt in Gestalt messbarer Quantitäten. Sie ist offen für den Zugriff der wissenschaftlichen Analyse, die aber per Definition nur Oberflächen beschreiben kann. Die subjektive Seite zeigt sich dagegen als das innere Erleben mentaler Zustände, was die Philosophie als Qualia bezeichnet. Darunter versteht man all die Eindrücke, die uns durch unsere Sinne übermittelt werden: Farben, Gerüche, Geschmack und Schmerzen aller Art. Dazu kommen Gefühle wie Liebe, Hass, Trauer und Eifersucht. Und dann gibt es noch unsere Träume und Gedanken und all das, was unsere Innerlichkeit ausmacht und nur durch Introspektion, also Innenschau, direkt erfahren werden kann. Es ist die Welt des Vorsprachlichen, also die Welt der Kunst, der Musik, des Tanzes und der Poesie. Letztlich ist es wohl die Wahrheit des Seins selbst, die sich auf diese unterschiedlichen Weisen durch uns zu »entbergen« (Heidegger) versucht. Und nur bis zu einem gewissen Grad ist es die Welt der Psychologie, da diese sich ebenfalls weitestgehend dem szientifischen Paradigma verschrieben hat und somit nicht zum Kern der Innerlichkeit vordringen kann. Was sie beschreibt, sind in der Regel wieder nur Oberflächen, wenn es auch in diesem speziellen Fall die Oberflächen subjektiver Phänomene oder Gemütszustände sind.

Es gibt daneben noch eine dritte und entscheidende Seite, die naturgemäß mit der Religion assoziiert wird: die Seite der Transzendenz. Doch diese transzendente oder metaphysische Seite der Wirklichkeit ist in Wahrheit mit der Innenseite identisch. Platon nannte das *psychḗ tou pantós (ψυχή τοῦ παντός),* die Weltseele. In der indischen Philosophie begegnen wir diesem Gedanken in den Begriffen Brahman und Atman. Brahman steht am Beginn der Schöpfung, er ist der Urgrund alles Seienden und die Voraussetzung alles Lebendigen. Die Vorsokratiker nannten diesen Urgrund *Apeiron (τὸ ἄπειρον)*, das Unbestimmte, Unbegrenzte und Unerfahrbare. Auf der anderen Seite ist Atman die unsterbliche Seele und, so gesehen, die Konkretisierung von Brahman im je Einzelnen.

Die Welt offenbart sich uns somit durch zwei grundlegende Seinsweisen: die objektiv-immanente, der Wissenschaft und der wissenschaftlichen Analyse durch Extrospektion zugängliche Seite und die subjektiv-innerlich-transzendente Seite, der ich mich nur auf dem Wege der Intuition, der Introspektion oder auf dem Weg der Religion bzw. der mystischen Erfahrung nähern kann.

Um in diesem Zusammenhang Missverständnisse zu vermeiden: Es geht hier nicht darum, einem dualistischen oder gar trialistischen Weltbild das Wort zu reden, denn die Welt ist nicht in voneinander unabhängige Sphären geteilt. In Wahrheit gibt es keine Trennung dieser beiden Bereiche, denn innen und außen sind lediglich zwei Aspekte einer Ganzheit, die sich gegenseitig bedingen und durchdringen. Alle Lebewesen sind psychophysische Ganzheiten und nur als solche überhaupt ontologisch in den Griff zu bekommen. Es ist ja auch nicht so, dass die Innenseite sich verbergen würde. Sie äußert sich in jeder Bewegung, in jedem tierischen Laut oder menschlichen Wort, in jeder Geste, jedem Blick, jedem Lachen und jeder Träne. Und alle Lebewesen – und wir als mit einem reflexiven Bewusstsein ausgestattete Wesen im Besonderen – zeichnen sich gerade dadurch aus, dass sie sowohl ihre Innen- als auch ihre Außenseite erfahren und in ihrer Subjektivität vereinen. Und da wir uns nicht selbst ins Dasein gebracht haben, erfahren wir diese Einheit vor dem Hintergrund einer Macht, die uns geschaffen hat. So könnte man sagen, dass sich in uns die ganze Fülle der Welt verwirklicht und sich selbst ansichtig wird. Und so ist vielleicht in einem »richtig verstandenen Sinne der Mensch doch das Maß aller Dinge – nicht zwar durch die Gesetzgebung seiner Vernunft, aber durch das Paradigma seiner psychophysischen Totalität, die das Maximum uns bekannter, konkreter ontologischer Vollständigkeit darstellt, *von dem aus* die Klassen des Seins durch fortschreitende ontologische Abzüge bis zum Minimum der bloßen Elementar-Materie reduktiv bestimmt werden (anstatt das die vollständigste von dieser Basis her durch kumulative Hinzusetzung aufgebaut wird).«[6]

DIE AUSSENSEITE

Die Außenseite ist die Seite, die offen ist für den Zugriff des wissenschaftlichen Interesses und der wissenschaftlichen Erforschung. Das Bestreben der sogenannten exakten Wissenschaften, dazu gehört in Teilen auch die Biologie, ist ja per Definition der Versuch, zu objektiver Wahrheit zu gelangen. Dieser Satz beinhaltet allerdings bereits zwei Adjektive, die man hinterfragen muss. Zum einen: Was heißt nach den revolutionären Erkenntnissen der Quantenphysik noch »objektiv«? Denn diese hat ja gerade gezeigt, dass das erkennende Subjekt nicht aus dem Erkenntnisprozess herausgenommen werden kann. Abgesehen davon, ist das Eliminieren der Subjektivität, um zu objektiver Erkenntnis zu kommen, selbst wieder ein subjektiver Akt. Zum anderen: Was genau soll man unter »exakt« verstehen? »Kant glaubte, daß es Wissenschaft nur insofern gebe, als es Mathematik gebe. Der gleiche Irrtum findet sich bei vielen Mathematikern und Physikern, die allein exakt zu sein glauben. Sie sind es aber nur auf ihrem Gebiete. In den Bewegungen der Tiere, in den Empfindungen und Leidenschaften der Menschen ist auch Exaktheit. Ein homerischer Hexameter oder eine Ode von Pindar sind nicht weniger exakt als irgendein Kausalverhältnis oder eine mathematische Formel. Diese rhythmische, metrische Exaktheit ist nur eine andere, höhere. Wenn sie nicht berechenbar ist, so ist das noch kein Grund, sie für unzuverlässiger zu halten als das Ergebnis irgendeiner Quantenmessung.«[7]

Unter Exaktheit lediglich mathematische Exaktheit zu verstehen ist somit ein ziemlich arroganter Standpunkt. Das Kennzeichen der Wissenschaften bleibt, alles Subjektive und alle übernatürlichen oder metaphysischen Erklärungsversuche aus der Untersuchung auszuschließen und nur das als wissenschaftlich erwiesen gelten zu lassen, was empirisch, das heißt experimentell, verifizierbar ist. Seit Karl Popper wissen wir außerdem, dass wissenschaftliche Theorien vor allem falsifizierbar sein müssen. Man muss demnach grundsätzlich in der Lage sein zu zeigen, dass sie auch falsch sein können. Das hat mit der schlichten Tatsache zu tun, dass die induktive Methode allein nicht ausreichend ist, um zu sicheren Erkenntnissen zu gelangen. Diese Methode geht davon aus, dass man von besonderen Sätzen auf allgemeine Sätze schließen kann. »Nun ist es aber nichts weniger als selbstverständlich, daß wir logisch berechtigt sein sollen, von besonderen Sätzen, und seien es noch so viele, auf allgemeine Sätze zu schließen. Ein solcher Schluß kann sich ja immer als falsch erweisen: bekanntlich berechtigen uns noch so viele Beobachtungen von weißen Schwänen nicht zu dem Satz, daß alle Schwäne weiß sind.«[8]

Deshalb ist beispielsweise die Multiversenhypothese, also die Vorstellung, dass es neben diesem Universum noch unzählige andere Universen gibt, keine wissenschaftliche Theorie, da sie nicht falsifizierbar ist. Das hindert viele Physiker:innen nicht daran, trotz dieser aussichtslosen erkenntnistheoretischen Position die verrücktesten Theorien zu entwickeln. Dagegen ist auch gar nichts einzuwenden, wenn an dieser Stelle grundsätzlich klargestellt würde, dass man in diesem Moment den Bereich der Wissenschaften verlässt. Genau das ist aber leider oftmals nicht der Fall, und viele Menschen glauben, es in solchen Fällen mit ernst zu nehmenden wissenschaftlichen Theorien zu tun zu haben, während es sich in Wahrheit lediglich um nicht selten völlig abgedrehte Spekulationen handelt.

Hier schließt sich direkt ein weiteres Problem an, und das betrifft die unzulässige Vermischung von Begriffen. Ein Beispiel: Im Jahr 2014 erschien das Buch *Wie das Gehirn die Seele macht* von Gerhard Roth und Nicole Strüber. In der Regel lesen wir über solche Sätze hinweg und erkennen nicht, dass hier bereits im Buchtitel die Grenzen des wissenschaftlich Sagbaren überschritten werden, ohne das kenntlich zu machen. Denn die beiden Begriffe »Gehirn« und »Seele« entstammen zwei unterschiedlichen ontologischen Sphären oder sind, anders ausgedrückt, jeweils Teil eines ganz spezifischen »Sprachspiels« (Wittgenstein). Das ist auf der einen Seite die Sphäre oder das Sprachspiel der Wissenschaft, in diesem Fall der Neurologie, und auf der anderen Seite die Sphäre bzw. das Sprachspiel der Philosophie und Theologie. Wenn der Begriff »Seele« jetzt auf der gleichen ontologischen Ebene (der Ebene des materialistischen Reduktionismus) wie der Begriff »Gehirn« abgehandelt wird, tut man gerade so, als ob es sich bei diesem Begriff um ein Ding unter anderen Dingen handelte. Etwas, das man, wie auch das Gehirn, einer wissenschaftlichen und damit reduktionistischen Analyse unterziehen könnte. Aber das ist natürlich nicht der Fall, sondern wir verstehen unter dem Begriff Seele etwas, das ganz im Gegenteil gerade nicht auf empirisch Verifizierbares reduzierbar ist. So entsteht die Illusion, man könnte auf wissenschaftlicher Ebene irgendeine Aussage über die Seele treffen oder gar ihre Existenz wissenschaftlich in Zweifel ziehen. Das heißt nicht, dass Wissenschaftler:innen sich nicht zu diesen Themen äußern dürften, nur tun sie das eben nicht mehr als Wissenschaftler:innen, sondern, in diesem speziellen Fall, als wissenschaftlich gebildete Theolog:innen.

Wissenschaftlichkeit, so hat es der Philosoph Karl Jaspers formuliert, heißt: »Zu wissen, was man weiß und was man nicht weiß; unwissenschaftlich ist das dogmatische Wissen. Wissenschaftlich sein, das heißt mit den Gründen zu wissen; unwissenschaftlich ist das Hinnehmen fertiger Meinungen. Wissenschaftlich ist das Wissen mit dem Bewußtsein von den jeweils bestimmten Grenzen des Wissens; unwissenschaftlich ist alles Totalwissen, als ob man im ganzen Bescheid wüßte. Wissenschaftlich ist grenzenlose Kritik und Selbstkritik, das vorantreibende Infragestellen; unwissenschaftlich ist die Besorgnis, der Zweifel könne lähmen. Wissenschaftlich ist der methodische Gang, der Schritt für Schritt auf dem Boden der Erfahrung zur Entscheidung bringt.«[9]

Einer der zentralen Sätze hier lautet, dass Wissenschaftlichkeit sich gerade durch das Bewusstsein der Grenzen der Wissenschaften auszeichnet. Genau diese Grenzen aber werden regelmäßig überschritten, ohne diese Grenzüberschreitung kenntlich zu machen.

Obwohl die Quantenphysik den philosophischen Materialismus bereits vor über einhundert Jahren ein für alle Mal erledigt hat, bildet er merkwürdigerweise noch immer die Basis vor allem der Bio- und Neurowissenschaften. Der Physiker Hans Peter Dürr hat sein Leben der Aufgabe gewidmet, den philosophischen Implikationen der Quantenphysik zum Durchbruch zu verhelfen. Es ist ihm offensichtlich nicht gelungen. Paradigmen sind in der Regel äußerst stabil und enden oftmals erst mit dem Tod ihrer Protagonist:innen. Bedauerlicherweise sind die Biowissenschaften und die Hirnforschung trotz dieser erkenntnistheoretischen Defizite in den letzten Jahrzehnten zu Leitdisziplinen aufgestiegen und haben seitdem damit begonnen, zunehmend unser Leben und unsere Weltsicht zu beeinflussen. Aus den Leitdisziplinen sind Leiddisziplinen geworden.

Die vermeintliche Wertfreiheit der Wissenschaft

Wer die Wissenschaft kritisiert, muss vor allem ihre Grundlagen kritisieren, und diese sind selbst nicht wissenschaftlicher, sondern philosophischer Natur. Wissenschaftskritik kann somit nur Philosophiekritik sein. Forschung und Wissenschaft sind zweifellos ein Ausdruck unseres Menschseins und eine Möglichkeit unter anderen, Erkenntnis über die Welt zu erlangen. Auch wenn das noch lange nicht bedeutet, jede wissenschaftliche Erkenntnis in Technik umsetzen zu müssen. Dieser Drang, Wissenschaft in erster Linie zum Zwecke der Ausbeutung oder der Unterwerfung der Natur mithilfe der Technik zu betreiben, ist ein Kind der Neuzeit; und, man muss es wohl so sagen, ein Kind des Teufels.

Der wissenschaftliche Zugang zur Welt ist ohnehin nur einer unter vielen und noch dazu ein sehr begrenzter. Denn auf der einen Seite gibt es zwar nichts, was nicht wissenschaftlich analysiert werden könnte, aber gleichzeitig dringt die wissenschaftliche Analyse nie zum ontologischen Kern des untersuchten Gegenstandes vor. Jede wissenschaftliche Analyse steht am Ende staunend vor dem unauflösbaren Geheimnis des Existierenden. Besteht die Wissenschaft darauf, der exklusive Zugang zur Welt zu sein, verkommt sie zur bloßen Ideologie und beginnt, totalitär zu werden.

Die angeblich wertfreie Wissenschaft muss sich endlich eingestehen, dass es so etwas wie wertfreie Wissenschaft nicht geben kann. Wissenschaft kann ohnehin nicht isoliert von ihrer Anwendung bzw. Umsetzung in Technik betrachtet werden, denn »die technologische Gesellschaft ist ein Herrschaftssystem, das bereits im Begriff und Aufbau der Techniken am Werke ist«.[10] Schon das Thema, mit dem sich eine Wissenschaftlerin beschäftigt, unterliegt bereits der individuellen Auswahl dieser Wissenschaftlerin. Und diese Wissenschaftlerin ist natürlich durch bestimmte Wertvorstellungen geprägt, die wiederum nicht wissenschaftlich begründet werden können. So zehrt, in Anlehnung an das Diktum von Ernst-Wolfgang Böckenförde, die Wissenschaft von Voraussetzungen, die sie selbst nicht schaffen und schon gar nicht garantieren kann. Abgesehen davon, ist auch der Anspruch, angeblich wertfreie Wissenschaft betreiben zu wollen, bereits ein Wert. Im Übrigen werden wissenschaftliche Forschungsprojekte in aller Regel von jemandem finanziert, der damit wiederum ganz eigene Interessen verfolgt. »Die Wissenschaft begnügt sich deshalb nie und nirgends mit der Erkenntnis der Gesetzlichkeit der Natur und läßt diese Gesetzlichkeit nicht auf sich beruhen. Alle ihre Erkenntnis ist von vornherein darauf angelegt, diese Gesetzlichkeit nachzuahmen und anwendbar zu machen, sie zu nutzen und auszubeuten, und in dem Maße, in dem das geschieht, geht die Wissenschaft in Technik über. Das Entstehen einer eigenen, auf den Ergebnissen der wissenschaftlichen Forschung beruhenden Technik ist der Beweis dafür, daß es eine ›reine‹, im Streben nach Erkenntnis verharrende Wissenschaft nicht gibt.«[11]

Wissenschaftler und Wissenschaftlerinnen müssen sich somit in Zukunft vermehrt Rechenschaft darüber ablegen, von welchen Werten sie geleitet werden, und diese Werte überprüfen. Da es niemals wertfreie Wissenschaft geben kann, müssen sie die ihren Experimenten zugrunde liegenden, versteckten Werte offenlegen und einer Kritik unterziehen bzw. zulassen, dass andere diese Kritik üben. Für den Fall, dass sich bei dieser kritischen Untersuchung herausstellen sollte, dass die dem wissenschaftlichen Projekt zugrunde liegenden Werte nicht mit den Werten einer liberalen und humanen Gesellschaft übereinstimmen, muss das entsprechende Projekt beendet oder darf erst gar nicht in Angriff genommen werden. Auch kann sich niemand aus seiner Verantwortung stehlen, indem er behauptet, er erforsche nur einen Teilbereich und hätte mit dem Rest nichts zu tun. Nur ein Rädchen im großen Getriebe zu sein war auch eine beliebte Argumentation vieler aktiver Nazis nach 1945, um sich ihrer Schuld zu entledigen. Hannah Arendt hat in diesem Zusammenhang darauf hingewiesen, dass wir auf der Schuldfähigkeit des Einzelnen beharren müssen.[12] Denn »der Schuldbegriff hat nur Sinn, wo er auf Individuen angewendet wird«. Das gilt sowohl für die Politik als auch für die Wissenschaften. Der Dichter Eugen Roth hat das in einem Gedicht eindrucksvoll beschrieben:

Das Böse
Ein Mensch, was noch ganz ungefährlich
Erklärt die Quanten (schwer erklärlich).
Ein zweiter, der das All durchspäht,
Erforscht die Relativität.

Ein dritter nimmt, noch harmlos, an,
Geheimnis stecke im Uran.
Ein vierter ist nicht fernzuhalten
Von dem Gedanken, kernzuspalten.
Ein fünfter – reine Wissenschaft –
entfesselt der Atome Kraft.
Ein sechster, auch noch bonafidlich,
Will die verwerten, doch nur friedlich.
Unschuldig wirken sie zusammen:
Wen dürften, einzeln, wir verdammen?
Ist's nicht der siebte erst und achte,
Der Bomben dachte und dann machte?
Ist's nicht der Böseste der Bösen,
Der's dann gewagt, sie auszulösen?
Den Teufel wird man nie erwischen;
Er steckt von Anfang an dazwischen.

Es gibt heute so viele Wissenschaft treibende Menschen wie noch nie in der Geschichte der Menschheit. Sie alle sind in der Regel hochspezialisiert und bringen ihr Leben damit zu, Probleme zu lösen. So sollten, nach zirka vierhundert Jahren Wissenschaft, eigentlich alle Probleme gelöst sein. Ein Blick auf diese Welt genügt aber, um zu erkennen, dass dem ganz und gar nicht so ist. Eher scheint das Gegenteil der Fall zu sein: Die Probleme haben sich vervielfacht. Eigentlich merkwürdig, oder?

Das Problem mit der Materie

In den genannten Wissenschaften ist noch immer ein materieller Monismus vorherrschend, der die Möglichkeit negiert, dass Materie bereits über intrinsische Eigenschaften oder gar über so etwas wie Subjektivität verfügen könnte. Das heißt, »die materielle Welt konnte bloß konstruiert werden um den Preis, daß das Selbst, der Geist, daraus entfernt wurde«.[13] Genau genommen wird in der wissenschaftlichen Praxis aber weder etwas negiert noch postuliert, sondern diese Problematik schlicht ignoriert. Und man kann nur staunen, mit welcher Naivität oder vielmehr Ignoranz einige Wissenschaftler und ihre Kolleginnen der Materie als etwas Gegebenem und nicht weiter Hinterfragbarem begegnen. Die Materiekonzeption ist aber ganz wesentlich, denn nicht zuletzt entscheidet sie darüber, was am Ende bei den jeweiligen Forschungen herauskommt.

So heißt es in einem Standardwerk zur Evolutionsbiologie von Ulrich Kutschera: »Der Materialismus ist das solide philosophische Fundament, auf dem auch die Evolutionstheorie ruht.«[14] Das klingt ganz so, als wüsste der Autor, welche Art von Materie sich hinter dem Begriff Materialismus verbirgt. In Wahrheit entzieht sich Kutschera an dieser Stelle aber einer tiefergehenden Auseinandersetzung mit diesem Problem und weiß nicht oder will nicht wissen, von welcher Art Materie er spricht. Ist es das, was Ernst Bloch einmal spöttisch »Klotzmaterialismus« genannt hat? Das heißt, Materie gedacht als ein Sammelsurium bauklotzartiger Gebilde, die sich irgendwie zu irgendetwas formieren? Ist es der Materiebegriff der Quantenphysik, die darunter nur noch ein Geflecht von Beziehungen versteht und sich vom »klassischen« Materiebegriff so weit wie irgend möglich entfernt hat? Oder ist es Materie, die bereits über intrinsische Eigenschaften verfügt? Sind die Teilchen vielleicht keine Teilchen, sondern vielmehr Ganze/Teilchen, das, was Arthur Koestler und später Ken Wilber als »Holons« bezeichnet haben? An dieser Stelle sieht man bereits, dass es mit dem Materialismusbegriff und der dahinterliegenden Vorstellung von Materie nicht so einfach ist. Auf jeden Fall nicht so einfach, wie es sich Kutschera und mit ihm viele andere Wissenschaftler:innen machen.

Es geht hier auch nicht um philosophische Erbsenzählerei, wie vielleicht manch einer oder manch eine an dieser Stelle denken mag. Klotzmaterialismus oder nicht, ist das so entscheidend? Ja, ist es! Denn mit dem Materiebegriff steht und fällt so manches naturwissenschaftliche und philosophische Lehrgebäude. Wer hier nicht von Beginn an sauber gedacht hat, wird sich zwangsläufig in eine Vielzahl von Widersprüchen verwickeln oder, was vielleicht noch schlimmer ist, er wird die unausgesprochenen Voraussetzungen seines Denkens oder Experimentierens fälschlicherweise später für die Ergebnisse halten.

Gehen wir einmal von einem naiven Materiebegriff aus, so wie ihn Ernst Bloch seinerzeit verspottet hat. Alfred North Whitehead schreibt dazu: »Der ursprüngliche Stoff oder das Material, von dem eine materialistische Philosophie ausgeht, ist der Evolution unfähig. Dieses Material ist an sich die elementare Substanz. Evolution wird nach der materialistischen Theorie auf ein anderes Wort für die Beschreibung von Veränderungen in den äußeren Relationen zwischen Materieteilen reduziert. Hier gibt es nichts, was der Evolution fähig wäre, weil eine Menge von äußeren Relationen so gut wie jede andere ist. Möglich ist allein eine nicht zweckgerichtete und nicht fortschreitende Veränderung. Aber die ganze moderne Lehre läuft darauf hinaus, daß eine Evolution der komplexen Organismen aus früheren Zuständen weniger komplexer Organismen stattfindet. Die Lehre schreit daher geradezu nach einer Konzeption des Organismus, wie er für die Natur grundlegend ist.«[15]

Materie, naiv gedacht, ist demnach keiner Evolution fähig. Möglicherweise würde eine Vielzahl von Wissenschaftler:innen dieser Behauptung zustimmen. Falls sie es nicht tun, haben sie unreflektiert der Materie bereits Eigenschaften zugesprochen, die ein Materialist im ursprünglichen Sinne des Wortes eigentlich ablehnen müsste. Was sind das für Eigenschaften? Materie hat die Tendenz, sich zu immer komplexeren Gebilden zusammenzufügen. Von Teilhard de Chardin stammt der Satz: »créer, c'est unir« (schöpferisch sein heißt vereinigen). Eine komplexe Struktur ist nun aber bereits durch eine Zunahme an Information gekennzeichnet, andernfalls wäre es ein bloßer Haufen. Unter Information kann man in diesem Kontext die »Gesamtheit der Wirkungspotenz [verstehen], die ein Muster in Wechselbeziehung zu allen anderen denkbaren Mustern besitzt«.[16] Materie als Ansammlung von leblosen Bauklötzen gedacht, würde wohl eher dazu neigen, sich zu sinn- und wertlosen Haufen zu formieren, da »eine Menge von äußeren Relationen so gut wie jede andere ist«. Materie, so wie wir sie wahrnehmen, tendiert aber zur Ausbildung komplexer Strukturen unter Zunahme von Information. Das ist etwas grundlegend anderes. Diese Materie verfügt demnach bereits über protokomplexe Eigenschaften. Somit ist *Protokomplexität* bereits ein zentrales Merkmal von Materie.

Die nächste Stufe der Entwicklung ist der Schritt von zwar komplexen, aber unbelebten zu lebendigen Strukturen. Für diesen in völliger Dunkelheit liegenden Vorgang muss in der Evolutionsbiologie der Begriff Emergenz herhalten. Das Wort Emergenz leitet sich vom lateinischen Verb *emergo* (emporkommen) ab und kann in seiner transitiven Form etwa mit »auftauchen lassen« übersetzt werden. Dahinter steht der Glaube, dass materielle Strukturen ab einem gewissen Grad von Komplexität spezielle Systemeigenschaften entwickeln. Leben wäre demnach eine Systemeigenschaft hochkomplexer organischer Strukturen. Der Begriff stammt ursprünglich vom österreichischen Ethologen und Nobelpreisträger Konrad Lorenz. Er nannte dieses Phänomen, »dass immer wieder etwas völlig Neues in Existenz tritt, etwas das vorher einfach nicht da war«, »Fulguration«. Das Leben sollte demnach wie ein Blitz (lat. *fulgur*) in die Materie eingeschlagen sein. Emergenz heißt also in diesem Fall, dass ab einem gewissen Grad von Komplexität eine neue Systemeigenschaft auftritt: Leben! Wie sich aber dieser geheimnisvolle Vorgang im Einzelnen vollzieht, darüber schweigt sich die Wissenschaftsgemeinde aus. Natürlich, denn Emergenz ist das genaue Gegenteil einer sich im kausal-reduktionistischen Rahmen abspielenden naturwissenschaftlichen Erklärung.

Man muss hier allerdings noch zwischen schwachen und starken emergenten Eigenschaften eines Systems unterscheiden. Unter schwacher Emergenz versteht man eine Systemeigenschaft, über die die einzelnen Teile des Systems nicht verfügen, die aber auf diese zurückgeführt werden kann. Unter starker

Emergenz versteht man eine neu auftretende Systemeigenschaft, die nicht mehr auf die einzelnen Teile des Systems zurückgeführt werden kann, also irreduzibel ist. Leben und Bewusstsein wären somit eindeutig stark emergente Eigenschaften. »Ich denke, daß die Emergenz von Bewußtsein für den orthodoxen Evolutionismus so etwas ist wie eine Leiche im Keller. Dabei räume ich ein, daß die Emergenz von Bewusstsein aus holistischer Sicht zwar sinnvoll ist, aber nicht erklärt werden kann. Sie bleibt so rätselhaft, wie sie es für einen orthodoxen Evolutionisten ist, solange man sie als einen rein natürlichen Prozeß in einer rein materialistischen Welt betrachtet.«[17]

In diesem Zitat des Hirnforschers John Eccles könnte man ohne Weiteres den Begriff »Bewusstsein« durch »Leben« ersetzen. In beiden Fällen ist Emergenz in einer rein materialistisch gedachten Welt ein unlösbares Rätsel. Der Emergenzbegriff, gerade wenn er die Entstehung des Lebens oder des Bewusstseins erklären will, ist in Wahrheit eine Leerformel ohne weiteren Erkenntnisgewinn für Vorgänge, die sich wissenschaftlich nicht erklären lassen. Er ist eine wissenschaftliche Bankrotterklärung, »mit dem Evolutionsprogramm inkompatibel; er hat dort den Rang einer puren Ad-hoc-Hypothese; er stellt eine spezialkreationistische Theorie ohne Gott dar«.[18] So könnte man emergente Vorgänge auch schlicht als Wunder bezeichnen, und die sollte es in den Wissenschaften eigentlich nicht geben. Das heißt nicht, dass es in der Natur keine emergenten oder übersummativen Vorgänge gibt. Aber falls es diese geben sollte, wissen wir nichts über sie, und deshalb dürfen sie innerhalb einer wissenschaftlichen Argumentation keine Rolle spielen.

Da Naturwissenschaftler:innen in der Regel nicht an Magie glauben, muss man an dieser Stelle vermuten, dass der eine oder die andere von ihnen eine weitere unausgesprochene Voraussetzung gemacht hat: Sie haben der Materie bereits, wenn auch sozusagen in unendlich verdünnter Form, lebendige Eigenschaften zugeschrieben. *Protovitalität* ist somit eine weitere grundlegende Eigenschaft von Materie. Wie könnte es auch anders sein?

Wie etwa soll man sich tote oder besser unbelebte Materie vorstellen? Materie besitzt Energie, ist unablässig in Bewegung und verfügt darüber hinaus über Information, ist teleologisch verfasst und damit natürlich noch nicht im engeren Sinn lebendig, aber mit Sicherheit auch nicht gänzlich tot.

Der nächste und im wörtlichen Sinne wunderbarste Sachverhalt ist der Übergang von lebendigen zu geistigen bzw. bewussten Wesen. Auch diese neue Systemeigenschaft soll wieder mittels Emergenz erklärt werden. Hat das schon beim Übergang von unlebendiger Materie zu lebendigen Strukturen nicht funktioniert, scheitert dieses Konzept zur Erklärung der Entstehung des Geistes nun völlig. Hatte sich der Übergang vom Unlebendigen zum Lebendigen noch im materiellen Raum vollzogen, so ist das Geistige bzw. das Bewusstsein ja gerade dadurch gekennzeichnet, dass es diese räumlichen Strukturen verlässt und eine völlig neue Kategorie konstituiert. Bei Betrachtung der internen Repräsentation mentaler Zustände (Stichwort Qualia) beginnt die ganze Sache noch wesentlich komplizierter zu werden. Hier stehen wir spätestens vor einem der größten Rätsel überhaupt oder, mit den Worten des australischen Philosophen David Chalmers, vor den »hard problems of consciousness«.

Ein weiteres Kriterium des Geistes ist, im Gegensatz zum Leben, das nicht graduell abgestuft ist, die Tatsache, dass er sich im Laufe der Evolution langsam entwickelt hat und nicht etwa blitzartig (fulgurativ) aufgetreten ist. Den Geist mithilfe von Emergenz zu erklären läuft also offensichtlich ins Leere. Der Physiker und Philosoph Carl Friedrich von Weizsäcker sah da bereits tiefer, als er schrieb, »dass die Materie, welche wir nur noch als dasjenige definieren können, was den Gesetzen der Physik genügt, vielleicht der Geist ist, insofern er sich der Objektivierung fügt«.[19] Ein Materialist, der aber trotz allem an diese Form der Emergenz glaubt – und um nichts anderes als Glauben handelt es sich an dieser Stelle –, kommt wohl nicht um die Erkenntnis herum, dass er auch hier eine stillschweigende Voraussetzung macht, indem er der Materie eine wie auch immer geartete geistige Ebene zusprechen muss. Das heißt, auch *Protomentalität* ist ein wesentliches Merkmal von Materie.

Zusammengefasst heißt das: Ein Materialist im strengen und ursprünglichen Sinn des Wortes muss von einem Materiebegriff ausgehen, der von allen eben beschriebenen intrinsischen Eigenschaften der Materie absieht und sie als inert, ungeistig und unlebendig betrachtet. Eine solche Materie wäre aber, um noch einmal Whitehead zu zitieren, »der Evolution unfähig«, da sie sich nur zu immer neuen chaotischen Haufen zusammenschließen würde, wenn sie sich überhaupt zusammenschlösse. Denn das Bestreben, sich zusammenzuschließen, setzt ja bereits etwas voraus, über das streng materialistisch gedachte Materie nicht verfügt. Dass aber aus Materie lebendige und geistige Wesen hervorgehen, die noch dazu über ein subjektives Bewusstsein verfügen, setzt unausgesprochen einen anderen Materiebegriff voraus.

Wer jetzt der Meinung ist, dass Materie macht, was sie eben macht, sei nichts anderes als eine Folge der Naturgesetze, vergisst, dass auch – oder gerade – die sogenannten Naturgesetze ein tiefes Geheimnis bleiben. Das betrifft ihre Entstehung, ihre speziellen Werte (die Evolution überhaupt erst möglich machen) und ihre Wirkungen, also das, was als »anthropisches Prinzip« bezeichnet wird. Wir können zwar jeden Tag beobachten, was durch Gravitation geschieht, was aber Gravitation ist und warum sie exakt diese Eigenschaften aufweist, bleibt völlig ungeklärt. Das Gleiche gilt für die Feinstrukturkonstanten und ihre besonderen Eigenschaften.

Wer demnach heute noch behauptet, sein Weltbild stehe auf dem festen Boden des Materialismus, der muss erst einmal darlegen, was genau er noch unter Materie versteht. Die naturwissenschaftlichen Disziplinen bzw. ihre Vertreter:innen sind somit aufgerufen, in Zukunft vermehrt Rechenschaft darüber abzulegen, auf welchem Materiebegriff ihre weltanschauliche Konzeption basiert.

Die Methode wird zur Weltanschauung

Diese reduktionistische, sich auf einen materialistischen Monismus gründende Methode ist dabei in vielen – bei Weitem nicht in allen – Bereichen äußerst erfolgreich gewesen. Irgendwann kommt es aber zu dem, was man als den Sündenfall der Wissenschaften bezeichnen könnte. Denn ihre Vertreter und Vertreterinnen haben eines schönen Tages, nachdem sie die Labortüren hinter sich geschlossen hatten, vergessen, dass es sich bei diesem pragmatischen Reduktionismus des Experiments um eine Methode handelt, und machen diesen zu einem ontologischen, das ganze Sein betreffenden. Sie erweitern also ihre Methode zur Weltanschauung oder, schlimmer noch, zur Ideologie. Das aber ist eine unzulässige Überschreitung der wissenschaftlichen Grenzen und somit vor allem und in erster Linie unwissenschaftlich.

Seit der französische Philosoph René Descartes im 17. Jahrhundert im Rückgriff auf die aristotelische *Analytica Posteriora* das Verfahren der Analyse in die Philosophie eingeführt hat, wurde es zur zentralen Methode der modernen Wissenschaften, ihren Untersuchungsgegenstand in immer kleinere Teile zu zerlegen, um ihn untersuchen zu können. Es ist in etwas so, als würde man mit einem Hammer den Untersuchungsgegenstand in Stücke schlagen, das dabei entstehende kleinste Stück heraussuchen, um es wiederum in Stücke zu schlagen und so weiter, bis nichts mehr da ist, was man noch zerschlagen könnte. Das scheint erst einmal eine heuristisch fruchtbare Methode zu sein, die aber gerade im Bereich des Lebendigen, wie übrigens auch auf dem Feld des Geistigen, unter einem entscheidenden Mangel leidet: Um Lebendiges dergestalt untersuchen zu können, bleibt dem Wissenschaftler nichts anderes übrig, als das Objekt seiner Untersuchung zu töten. Zwar lassen sich die so entstandenen Teile jetzt bis auf die molekulare Struktur hinab wissenschaftlich analysieren, doch setzt man diese wieder zusammen, erhält man lediglich eine komplexe Maschine, aber eben nicht das, wonach man gesucht hat. Der Versuch, diese aus Teilen rekonstruierte Maschine für das Leben oder den Geist selbst auszugeben, stellt eine durch nichts gerechtfertigte Erweiterung und Überschreitung wissenschaftlicher Grenzen dar. Das Lebendige und das Geistige verstecken sich eben gerade dort, wohin der lange Arm der Wissenschaften nicht gelangen kann.

Diese unrechtmäßige Erweiterung des pragmatischen Reduktionismus zu einem ontologischen hat allerdings gravierende Folgen. Denn aus ihm folgte eine »Ontologie des Todes« (Hans Jonas), weil im jetzt unbelebten und ungeistigen Universum der Wissenschaften plötzlich das Leben und mit ihm das Bewusstsein zum schlechthin Unverständlichen wurden und mit Begriffen aus dem Reich der toten Materie erklärt werden mussten. Das ist das ontologische Stadium, in dem sich noch heute die Biologie, die Evolutionsbiologie wie auch die Neurowissenschaften befinden. Deshalb können sie auch zu keinen überzeugenden Antworten kommen, was den Übergang vom Leblosen zum Lebendigen sowie den Übergang vom Ungeistigen zum Geistigen betrifft. Der Versuch, »Höheres«, wie Leben oder Bewusstsein, aus »Niedrigerem« zu erklären, scheitert also spätestens an der Erklärung des Lebendigen und des Bewusstseins. Die Einführung des Emergenzbegriffes trägt hier, wie schon gezeigt, nichts zur Erklärung bei, sondern verschleiert lediglich das Problem.

Dass das eben skizzierte Weltbild tatsächlich immer noch und wohl von der Mehrheit der Biolog:innen, vertreten wird, zeigt folgendes kurze Zitat des angesehenen britischen Neurobiologen und Biochemikers Paul Nurse, der im Jahr 2001 den Nobelpreis für Physiologie oder Medizin erhielt. Er schreibt in seinem 2021 erschienenen Buch *Was ist Leben?*: »Die Vorstellung, Zellen, und daher lebende Organismen, seien zwar ziemlich komplizierte, aber letztlich verständliche chemische und physikalische Maschinen, ist gegenwärtig die vorherrschende Auffassung vom Leben.«[20] Naturwissenschaft kann demnach nicht mehr sein als Maschinentheorie, oder sie hört auf, Wissenschaft zu sein – zumindest in dem Sinn, wie wir sie heute verstehen.

Die gleiche Konzeption findet sich in praktisch jedem Buch über Hirnforschung oder das Bewusstsein. Das Gehirn wird in der Regel mit einem Computer verglichen, und so ist hier von Schaltkreisen, Rechenleistung und Hardware die Rede.[21] Und deshalb ist es auch kein Wunder, dass einige durchgeknallte Transbzw. Posthumanisten der Meinung sind, sie könnten eines Tages den Inhalt ihres Gehirns auf einen Computer hochladen, um sich so unsterblich zu machen. Und umgekehrt will man uns glauben machen, Roboter – also Maschinen – könnten eines Tages so etwas wie Bewusstsein entwickeln. Beides ist barer Unfug und entspringt der Maschinentheorie des Lebendigen.

Im Juni 2022 erklärte der Google-Ingenieur Blake Lemoine allen Ernstes, dass er davon überzeugt sei, dass der Chatbot LaMDA, ein von Google AI entwickeltes Sprachmodell, sowohl über Selbstbewusstsein als auch über Gefühle verfüge. Er forderte deshalb, dieses Programm zu beschützen. Für diese Äußerungen wurde Lemoine von Google beurlaubt, was zeigt, dass der Wahnsinn offensichtlich noch nicht alle Bereiche dieses Unternehmens erfasst hat. Die Frage an dieser Stelle ist: Wie lange es noch dauert, bis es so weit ist? Vielleicht hat der Mann aber auch nur zu viele Nahrungsergänzungsmittel zu sich genommen. Dass eine große Wochenzeitung diesem Thema einen mehrseitigen Artikel gewidmet hat, in dem Lemoines These ernsthaft diskutiert wird, ist irritierend. Wer heute sagt, dass er mit seinen Pflanzen spricht, da er der Überzeugung ist, dass sie Gefühle haben und somit auch auf Ansprache und Berührung reagieren, wird noch immer als esoterischer Spinner bezeichnet. Wer behauptet, ein Computerprogramm habe Gefühle, gilt als avantgardistischer Denker. Wir verehren die Technik und schätzen sie mehr als das Leben. Wir sind eine nekrophile Gesellschaft, die das Tote liebt, während sie das Lebendige tötet.

Die unzulässige Erweiterung der wissenschaftlichen Methode zur Ideologie lässt sich im Übrigen sehr häufig an drei Wörtern erkennen: »nichts anderes als«. Die Welt ist jetzt »nichts anderes als« das Produkt des Zufalls, der Mensch »nichts anderes als« eine komplizierte Maschine und zugleich das Transportvehikel seiner egoistischen Gene (Richard Dawkins), die S anderes als« ein Fusionsreaktor und der Geist oder sein »nichts anderes als« das Epiphänomen im Gehirn ablaufender neurophysiologischer Prozesse. Der britische Biologe Julian Huxley hat dieses Vorgehen treffend als »nothing else buttery« bezeichnet. Das heißt, eine derart simple, um nicht zu sagen primitive Weltanschauung, die per Definition nur die Oberflächen der Erscheinungen beschreiben kann, hat sich zum allumfassenden Paradigma gemacht. Und dieses defiziente Weltbild zerstört unsere lebendige Wahrnehmung und hat aus diesem Grund katastrophale Folgen für uns wie für die Natur.

Darüber muss man sich im Klaren sein. Die Art und Weise, wie wir mit Natur umgehen, ist kein Zufall oder vom Himmel gefallen, sondern hat eine zirka fünfhundert Jahre lange Geschichte. Wir haben ein Bild von Natur in unseren Köpfen, das es uns erlaubt, so mit ihr umzugehen, wie wir das gegenwärtig tun. Jedes Jahr werden allein in Deutschland zirka 2,5 Millionen Tiere in Versuchslaboren für wissenschaftliche Zwecke missbraucht und zirka ein Viertel von ihnen getötet. Dazu kommen Millionen sogenannter Überschusstiere, für die es keine Verwendung gibt und die deshalb ebenfalls getötet werden. Auch im Zuge der Corona Impfstoffforschung wurden viele Experimente an Tieren durchgeführt und allein in den ersten siebzehn Monaten der Pandemie 61 389 Versuchstiere für 102 Forschungsprojekte in Deutschland genehmigt.[22] Weitere Millionen werden unter größtenteils unwürdigen Bedingungen gehalten, um uns als Nahrung zu dienen. In der Zwischenzeit ist es gelungen, in einem Embryo menschliche Zellen mit denen von Affen zu vermengen. Das Ziel hierbei ist es, in Zukunft in diesen Mischwesen Organe für den Menschen zu züchten. Das heißt, man missbraucht Tiere als Brutstätten für menschliche Organe. Warum tun wir das? Weil wir aufgrund unserer Weltanschauung glauben, das Recht dazu zu haben. Das nennt man Ideologie. Wir alle sind Ideologen, radikal und fundamentalistisch in unseren Anschauungen und merken es noch nicht einmal mehr.

DIE INNENSEITE

Eine der zentralen Erkenntnisse der Quantenphysik liegt darin, gezeigt zu haben, dass der Beobachter nicht vom Beobachteten getrennt werden kann. Damit hielt die bis dahin viel geschmähte Subjektivität Einzug in die geheiligten Hallen der Wissenschaft. Bis zur Entwicklung der Quantenphysik war man noch davon überzeugt, die materielle Welt objektiv beschreiben zu können. Jetzt musste man feststellen, dass es so etwas wie objektive Tatsachen nicht mehr gab. Gerade der Welle-Teilchen-Dualismus der Materie hat gezeigt, dass je nach Art der Fragestellung die Natur in entsprechender Weise antwortet. Will der Betrachter durch seine Versuchsanordnung eine Welle sehen, so stellt sich die Materie wellenartig dar. Soll der Versuch ein Teilchen zeigen, so zeigt sich die Materie teilchenartig. Man könnte dieses Szenario natürlich weiterdenken und sich fragen, wie die Materie sich möglicherweise sonst noch zeigen würde, wenn wir in der Lage wären, andere Fragen zu stellen.

Wie dem auch sei. Durch das komplementäre Verhalten von Materie zeigt sich, dass der Betrachter durch die Art seiner Betrachtung das Geschehen auf mikrophysikalischer Ebene beeinflusst. Man muss nicht so weit gehen, wie es seinerzeit der irische Philosoph George Berkeley getan hat, indem er die Auffassung vertrat, dass Sein nichts anderes heiße, als wahrgenommen zu werden (*esse est percipi*). Nach dieser Ansicht würde alle Materie verschwinden, wenn niemand mehr da ist, der sie betrachtet. Niemand von uns glaubt ernsthaft, dass das der Fall ist, übrigens auch Berkeley nicht. Wenn auch niemand mehr da sein sollte, um die Dinge zu betrachten, gäbe es – so Berkeley – doch immer noch eine letzte Instanz, einen letzten allumfassenden Beobachter: Gott.

Die entscheidende Erkenntnis ist somit diese, dass es so etwas wie Objektivität im wissenschaftlich eingeschränkten Sinn nicht gibt. Denn das würde voraussetzen, dass wir als Subjekte der

Natur beziehungslos und absolut neutral gegenüberstehen. Dann allerdings würde sich die Frage stellen, nach welchen Kriterien wir Natur überhaupt beschreiben könnten. Aber ohnehin ist das genaue Gegenteil der Fall. Diese Natur hat uns hervorgebracht, und wir sind untrennbar mit ihr verbunden.

An dieser Stelle hat die sogenannte evolutionäre Erkenntnistheorie einen wichtigen Beitrag geleistet. 1941 veröffentlichte Konrad Lorenz in den *Blättern für deutsche Philosophie* seinen Aufsatz »Kants Lehre vom Apriorischen im Lichte gegenwärtiger Biologie«. Er vertritt hier die These, dass es sich beim Kant'schen Apriori (das Wissen vor aller Erfahrung), das er ontogenetisch deutet, in Wahrheit um ein phylogenetisches Aposteriori handelt, das heißt um ein Wissen, das im Laufe der Evolution von der Art erworben wurde. Mit anderen Worten: Wir können die Welt überhaupt nur deshalb erkennen und beschreiben, weil wir sie im Laufe unserer evolutiven Geschichte erfahren und danach unsere Kategorien von ihr entwickelt haben. Auch wenn das bis zu einem gewissen Grad richtig ist, reicht die Wahrheit doch noch tiefer. Denn hier versucht Lorenz, Kant rückwirkend zu einem Empiriker zu machen, und verkennt dabei seine ursprüngliche Intention. Lorenz ignoriert die fundamentale Kant'sche Einsicht, dass Wahrnehmungswissen überhaupt nur möglich ist, wenn das erkennende Subjekt bereits über ein wie auch immer geartetes Wissen a priori verfügt, das seinerseits nicht mehr auf Erfahrung zurückgeführt werden kann. Wir verfügen somit immer schon über ein implizites Wissen über die Welt, da wir selbst diese Welt sind. Der Glaube daran, unsere Subjektivität überwinden zu können, um ein Bild der Welt zu erhalten, wie sie wirklich ist, nennt Markus Gabriel »metaphysischen Szientismus«. »Unsere Erkenntnisfähigkeit besteht nicht darin, dass wir unsere Subjektivität (und damit unsere Werturteile) abstreifen, um die an sich wertfreie Wirklichkeit objektiv zu erkennen, sondern vielmehr darin, vom Standpunkt eines Menschen aus zu erkennen, wie die Wirklichkeit ist. Dabei verfälscht unser Standpunkt die Wirklichkeit nicht, sondern gehört vielmehr integral zu ihr.«[23]

Es kann, so gesehen, keine objektive Realität geben, wenn wir darunter eine Welt verstehen, von der wir behaupten, dass sie auch unabhängig von unserer Erfahrung so beschaffen ist, wie wir sie beschreiben. Gott selbst könnte keine objektive Beschreibung der Welt abgeben, da er Ursache und integraler Bestandteil dieser Welt wäre und ihr primordial unterliegen würde.

Bei all dem bleibt eine der größten Merkwürdigkeiten die Tatsache, dass diese Substanz, die wir Materie nennen, sich auf mikrophysikalischer Ebene immer weiter verflüchtigt. Am Ende existiert nur noch reine Potenzialität, ein Geflecht aus Beziehungen, das selbst nicht mehr materiell gedacht werden kann. So ähnelt der Grund der materiellen Welt mehr dem, was wir Geist nennen. Der Physiker und Astronom James Jeans stellte bereits Anfang der Dreißigerjahre des letzten Jahrhunderts fest, dass das Weltall »eher wie ein großer Gedanke als wie eine große Maschine aussieht«. Er erkannte, dass der Geist nicht etwa erst das Produkt des menschlichen Gehirns, sondern umgekehrt der Geist der Schöpfer des Materiellen ist.[24] Er wird nicht der letzte Physiker bleiben, der eine spiritualistische Weltsicht vertritt. Andere, wie beispielsweise Carl Friedrich von Weizsäcker, werden für eine ähnliche Anschauung plädieren, wie das weiter vorn genannte Zitat bereits gezeigt hat. So ist es gerade diejenige Wissenschaft, die lange Zeit den Inbegriff des Materialismus verkörperte, die hier radikal mit ihren eigenen Voraussetzungen bricht.

Das Faszinierende hierbei ist die Tatsache, dass dieses Beziehungsgeflecht reiner Potenzialität, das eher dem Geistigen ähnelt, unter unserem Blick und unseren Handlungen zu der von uns wahrgenommenen »Festigkeit« auskristallisiert. In der Physik wird dieses Phänomen mit dem Begriff »Dekohärenz« bezeichnet. Es besteht also zweifellos eine Wechselwirkung, vielleicht so etwas wie eine gegenseitige Daseinsversicherung, zwischen der Welt und uns.

Von Carl Gustav Jung stammt der Satz, »dass alle Wissenschaft eine Funktion der Seele ist und alle Erkenntnis in ihr wurzelt«. Die wohl größte Erkenntnis der modernen Physik ist somit die

Tatsache, dass das Subjekt nicht aus dem Erkenntnisprozess herausgenommen werden kann. Wir haben nur deshalb einen Einfluss darauf, wie sich uns die Wirklichkeit zeigt, weil wir selbst Teil ebendieser Wirklichkeit sind. Nicht nur die Erscheinungen um uns herum stehen in einem unentwirrbaren Geflecht von Beziehungen, sondern auch wir selbst sind ein Teil dieses komplexen Beziehungsgeflechts. Unsere Individualität ist somit – und das ist eine schöne Erkenntnis – unhintergehbar geworden. Hinter dieses Wissen sollten wir nicht mehr zurückfallen.

Die eigene Subjektivität – und die der anderen

Über die Innenseite der Welt oder des Lebendigen zu sprechen ist nicht so einfach, wie das bei der Außenseite der Fall ist. Das hat hauptsächlich damit zu tun, dass sich unser inneres Erleben nicht wissenschaftlich beschreiben und schon gar nicht mathematisieren lässt. Sobald man versucht, es mit der analytischen Methode der Wissenschaften zu untersuchen, landet man wieder nur bei Oberflächen, aber niemals bei den Phänomenen der Innerlichkeit, um die es eigentlich geht. So gibt es nur eine Möglichkeit, Innerlichkeit wirklich als Innerlichkeit wahrzunehmen. Ich muss in mich selbst hineinhorchen oder besser hineinfühlen, um zu erfahren, was man unter der Innenseite versteht: Es sind, philosophisch formuliert, die subjektiven Erlebnisinhalte oder internen Repräsentationen spezifischer mentaler Zustände, also unsere Gefühle und Sinneswahrnehmungen, aber natürlich auch unsere Gedanken, Träume und Ideen.

Wenn wir in diesem Zusammenhang von »internen Repräsentationen mentaler Zustände« sprechen, dann klingt das so, als wenn damit die Frage nach der Natur der Gefühle geklärt wäre: Wir nehmen einfach die neuronalen Zustände unseres Gehirns wahr. In Wirklichkeit wissen wir absolut nichts. Weder was man unter dem »wir«, also dem Subjekt der Erfahrung, versteht noch wie es möglich sein soll, dass neuronale Prozesse gefühlt werden. Und das alles vor dem Hintergrund, dass es nicht nur ein spezifisches Gefühl gibt, sondern eine ungeheure Bandbreite an Gefühlen und Wahrnehmungen.

Allein der uns völlig selbstverständliche Akt des Sprechens und Verstehens ist bereits ein ungeheurer Vorgang, über den wir uns aber, weil er so selbstverständlich ist, in der Regel kaum Gedanken machen. Denn was passiert hier? Wir versetzen durch unseren Mund die Luft in Bewegung; eine Bewegung, die physikalisch noch gut beschreibbar ist. Diese von uns erzeugten Luftbewegungen bzw. Druckunterschiede gelangen an das Ohr unseres Gegenübers und versetzen dort das Trommelfell in Schwingungen. Das Trommelfell wiederum überträgt diese Schwingungen mittels der Gehörknöchelchen ins Innenohr. Dort werden sie über die Haarzellen in elektrische Impulse umgewandelt, die entlang des Hörnervs ins Hörzentrum gelangen. Bis hierhin ließe sich das alles noch physikalisch beschreiben, doch dann passiert das Wunderbare: Die betreffenden Schwingungen der Luft und die daraus folgenden elektrischen Impulse werden jetzt als subjektiver Erlebnisgehalt, in diesem Fall als verständliche Wörter, das heißt als Bedeutung, wahrgenommen. Die Instanz, in der sich dieser numinose Vorgang vollzieht, bezeichnen wir als Ich. Es gibt noch nicht einmal den Ansatz einer wissenschaftlichen Theorie, die das erklären könnte.

Das Problem hier ist nicht zuletzt die Tatsache, dass wir nicht wissen, was wir uns unter dem Ich vorzustellen haben. Denn dieses Ich muss ja seinerseits aus neurophysiologischen Prozessen konstruiert werden, denn anders ließe es sich, zumindest aus materialistischer Sicht, nicht erklären. Da wir als selbstreflexive Wesen in der Lage sind, unser Ich selbst zum Objekt unseres Denkens zu machen, muss es aber eine Instanz geben, die ontologisch noch einmal über diesem Ich steht. Innerhalb eines materialistischen Konzepts muss aber auch dieses »Über-Ich« wiederum das Epiphänomen neurophysiologischer Prozesse sein. An dieser Stelle erfasst jeden denkenden Menschen ein Schwindel, da man auf diese Weise erkenntnistheoretisch in eine

Sackgasse läuft, aus der es innerhalb eines materialistisch-reduktionistischen Paradigmas keinen Ausweg gibt.

Natürlich gibt es die Möglichkeit, das Ich von vornherein als Illusion zu bezeichnen. So hält es der israelische Historiker Yuval Noah Harari, wenn er schreibt: »In Wirklichkeit gibt es nur einen Bewusstseinsstrom, und innerhalb dieses Stroms entstehen Wünsche und vergehen wieder, aber es gibt kein permanentes Ich, das die Wünsche besitzt […].«[25] Das enthebt uns der schwierigen Aufgabe, erklären zu müssen, worum es sich bei dieser Instanz Ich eigentlich handelt. Denn es kann ja kein Zweifel daran bestehen, dass jeder und jede von uns »Ich« sagen kann und selbst erfährt, was damit gemeint ist. Sollte es sich dabei um eine Illusion handeln, ist es eine sehr ausgeklügelte. Und warum sollte die Natur so etwas entwickeln? Wozu der Aufwand? Es ginge ja auch ganz ohne Selbstbewusstsein.

Möglicherweise ist es genau umgekehrt. Nicht unser Gehirn, das ja gerne mit dem Ego identifiziert wird, erzeugt unser Bewusstsein, sondern ist lediglich das Instrument, durch das wir in die Lage versetzt werden, an etwas teilzunehmen, was man als umgreifendes oder totales Bewusstsein bezeichnen könnte. »[D]as Gehirn ist Teil der Natur, aber der Geist ist nicht Teil des Gehirns. Der Geist oder das Bewußtsein ist die innere Dimension, dessen äußeres Korrelat das objektive Gehirn ist. Der Geist ist ein Ich, das Gehirn ist ein Es.«[26] Das würde heißen, dass sich das umfassende Ich des Geistes in uns konkretisiert. Das ist ein Gedanke, der für uns ungewöhnlich sein mag. Innerhalb der asiatischen Philosophie sieht das völlig anders aus. Hier hat man von jeher nicht in der Weise dualistisch gedacht, wie das in der abendländischen Philosophie bis heute der Fall ist.

Der Philosoph und Ethnopharmakologe Terence McKenna hat einmal in einem Interview geäußert, er würde unter dem Einfluss von DMT (Dimethyltryptamin) – dem stärksten heute bekannten Halluzinogen – mehr Kunst (im Kopf) produzieren als alle Künstler:innen des letzten Jahrhunderts zusammen. Und natürlich drängt sich an dieser Stelle die Frage auf, wo all diese

Kunst herkommt. Sind all diese »Kunstwerke« lediglich Produkte des Gehirns, das heißt Epiphänomene neurophysiologischer Prozesse? Oder ist es ganz anders, und Drogen sind gar nicht ursächlich für diese speziellen Wahrnehmungen verantwortlich? Vielleicht öffnen sie in Wahrheit nur ein Stück weit die Filter des Gehirns, sodass mehr Welt und damit auch mehr Schönheit und Kreativität in uns eindringen kann. Möglicherweise ist die Welt, so wie wir sie wahrnehmen, nur eine Facette von unendlichen Gestalten, in der sich die Welt präsentiert. Es ist ja das ungeheure Verdienst der modernen Physik, gezeigt zu haben, dass die Welt mehr ist als unsere eingeschränkte Wahrnehmung von ihr. Aufgrund dieser Tatsache kann der Physiker Albert Einstein für sich in Anspruch nehmen, einer der bedeutendsten Ontologen der Geistesgeschichte zu sein.

Der naive Glaube, Schönheit, Kreativität, Geistigkeit und Lebendigkeit wären erst mit uns in die Welt gekommen, wird durch einen einzigen Blick auf die nichtmenschliche Natur unmittelbar widerlegt. Dass Lebendigkeit und Geistigkeit Zufallsprodukte einer an sich geist- und leblosen Materie sein sollen, wie es der Darwinismus bis heute behauptet, ist dabei eine der groteskesten Vorstellungen von Natur, die sich überhaupt denken lässt.

Da wir unsere eigene Innerlichkeit in jeder Sekunde unseres Lebens erfahren und einen privilegierten Zugang zu ihr haben, sind wir uns unserer eigenen Subjektivität bewusst. Doch wie kann ich jemals wissen, dass auch andere Lebewesen über Innerlichkeit verfügen? Werfen wir einen Blick auf die Tiere, gestaltet sich die Annahme und Beschreibung einer vorhandenen Subjektseite zunehmend schwieriger, je weiter das betreffende Tier entwicklungsgeschichtlich von uns entfernt ist. Unsere Fähigkeit, mit vielen (Säuge-)Tieren zu kommunizieren, und ihre Fähigkeit, uns mittels Lauten und Gesten über ihren inneren Zustand zu informieren, überzeugt uns davon, dass auch sie über ein komplexes Innenleben verfügen. Jeder weiß das, der einmal ein Haustier besessen oder beruflich mit Tieren zu tun hat. So wie wir auch verfügen sie über das gesamte emotionale Spektrum von Trauer über Eifersucht und Neid bis hin zu ausgelassener Freude.

Doch wie sieht es mit dem Innenleben einer Mücke aus? Da wir unfähig sind, mit ihr zu kommunizieren, wissen wir nichts oder kaum etwas über ihre Subjektseite. Wir können höchstens beobachten, wie sie sich in verschiedenen Situationen verhält, und so auf ein mögliches Innenleben schließen. Aber wir werden niemals erfahren, wie es ist, eine Mücke zu sein. Aber dass auch sie über Innerlichkeit verfügt, wird niemand ernsthaft bezweifeln.

Noch schwieriger wird es, wenn wir uns auf die Stufe der Mikroorganismen begeben. Haben auch sie noch ein Innen- oder gar ein Gefühlsleben, und wie könnte das beschaffen sein? Wir wissen darüber nichts, aber eines zumindest lässt sich sicher sagen: Jedes Lebewesen auf jeder Stufe ist an seinem eigenen Fortbestand interessiert. Es muss demnach ein wie auch immer geartetes Gefühl für das haben, was für seinen Organismus nützlich oder schädlich ist. Wenn diese Innerlichkeit auch noch bei Mikroorganismen vorhanden ist, so ist es nur konsequent, eine solche auch noch auf molekularer bzw. atomarer Ebene zu postulieren. Zumindest wäre es nicht glaubhaft, warum Innerlichkeit an irgendeiner willkürlich gewählten Stelle abrupt abbrechen sollte. Auch wenn man wohl mit Sicherheit davon ausgehen kann, dass ein »Teilchen« – Hans-Peter Dürr nannte sie »Wirks« – nicht über komplexe Gefühlszustände wie Neid oder Eifersucht verfügt, so muss man doch auch ihm zumindest zwei Eigenschaften zugestehen: den Drang fortzubestehen sowie den Drang und die Fähigkeit, sich mit anderen »Teilchen« sinnvoll zu verbinden. Dieses Verhalten setzt aber ein gewisses Maß an Innerlichkeit voraus. Dass wir nicht den blassesten Schimmer haben, wie dieses aussehen könnte, liegt dabei in der Natur der Sache, ist aber kein Argument gegen die Vorstellung von Innerlichkeit auch auf dieser basalen Ebene.

Die Fähigkeit zur Empathie

Allerdings verfügen wir über eine Eigenschaft, die es uns über alle Artgrenzen hinweg erlaubt, in Kontakt mit der Innerlichkeit von Lebewesen zu treten. Diese Eigenschaft bezeichnen wir als Empathie. Da wir selbst lebendig sind, haben wir die wundersame und zugleich wunderschöne Fähigkeit, uns in andere Lebewesen hineinfühlen zu können. Mitgefühl ist nur möglich, wenn sich zwei Lebewesen auf der Ebene ihrer Innerlichkeit berühren. Auch viele Tiere verfügen über diese Fähigkeit. Auch sie haben bereits eine *Theory of Mind*, also die Fähigkeit, die Innenwelt des anderen und die daraus folgenden Handlungen zu verstehen.

Der chinesische Philosoph und Dichter Tschuang-tse hat bereits im vierten vorchristlichen Jahrhundert eindrucksvoll beschrieben, was Einfühlungsvermögen oder Empathie bedeutet:

> Tschuang-tse lustwandelte einst mit seinem Freunde Hui-tse auf einer Brücke. Tschuang-tse sprach: »Wie munter springen und tummeln sich die flinken Fische! Das ist die Freude der Fische.« Hui-tse sprach: »Du bist kein Fisch, wie kannst du da der Fische Freuden kennen?« Tschuang-tse sprach: »Du bist nicht ich, wie kannst du wissen, ob ich nicht doch der Fische Freuden kenne?« Hui-tse sprach: »Ich bin nicht du, und darum kann ich dich allerdings nicht völlig kennen. Aber fest steht, daß du kein Fisch bist, und damit ist vollkommen klar, daß du der Fische Freuden nicht kennen kannst.« Tschuang-tse sprach: »Bitte, laß uns zum Ausgangspunkt zurückkehren! Du sagtest: ›Wie kannst du denn der Fische Freuden kennen?‹ Du wußtest dabei schon im voraus, ob ich sie kenne, und fragtest doch. Ich kenne der Fische Freuden aus meiner Freude, ihnen von der Brücke aus zuzusehen!«[27]

Der Hirnforscher Wolf Singer sagte dagegen in einem Interview, dass Forscher besser erklären müssen, »welchen Nutzen und Erkenntnisgewinn Tierversuche versprechen. Nur so kann dem Problem begegnet werden, dass Menschen, die keine Experten sind, den emotionalen Kampagnen der Tierversuchsgegner erliegen. Wir alle sind durch emotionale Argumentationen verführbar, aber wenn uns Hintergründe und Motive genügend differenziert dargelegt werden, verringert sich die Gefahr, uns durch Propaganda verführen zu lassen.«[28]

Hier sollen wir dazu gebracht werden, unsere Gefühle von uns abzuspalten und unser Mitleid mit gequälten Tieren durch Rationalisierung zu überwinden. Was Singer hier fordert, ist nichts anderes als der wissenschaftliche Blick. Doch dieser Blick ist buchstäblich der Blick der Medusa, der alles Lebendige in Stein verwandelt, selbst unser eigenes Herz. Es ist exakt die Einstellung, mit der man KZs geleitet hat und heute Schlachthöfe und Tierversuchslabore betrieben werden. Von Leo Tolstoi stammt der Satz: »Solange es Schlachthäuser gibt, wird es Schlachtfelder geben.« Darin steckt eine tiefe Wahrheit, denn in beiden Fällen geht es um unsere Beziehung zum Lebendigen. Darum, welche Wertschätzung wir dem Leben im Allgemeinen entgegenbringen.

Interessant ist in diesem Zusammenhang auch der Begriff »Experte«. Jedem, der demnach über keine spezialisierte Ausbildung in dem jeweiligen Bereich verfügt, wird das Recht abgesprochen, sich hier in irgendeiner Form zu einem spezifischen Sachverhalt zu äußern. Hier werden allerdings zwei Ebenen miteinander vermengt: die wissenschaftliche Ebene und die der Ethik. Natürlich bin ich als Laie kaum in der Lage, mich zu einem speziellen Tierversuch auf wissenschaftlicher Ebene adäquat zu äußern. Ich kann das aber sehr wohl im Bereich der Ethik. Wenn einem Tier massive Schmerzen zugefügt werden und ich sehe, dass es vor Angst zittert, und seine Schmerzensschreie höre, dann habe ich auch als wissenschaftlicher Laie das Recht, zu diesem Sachverhalt Stellung zu beziehen. Ich habe nicht nur das Recht, sondern sogar die Pflicht dazu, einfach aufgrund der simplen Tatsache, dass ich als ein lebendiges Wesen fühle, dass ein anderes leidet. Und keiner Expertin dieser Welt wird es gelingen, mir dieses Gefühl zu nehmen oder es wegzurationalisieren. Auch wenn der Vergleich hinkt: Wenn die Suppe, die ich bestellt habe, versalzen ist, muss ich kein Koch (also ein Experte) sein, um das festzustellen. Und natürlich habe ich auch das Recht, mich darüber zu beschweren, ohne dass der Koch sagt, ich könne das gar nicht beurteilen, da ich ja selbst kein Koch sei. Sollte er das wider Erwarten doch behaupten, würde man ihn wohl zu Recht für verrückt halten.

Der Biologe und Neurowissenschaftler Joseph LeDoux vertritt in seinem 2021 erschienenen Buch *Bewusstsein. Die ersten vier Milliarden Jahre* die absurde These, Emotionen hätten sich erst mit dem menschlichen Selbstbewusstsein entwickelt. Für LeDoux sind Emotionen »autonoetische bewusste Erfahrungen, die kognitiv zusammengesetzt werden, ähnlich wie anderes autonoetisches Erleben«.[29] Somit wären Gefühle nicht die Basis des Lebens, wie es beispielsweise der Biologe Andreas Weber in seinem Buch *Alles fühlt* überzeugend darlegt, sondern hätten sich erst spät entwickelt. Die Vorstellung, dass Handlungen oder physiologische Reaktionen, die wir bei Tieren beobachten können, die gleichen emotionalen Ursachen wie bei den Menschen haben, nennt LeDoux »archaisch«. Folgt man dieser Argumentation, so würde das Schreien eines gequälten Tieres noch lange nicht bedeuten, dass es wirklich Schmerzen hat. Vielleicht ist es ja in Wahrheit vergleichbar mit dem Quietschen eines Rades in einer defekten Maschine. So hatte es sich der französische Philosoph René Descartes gedacht. Es wird höchste Zeit, dieses in Wahrheit archaische Denken zu überwinden, das Tieren ihre Gefühle absprechen will, und sie endlich als gleichwertige Mitgeschöpfe anzuerkennen.

Wert

Subjektivität hat ein zentrales Merkmal: Sie ist immer mit Zielen verknüpft, also teleologisch verfasst. Das heißt, auch andere Lebewesen verfügen über Absichten und Präferenzen. Dazu gehört die Nahrungssuche oder das Anlegen von Vorräten sowie der Nestbau für sich und die Nachkommen. Also Handlungen, die eindeutig auf die Zukunft hin ausgerichtet sind. Wer einmal Tiere eine längere Zeit in ihrer natürlichen Umgebung beobachtet, wird fasziniert, gerührt und auch amüsiert zur Kenntnis nehmen, dass sie, so wie wir auch, ihre täglichen Routinen vollziehen und nicht verwirrt und planlos durch die Gegend stapfen. Dazu gehört auch, in Momenten der Ruhe zu spielen oder einfach nichts zu tun. Vor allen anderen Zielen, die Tiere zweifellos verfolgen, bleibt ihr vorerst wichtigstes, am Leben zu bleiben. Doch wer sein eigenes Leben erhalten möchte und bereit ist, viel oder alles für diesen Erhalt zu tun, muss seinem Leben einen Wert beimessen. Und dieser Wert ist gänzlich unabhängig von uns, bringt aber die klare Forderung mit sich, dass wir allen Lebewesen zumindest den Wert zugestehen sollten, den sie sich selbst zugestehen.

In gleicher Weise argumentiert die amerikanische Philosophin Christine Korsgaard: Ein Geschöpf »ist ein Wesen, dem es auf sich selbst ankommt, ein Wesen, in dessen Natur es liegt, sich selbst zu schätzen. Es ist ein Wesen, das sich schätzt, indem es das, was funktional gut für es ist oder zu diesem funktional Guten beiträgt, zum Zweck seines Handelns macht. Wertschätzung ist eine Tätigkeit des Lebens, etwas, das konstitutiv zum Selbstverhältnis fühlender Wesen gehört. Ein Geschöpf als Zweck an sich selbst zu bezeichnen, heißt demnach, ihm den Wert zuzusprechen, den es sich selbst als Lebewesen notwendig zuspricht, und darum sein höchstes Gut als etwas Erstrebenswertes zu betrachten.«[30]

Das muss die zentrale Forderung sein: ein Geschöpf als Zweck an sich selbst anzuerkennen, ihm also unabhängig von uns Wert zuzusprechen. Hier genau zeigt sich eine fundamentale Schwäche der zeitgenössischen Tierethik. Denn diese ist noch immer anthropozentrisch oder im besten Fall pathozentrisch ausgerichtet. So wird innerhalb einer anthropozentrischen Ethik Lebewesen nur der spezifische Wert zugewiesen, den sie für uns haben. Unter diesem Aspekt betrachtet, ist die Natur schützenswert, da ohne sie auch unsere Lebensqualität massiv leiden würde oder unser eigenes Leben gefährdet wäre. Das heißt aber in der Realität, dass wir vielen Lebewesen keinen Wert zugestehen, da sie für uns, zumindest auf den ersten Blick, keine Bedeutung haben oder gar schädlich für uns sind.

Generell lässt sich sagen, dass die anthropozentrische Ethik vor allem ein Produkt unserer Hybris ist, die uns glauben machen will, wir seien der ethisch-moralische Mittelpunkt der Welt. Doch »obwohl jeder Mensch erkenntnistheoretisch gesehen das Zentrum seiner Welt ist, weiß doch jeder (mit Ausnahme des Egoisten), daß er dieses Zentrum objektiv bzw. ethisch gesehen nicht ist. Diese Einsicht in die erkenntnistheoretische Bedingtheit unserer Welterfahrung bietet meines Erachtens einen plausiblen Ansatzpunkt, den Exklusivitätsanspruch der Anthropozentrik auf analoge Weise zurückzuweisen.«[31]

Die Pathozentrik, die eine Gegenposition zur anthropozentrischen Ethik einnimmt, gesteht Tieren zumindest aufgrund ihrer Fähigkeit zu fühlen einen moralischen Eigenwert zu. Die bessere Bezeichnung für Pathozentrik ist Sentientismus, da dieser Begriff das gesamte Spektrum der Gefühle beinhaltet. Also nicht nur Schmerz, sondern auch Lust und Freude. Der Sentientismus leidet aber ebenfalls unter der schlichten Tatsache, dass wieder wir es sind, die eine willkürliche Grenze ziehen, ab wann wir ein Lebewesen für fähig halten, Schmerzen oder Freude zu empfinden. Und je weiter wir uns entwicklungsgeschichtlich von den entsprechenden Lebewesen entfernen, desto schwieriger wird es für uns, ihre Lebensäußerungen – in diesem Fall ihr Empfinden von Freude oder Schmerz – zu erkennen und zu interpretieren.

Hier ist es wichtig, zwischen Anthropozentrik und Anthroponomie (Teutsch) zu unterscheiden. Die Anthropozentrik bleibt auf die ethische Dimension beschränkt, die ausschließlich den Menschen als Träger moralischer Rechte und Pflichten anerkennt. Unter Anthroponomie ist die schlichte Tatsache zu verstehen, dass der Mensch naturgemäß zwar immer die letzte erkenntnistheoretische, nicht aber die letzte axiologische Instanz bleiben muss. Denn mit dem Verschwinden des Menschen würde zwar zwangsläufig auch alles Reden über Ethik verschwinden; das bedeutet aber nicht, dass gleichzeitig auch alle Werte aus der Welt verschwinden würden.

Somit leidet die gesamte Tier- und Umweltethik unter dieser von uns gesetzten Wertehierarchie. Der einzig überzeugende Ausweg besteht darin, allen Lebewesen unabhängig von uns einen eigenen, intrinsischen Wert zuzugestehen. Das heißt nichts anderes, als zu erkennen, dass alle Lebewesen von Werten und Zielen geleitet sind. Mehr noch ist Leben »das Erscheinen eines Wertes, der Körper geworden ist«.[32] Wir selbst haben Werte und Ziele nicht lediglich aufgrund der Tatsache, dass wir Menschen sind, sondern deshalb, weil Werte und Ziele existieren, die älter sind als wir und sich schon immer in der Natur manifestiert und geoffenbart haben. Der szientistische Blick auf die Welt erniedrigt die Natur, indem er ihr diese Werte und Ziele abspricht. Wir können der Natur und allen in ihr lebenden Geschöpfen aber nur gerecht werden, wenn wir auch ihre Innenseite würdigen und begreifen, dass sie, so wie wir, an einer idealen Wertsphäre teilhat, die dem alles rationalisierenden Zugriff der instrumentellen Vernunft verborgen bleibt.

Gefühl

Das, was wir neben unseren Gedanken wohl als das zentrale Merkmal von Innerlichkeit ansehen, sind unsere Gefühle. Im Interesse eines besseren Verständnisses sollte man diese von den Empfindungen abgrenzen, obgleich die beiden Begriffe oftmals synonym verwendet werden. Gefühle sind vorrangig spezielle Zustände des Ich, wie beispielsweise Trauer, Freude, Liebe, Hass oder Eifersucht. Davon unterschieden sind die Empfindungen, die Wahrnehmungen äußerer Einflüsse wie Hitze, Kälte, Farben und Töne sind. Dazu gehört auch die Wahrnehmung unseres eigenen Körpers, wie zum Beispiel Kopf- oder Magenschmerzen.

Schon auf der untersten Ebene des Lebendigen existiert eine Empfindung bzw. ein Körpergefühl dafür, was für den entsprechenden Organismus gut oder schlecht ist. Die positive oder negative Chemotaxis, d. h. die Bewegung hin zu einem Lockstoff oder fort von einem Schreckstoff, ist ein sicheres Zeichen dafür, dass selbst vergleichsweise einfache Lebewesen wie Bakterien ein Gefühl dafür haben, was sie für ihr Weiterleben benötigen und was ihnen schadet. Gefühle bzw. Empfindungen sind aber nicht nur das Fundament des Lebens, sondern auch des Bewusstseins und der Moral.

Konrad Lorenz ist, in Auseinandersetzung mit Kants Philosophie, davon überzeugt, dass der Verstand zwar in der Lage sei, zu bestimmten Erkenntnissen zu gelangen, aber unfähig, Normen zu setzen. Dafür wäre er auf das Gefühl angewiesen. »Wenn wir aus unserem Erleben die gefühlsmäßigen Wertempfindungen, wie etwa die für verschiedene Evolutionsstufen, wegdenken, wenn für uns ein Mensch, ein Menschenleben und Menschlichkeit keine Werte bedeuten, so bliebe der in sich restlos stimmige Apparat unseres Verstandes ein leerlaufendes Räderwerk ohne Motor. [...] Erst die Wertempfindung, erst das Gefühl ist es, was der Antwort, die wir auf die kategorische Selbstbefragung erhalten, das Vorzeichen von plus und minus erteilt und sie zu einem Imperativ oder Verbot werden läßt.«[33]

So sieht es auch der niederländische Ethologe Frans de Waal.[34] Für ihn werden unsere moralischen Grundannahmen und Entscheidungen in erster Linie von unseren Emotionen bestimmt. Erst nach diesem emotionalen Prozess würden wir versuchen, diese Prämissen und Entscheidungen rational zu begründen und argumentativ zu unterfüttern. Doch warum materielle Strukturen im Zuge der Evolution Werte wie Gerechtigkeit oder gar Selbstlosigkeit entwickelten, bleibt ein tiefes Geheimnis. Und davon abgesehen, besteht zwischen dem ohne Zweifel vorhandenen prosozialen Verhalten von Tieren und menschlicher Moral eine nicht zu überbrückende Kluft. Und so bleibt aufgrund »dieses ungeheuren Abstands zwischen dem zivilisierten Menschen und dem Tier« (Th. H. Huxley) gerade die menschliche Moral eine eigene und aus dem wissenschaftlich beschreibbaren Bereich nicht ableitbare Welt.

Wir wissen alle aus eigener Erfahrung, dass es nicht genügt, die Dinge nur rational zu erfassen. Erst wenn wir etwas gefühlt haben, können wir wirklich beurteilen, was da gerade passiert. Und solange wir glauben, unser Verstand allein würde genügen, um die entsprechende Situation zu erkennen, zu verstehen und richtig einzuordnen, wird sich an unserer Situation kaum etwas ändern. Solange das Erlebte und Erfahrene nicht in unser Herz eingedrungen ist, wird es auch keine bleibenden Spuren in unserem Denken hinterlassen. Und schon gar nicht wird es uns dazu motivieren, grundsätzlich etwas an unserem Verhalten zu ändern. So wissen wir, dass wir nicht weitermachen können wie bisher, und verfügen über alle nur erdenklichen Informationen bezüglich der negativen Konsequenzen unseres westlichen Lebensmodells. Das hält uns aber nicht davon ab, uns Stadtgeländewagen (schon die Bezeichnung ist absurd) zu kaufen oder zum Sonnenbaden nach Gran Canaria zu fliegen. Warum? Weil das Wissen um die Zerstörung unseres Planeten durch unser unverantwortliches Handeln im Kopf endet. Erst wenn wir spüren, was wir unserer Mitwelt und unseren Mitgeschöpfen jeden Tag antun, wird sich unser Handeln verändern. Gleichzeitig wird uns bewusst, in welchem Ausmaß wir uns dadurch selbst beschädigen. »Wenn Menschen die Erde bespucken«, heißt es in einer berühmten Rede, »bespeien sie sich selbst.« Somit ist die ungeheure Aggression, mit der wir heute der Natur gegenübertreten, vielleicht nichts anderes als der Hass auf uns selbst. Vielleicht ist es die Verzweiflung darüber, was wir aus uns gemacht haben: eine a-pathische, das heißt leidensunfähige Gesellschaft, die glaubt, alles über das Denken steuern zu können, und damit in Wahrheit seit Langem Schiffbruch erleidet.

Der portugiesische Neurowissenschaftler António Damásio hat gezeigt, dass auch die Entstehung unseres Bewusstseins eng mit unseren Gefühlen zusammenhängt. Er meint erkannt zu haben, dass unser Bewusstsein aus Bildern aufgebaut ist, die durch die »Kartierungsfähigkeiten« des Gehirns entstehen. Diese Bilder werden, so Damásio, »von Anfang an spontan und ganz natürlich gefühlt, bevor irgendeine andere am Aufbau des Bewusstseins beteiligte Tätigkeit abläuft. Es sind gefühlte Bilder des Körpers, ursprüngliche Körpergefühle, die Urbilder aller anderen Gefühle, einschließlich der Gefühle von Emotionen.«[35]

Was in diesem Zusammenhang »ganz natürlich« heißt, sei einmal dahingestellt. Es ist eine Eigenart vieler Wissenschaftler:innen gerade das als ganz natürlich zu bezeichnen, was in Wahrheit das Geheimnisvollste ist. Das befreit sie vom Druck, erklären zu müssen, wie das »ganz Natürliche« in die Welt gekommen ist. Und gerade Gefühle mögen zwar ganz natürlich sein, bleiben aber innerhalb eines szientifischen Weltbildes das letztlich völlig Unverständliche. Denn wie und warum vermeintlich leb- und fühllose Materie diese wunderbare Eigenschaft des Fühlens entwickeln sollte, bleibt völlig im Dunkeln. Denn es würde ja genügen, dass beispielsweise auf der Ebene des Stoffwechsels die eine Substanz gut, also lebensfördernd, und die andere schlecht, also krankmachend oder tödlich, für den Organismus ist. Die Fähigkeit, das bewusst zu fühlen, würde dabei einen Grad von Luxus darstellen, der innerhalb einer darwinistischen Perspektive völlig überflüssig wäre. Denn auch ohne die Fähigkeit des Fühlens würde die Selektion hier greifen.

Die Beispiele von Damásio und de Waal zeigen, dass sowohl die Neurowissenschaften als auch die Biologie möglicherweise dabei sind, an das Ende ihrer begrifflichen Möglichkeiten innerhalb eines wissenschaftlichen Paradigmas zu kommen. Es ist gut möglich, dass ihnen eine ähnliche Revolution bevorsteht, wie sie die Physik vor zirka einhundert Jahren mit der Entwicklung der schon erwähnten Quantenphysik durchlaufen hat.

Freiheit

Vielleicht noch entscheidender ist ein anderer Punkt, den wir mit Innerlichkeit verknüpfen: Freiheit. Die Wissenschaft aber kennt keine Freiheit, sondern nur in sich geschlossene Kausalketten. Merkwürdigerweise spielt der Begriff des Zufalls gerade in der

Evolutionstheorie eine fundamentale Rolle, obwohl er keine wissenschaftliche Kategorie sein kann. Denn was sollte Zufall anderes sein als ein Moment der Freiheit?

Doch Freiheit, so wie wir sie verstehen, setzt eine wie auch immer geartete Form von Individualität und Subjektivität voraus. Freiheit heißt, sich entscheiden zu können und sich in dieser unwiederholbaren Entscheidung auf die Zukunft hin zu entwerfen. Somit war Freiheit von Beginn an das zentrale Movens der Evolution. Der Philosoph Hans Jonas geht so weit, bereits im Übergang von unbelebter zu belebter Substanz ein Moment der Freiheit zu erkennen. Das heißt, schon die Selbstorganisation der Materie in Richtung lebendiger Strukturen wäre ein sichtbares Zeichen der Freiheit und nicht nur eine Eigenschaft, die ein Organismus im Laufe seiner Entwicklung ausbildet. Freiheit, davon ist Jonas überzeugt, ist »ein ontologischer Grundcharakter des Lebens als solchen; und auch, wie sich erweist, das durchgehende Prinzip – mindestens das jedesmalige Ergebnis – seines Fortschrittes zu höheren Stufen, in dem jedesmal Freiheit auf Freiheit sich baut, höhere auf niedere, reichere auf einfachere«.[36]

Dieses von Beginn an im Lebendigen verborgene Motiv der Freiheit könnte zugleich die Antwort auf die zentrale Frage sein, warum die Natur mit uns ein Wesen hervorbrachte, das sich im Laufe seiner Entwicklung so vollständig emanzipiert und individualisiert hat, dass es sich sogar gegen die Natur stellt, aus der es doch hervorgegangen ist. Aber in Wahrheit ist diese Frage falsch gestellt, da sie impliziert, erst mit dem Menschen wäre die Kluft zwischen dem Individuum und seiner Umwelt aufgebrochen. Dieser vermeintlich erst mit dem Menschen in Erscheinung getretene Bruch zwischen dem Individuum und seiner Umwelt ist aber, wie es Jonas richtig erkannt hat, von Beginn an in der Natur angelegt. Und dieser Bruch ist nichts anderes als das Faktum der Freiheit. Wenn der Mensch sich heute gegen die Natur stellt, dann ist das nicht allein das Problem der Spezies *Homo sapiens*, sondern offensichtlich ein Problem der gesamten Natur. Das heißt, holistisch gedacht, sind nicht wir das Ärgernis, sondern die Natur selbst ist Trägerin dieses immer schon vorhandenen Widerspruchs, der zuletzt im Menschen radikal in Erscheinung getreten ist.

Dabei darf aber nicht vergessen werden, dass die Entfremdung von der Natur gleichzeitig auch eine offenbar notwendige Emanzipation von ihr war. Mehr noch ist gerade dieses Bestreben, sich von seiner Umgebung abzugrenzen, ein konstitutives Merkmal des Lebens und eben nichts anderes als die zunehmende Entfaltung der Freiheit. So ließen sich die Entstehung und Entwicklung des Lebens bis heute auch als die fortwährende Entfaltung der Freiheit und der damit verbundenen Emanzipation beschreiben. Denn bereits die Entstehung der ersten Zelle vor zirka dreieinhalb Milliarden Jahren war nur möglich durch die Entwicklung einer Membran, die das Innere der Zelle gegen äußere Einwirkungen schützte, um so unter anderem die internen Stoffwechselvorgänge möglich zu machen. Diese halbdurchlässige (semipermeable) Membran ließ so wenig Austausch mit der Umgebung wie möglich zu und nur so viel Nährstoffe wie nötig hinein. Der erste Akt des Lebens bestand demnach in der Abgrenzung zu einer jetzt fremden und manchmal gefährlichen Umwelt.

Einer der nächsten Schritte war der Auszug des Lebens aus dem Wasser, der sogenannte Landgang. Dieser Schritt vollzog sich vor zirka fünfhundert Millionen Jahren, wahrscheinlich schon wesentlich früher, und betraf vorerst nur pflanzliches Leben. Die Wirbeltiere folgten zirka einhundert Millionen Jahre später. Die vor ungefähr zweihundert Millionen Jahren stattfindende Entwicklung endothermer, das heißt warmblütiger Lebewesen war ein weiterer großer Schritt in der Evolution des Lebens, sich von der Umwelt zu emanzipieren, da diese Tiere jetzt nicht mehr von den sich verändernden Außentemperaturen abhängig waren. Somit hatten sie die Freiheit, sich auch nachts zu bewegen, was ihnen vor allem bei der Jagd Vorteile verschaffte.

Selbst die Entstehung des aufrechten Gangs der Hominiden vor zirka zwei Millionen Jahren *(Homo erectus)* kann man als Distanzierung von der Umwelt interpretieren. Dadurch wurden die Hände frei, um Werkzeuge, Gebrauchsgegenstände oder Waffen herzustellen und zu benutzen. Und auch die Bestrebungen der heutigen Menschen, die Erde zu verlassen, um fremde Himmelskörper zu erforschen – auch wenn uns das bis jetzt (bemannt) nicht weiter als bis zum Mond geführt hat –, ist nicht zuletzt eine Fortführung dieses Dranges des Lebens, sich von seiner unmittelbaren Umgebung zu distanzieren.

Damit war die Abgrenzung des Lebens von seiner spezifischen Umwelt auf physischer Ebene vorerst abgeschlossen. Was jetzt folgte, war die Abgrenzung auf geistiger bzw. kultureller Ebene, die nicht weniger revolutionär war und bis heute anhält. Die mehr und mehr sichtbare physische Abgrenzung war dabei in Wahrheit immer auch schon eine geistige Abgrenzung, denn alles Leben stellte von Beginn an eine psychophysische Einheit dar. Doch jetzt erst war es so weit, dass die Dimension des Geistigen auch nach außen hin klar erkennbar wurde. Daher auch der oft anzutreffende Fehlschluss, erst mit uns wären Kategorien wie Geist, Kreativität oder Freiheit in die Welt gekommen. Sie waren selbstverständlich schon immer ein konstitutiver Teil dieser Welt, zum Teil nur weniger offensichtlich.

Das Leben ist eben nicht nur Anpassung an seinen Lebensraum, wie Charles Darwin es vor zirka einhundertfünfzig Jahren verkündet hat, sondern vor allen Dingen Abgrenzung als ein sichtbarer Akt der immer schon mit dem Lebendigen verknüpften Freiheit. Denn, so noch einmal Hans Jonas: »Eine Identität, die von Augenblick zu Augenblick sich macht, immer neu behauptet und den gleichmachenden Kräften physischer Selbigkeit ringsum abtrotzt, ist in wesentlicher Spannung mit dem All der Dinge. In der gefährlichen Polarisierung, in die sich derart das auftauchende Leben einließ, nimmt das, was nicht es selbst ist und an den Bereich der inneren Identität von außen angrenzt, sogleich den Charakter unbedingter Andersheit an. Die Herausforderung der Selbstheit qualifiziert alles jenseits der Grenzen des Organismus als fremd und irgendwie gegensätzlich: als

›Welt‹, in welcher, durch welche und gegen welche er sich erhalten muß. Ohne diesen universalen Gegensatz der Andersheit könnte keine Selbstheit sein. Und in dieser Polarität von Selbst und Welt, von Innen und Außen, die die von Form und Stoff ergänzt, ist die Grundsituation von Freiheit mit all ihrem Wagnis und ihrer Not potentiell gesetzt.«[37]

Doch bis zur Entstehung des Menschen war die Freiheit blind und ist erst mit dem Menschen sehend geworden und damit zu sich selbst gekommen. Wir sind, so gesehen, der Spiegel, in dem die Natur sich betrachtet. So heißt es bei Friedrich Schelling, »dass die Natur der sichtbare Geist und der Geist die unsichtbare Natur sein soll«. Schon immer war die Freiheit, oder besser das Streben nach Freiheit, das zentrale Movens des Lebens. Aber erst im Menschen wurde sie so mächtig, dass sie ihn dazu befähigte, sich bewusst gegen die Natur zu stellen. Es gelang ihm, nicht zuletzt mithilfe einer immer perfekteren Technologie, sie zu manipulieren, auszubeuten, zu schädigen oder gänzlich zu zerstören.

Die ganze, zirka vier Milliarden Jahre dauernde Geschichte des Lebens ist somit der Versuch der Natur, in Freiheit zu sich selbst zu kommen. Und wir sind das vorläufige Produkt dieser ungeheuren Entwicklung. Und diese Möglichkeit, uns gegen die Natur zu stellen, die Freiheit, diese zu schädigen oder gar zu zerstören, ist die kaum zu tragende Last, die uns von der Natur selbst aufgebürdet wurde.

Der Mensch ist aber nicht in die Welt gekommen, um zu zerstören, sondern um zu heilen. Vielleicht ist das der wahre Grund unserer Existenz. Wir sind die einzigen Wesen, die in der Lage wären, die Kluft zu überbrücken, die schon immer zwischen Individuum und Umwelt bestand. Ein Löwe kann sich nicht entscheiden, die Gazelle zu töten oder sie am Leben zu lassen. Der Mensch hat dagegen die Möglichkeit, das Gute nicht nur zu erkennen, sondern sich auch gegen das Böse zu entscheiden. Immer dann, wenn er das nicht tut, reißt er die Kluft, die zwischen ihm und der Natur steht, weiter auf. Mit jedem Akt der Güte verkleinert er sie.

Ganz Mensch zu werden hieße demnach zu versuchen, die Wunden zu heilen, die die Freiheit geschlagen hat.

Das bedeutet konkret, alle Technologien und Praktiken zu verbieten, die negative, schädliche oder gar zerstörerische Auswirkungen auf die Natur haben. Das heißt aber vor allem anzuerkennen, dass die Natur ihren eigenen Wert und ihre eigene Würde hat. Sie war vor uns da, hat uns hervorgebracht, und ihr Ursprung ist so geheimnisvoll wie der unsere. Die Natur selbst weiß nichts von ihrem Wert und ihrer Würde, aber wir wissen darum und sind deshalb verpflichtet, diesen Wert und diese Würde zu bewahren und zu schützen. Der Arzt und Theologe Albert Schweitzer nannte das ganz schlicht die »Ehrfurcht vor dem Leben«. Und weiter: »Wo du bist, soll, so viel an dir ist, Erlösung sein, Erlösung von dem Elend, das der in sich selbst entzweite Wille zum Leben in die Welt gebracht hat, Erlösung, wie sie nur der wissende Mensch bringen kann. Das Wenige, das du tun kannst, ist viel – wenn du nur irgendwo Schmerz und Weh und Angst von einem Wesen nimmst, sei es Mensch, sei es irgend eine Kreatur. Leben erhalten ist das einzige Glück.«[38]

Dass wir von dieser Haltung, die eine wahrhaft menschliche wäre, Lichtjahre entfernt sind, zeigt nur, wie tief wir den Graben zwischen uns und der Natur in den vergangenen Jahrhunderten aufgerissen haben und wie wenig wir unserer Verantwortung, Heiler zu sein und keine Zerstörer, gerecht werden. Dass es so bleiben muss, ist dabei aber noch lange nicht abgemacht. Der Soziologe und Sozialpsychologe Harald Welzer hat am Beispiel der Renaturierung der Havel beschrieben, dass es durchaus möglich ist, Fehler auch wiedergutzumachen. Das Gleiche gilt für die Renaturierung der Emscher, die nach dreißigjähriger Bauzeit wieder frei von Abwässern ist. Nach und nach kehren viele Arten an den jetzt sauberen Fluss zurück, selbst solche, die hier vom Aussterben bedroht waren. Daneben gibt es unzählige andere Projekte, die versuchen, von uns verursachte Schäden zu »reparieren«. Mit jedem dieser Projekte überbrücken wir die Kluft, die uns von der nichtmenschlichen Welt trennt.

Die Freiheit war das große Wagnis, das Gott mit der Schaffung der Welt eingegangen ist. Er muss um ihre Dialektik gewusst haben, aber zugleich auch um die große Hoffnung, die mit ihr verbunden ist. Der Mensch ist das erste Wesen, in dem die Freiheit radikal scheitern kann, denn er hat die Freiheit, sich und weite Teile der Natur zu zerstören. Er ist aber gleichzeitig auch das erste Wesen, in dem die Freiheit da hingelangt, den durch sie selbst entstandenen Bruch zu überwinden. Der Mensch hätte somit die Aufgabe, diese Schöpfung zu heilen, wo immer es ihm möglich ist. Aus dieser Perspektive wäre er demnach nicht nur für sich, sondern auch für die Natur verantwortlich.

Nicht wenige bestreiten diese Verantwortung. Für die Biologin Lynn Margulis beispielsweise ist das »die Rhetorik der Machtlosen«, denn »unser Planet sorgt für uns, nicht wir für ihn. Unser aufgeblasenes moralisches Gebot, eine widerspenstige Erde zu zähmen oder unseren kranken Planeten zu heilen, zeigt nur unsere maßlose Fähigkeit zur Selbsttäuschung. In Wirklichkeit müssen wir uns vor uns selbst schützen.«[39]

Das ist alles richtig und doch nur die halbe Wahrheit. Natürlich hat Lynn Margulis recht mit der Behauptung, dass der Planet für uns sorgt; aber gleichzeitig sind wir verpflichtet, für den Planeten zu sorgen. Wir sind verantwortlich für die Natur, weil wir die Macht haben, in sie einzugreifen und sie im schlimmsten Fall zu schädigen oder sie zu zerstören. Macht geht, das ist eine Binsenweisheit, immer mit Verantwortung einher. Solange wir dieser Aufgabe nicht gerecht werden, haben wir unser Menschsein noch nicht zur Gänze entwickelt und sind noch nicht das, was wir sein könnten.

Doch auch wenn wir es jetzt und in Zukunft schaffen sollten, ein Verhältnis zur Natur zu entwickeln, das beiden Seiten gerecht wird, stehen wir doch weiterhin an den Bruchrändern des Abgrunds, der uns voneinander trennt. Sosehr wir uns auch bemühen, werden wir die trennende Kluft vielleicht überwinden, schließen können wir sie nicht. Wir leben in einer unperfekten Welt, in der all unser Handeln ebenfalls nicht perfekt sein kann.

Weder vom praktischen noch vom moralischen Standpunkt aus betrachtet. So bleibt uns lediglich, in einer unvollkommenen Welt das Beste zu tun, dessen wir fähig sind. Das allerdings wäre schon sehr viel und würde das Bild der Erde und des Menschen radikal zum Guten verändern. Wir können den Bruch, der durch das Streben der Freiheit entstanden ist, nur überbrücken. Wirklich geheilt werden kann dieser Bruch nur an dem Ort, an dem die Freiheit ihren Ursprung hat.

Vonseiten der Neurowissenschaften wird immer wieder der Versuch unternommen, auch die Willensfreiheit des Menschen zu widerlegen. Doch auch das ist eine Übertretung wissenschaftlicher Grenzen. Niemand hindert eine Neurowissenschaftlerin daran, die im Gehirn ablaufenden neurophysiologischen Prozesse zu analysieren. Doch aus den so gewonnenen Daten eine Weltanschauung der Unfreiheit des menschlichen Willens zu konstruieren ist ein Verfahren, dem jegliche Legitimation fehlt. Es gleicht dem Versuch, das Weltall zu erforschen, um anschließend festzustellen, dass man Gott darin nicht gefunden hat, und aus diesem wissenschaftlichen Befund ein atheistisches Weltbild zu extrahieren.

Interessanterweise gibt es eine Vielzahl von Menschen, die den Gedanken ihrer eigenen Unfreiheit und Determiniertheit äußerst reizvoll finden. Es ist schon erstaunlich, mit welcher Selbstgewissheit und Arroganz so mancher Autor (es handelt sich in diesem Zusammenhang fast immer um Männer) über Begriffe wie Freiheit oder Seele hinweggeht. So auch der bereits zitierte und viel gelesene Harari: »Soweit wir heute wissen, haben Determinismus und Zufälligkeit den gesamten Kuchen unter sich aufgeteilt und der ›Freiheit‹ nicht einen Krümel übrig gelassen. Das heilige Wort ›Freiheit‹ erweist sich, genauso wie die ›Seele‹, als leerer Begriff, der keine erkennbare Bedeutung hat. Der freie Wille existiert nur in den imaginären Geschichten, die wir Menschen erfunden haben.«[40]

Der Sklave deterministischer Prozesse zu sein bringt den großen Vorteil mit sich, keine Verantwortung für seine Taten übernehmen zu müssen. Nicht nur »Freiheit« oder »Seele«, sondern auch »Schuld« wären unter diesen Voraussetzungen nur leere Begriffe. Der dänische Philosoph Søren Kierkegaard wusste bereits, dass Freiheit zwangsläufig mit Angst einhergeht, dass sie »der Schwindel der Freiheit« ist. Und wer möchte schon gerne mit Angst durchs Leben gehen? Und da wir uns nicht selbst geschaffen haben, so später sein französischer Philosophenkollege Jean-Paul Sartre, sind wir dazu verurteilt, frei und für unsere Taten verantwortlich zu sein. Doch kann kein Zweifel daran bestehen, dass unsere Freiheit durch manche äußeren Faktoren determiniert ist, denn wir sind auch biologische Wesen mit allen dazugehörigen Einschränkungen. Das betrifft aber vor allem unsere praktische, nicht unsere transzendentale Freiheit.

Das ist im Übrigen eine hilfreiche Unterscheidung, die Kant in die Philosophie eingebracht hat. Unter praktischer Freiheit versteht Kant die Freiheit von »sinnlichen Antrieben«. Das heißt, Entscheidungen sind frei, wenn sie durch »Bewegursachen, welche nur von der Vernunft vorgestellet werden«, bestimmt werden. »Denn, nicht bloß das, was reizt, d.i. die Sinne unmittelbar affiziert, bestimmt die menschliche Willkür, sondern wir haben ein Vermögen, durch Vorstellungen von dem, was selbst auf entferntere Art nützlich oder schädlich ist, die Eindrücke auf unser sinnliches Begehrungsvermögen zu überwinden; diese Überlegungen aber von dem, was in Ansehung unseres ganzen Zustandes begehrungswert, d.i. gut und nützlich ist, beruhen auf der Vernunft. Diese gibt daher auch Gesetze, welche Imperativen, d.i. objektive Gesetze der Freiheit sind, und welche sagen, was geschehen soll, ob es gleich vielleicht nie geschieht, und sich darin von Naturgesetzen, die nur von dem handeln, was geschieht, unterscheiden, weshalb sie auch praktische Gesetze genannt werden.«[41]

Die praktische Freiheit, so Kant, könne durch Erfahrung bewiesen werden. Diese Form der Freiheit wäre auch mit dem Determinismus vereinbar. Entscheidungen wären demnach praktisch frei, sofern sie auf vernünftige Überlegungen zurückgeführt werden können. Über die Überlegungen selbst wird hier noch nichts gesagt. Anders die transzendentale Freiheit, die »eine Unabhängigkeit dieser Vernunft selbst (in Ansehung ihrer Kausalität, eine Reihe von Erscheinungen anzufangen,) von allen bestimmenden Ursachen der Sinnenwelt fordert, und so fern dem Naturgesetze, mithin aller möglichen Erfahrung, zuwider zu sein scheint [...].«[42] Transzendentale Freiheit zeichnet sich dadurch aus, dass auch die den vernünftigen Entscheidungen zugrunde liegenden Überlegungen frei sind. Transzendentale Freiheit wäre demnach in der Lage, eine Kausalkette ohne vorherige Ursache neu zu beginnen.

Im Übrigen führt sich der Determinismus in Fragen der Willensfreiheit selbst ad absurdum.[43] Denn wenn wir davon ausgehen, dass sich die Unfreiheit unseres Willens nicht nur auf unser Handeln, sondern auch auf unser Denken bezieht, gerät der Wahrheitsanspruch des Deterministen in eine Legitimationskrise. Und wir unterstellen jetzt einmal, dass derjenige, der die Willensfreiheit leugnet, von der Wahrheit seiner Aussage überzeugt ist. Diese Wahrheit müsste man allerdings anzweifeln, da die Herleitung der Argumente, die der Kritiker der Willensfreiheit vorträgt, ja ebenfalls determiniert wären. Das Gleiche gilt selbstverständlich für die Verteidigerin der Willensfreiheit. Auch sie würde sozusagen nur ihre Rolle spielen, weil sie aufgrund ihrer Determinierung gar nicht anders könnte. Somit stehen sich zwei Protagonisten gegenüber, die beide keinerlei Einsicht in ihre eigene Argumentation hätten. Das gliche beinahe einem Beckett'schen Theater des Absurden. »Denn wenn nicht nur sonst, sondern auch im Denken geschieht, was geschehen muß, dann hat unser Reden gar nichts mit Argumentieren im Sinne eines Vorbringens und Abwägens von Wahrheitsgründen zu tun. Wir bringen dann nur scheinbar Argumente vor, in Wirklichkeit plappern wir aufeinander los, jeder wie er es nicht lassen kann. Ob wir etwas einsehen, hängt nicht von der *Wahrheit* der Argumente, sondern einzig von der Disposition der Argumentierenden ab.« Damit besteht für den Kritiker der Willensfreiheit das

Problem, dass er »die Möglichkeit, eine Wahrheit *als Wahrheit* einzusehen, d.h. unbeeinflußt von psychischen oder anderen Fremdfaktoren, *grundsätzlich* nicht, auch der Idee nach nicht in Anspruch nehmen kann«.

Davon abgesehen, leiden alle in der Hirnforschung gemachten Experimente zu diesem Thema an einem grundlegenden Fehler: Sie adressieren ausschließlich den Geist als vermeintliches Zentrum der Willensfreiheit. Doch jedes Lebewesen ist eine psychophysische Einheit und überhaupt nur so zu verstehen. Der Biologe Andreas Weber hat richtig erkannt, dass es keine Subjektivität gibt, die sich vom Körper trennen ließe, denn der Mensch ist nur als Einheit dieser beiden Sphären zu begreifen. »Wenn der Körper eine Willensentscheidung ›ohne unser Wissen‹ fällt, wir sie aber doch zugleich als frei erleben, dann enthüllt sich diese Freiheit nicht erst als Merkmal des Geistes, sondern bereits als ein Gesetz organischer Systeme – und nicht als Illusion, wie Hirnforscher glauben machen wollen. Zu behaupten, diese Freiheit, unter deren Last wir alle schon viele qualvolle Stunden gelitten haben, sei bloß Täuschung der biologischen Maschinerie, ist um nichts weniger absurd als der Glaube daran, dass die ganze Welt eine gigantische Illusion sei, die allein der eigene Geist hervorbringe.«[44]

Und wenn man zuletzt davon ausgeht, dass die Welt und mit ihr der Mensch das Werk einer schöpferischen Instanz ist, dann würde das Ganze noch unverständlicher. Denn warum sollte der Schöpfer des Ganzen eine Welt schaffen, deren Ende bereits von Beginn an feststeht? Eine Welt, die nichts anderes wäre als das sich in Milliarden von Jahren vollziehende Entfalten einer ununterbrochenen Kausalkette. Was für ein gigantischer Aufwand für buchstäblich nichts. Es wäre eine lächerliche, völlig überflüssige und durch und durch absurde Veranstaltung. Eine Art Marionettentheater, in dem die Kausalität die Fäden zieht. In diesem Theater gäbe es keinen Sinn, keine Hoffnung und keine Schuld. Die Massenmörder der Geschichte wie Hitler, Stalin, Pol Pot, George W. Bush oder Wladimir Putin und viele andere wären selbst lediglich Opfer der universellen Kausalität. So wie die sechs Millionen ermordeten Juden und all die anderen Millionen Menschen, die Opfer von Kriegen oder Naturkatastrophen wurden. Sie waren bereits von Beginn des Universums an tot und hatten lediglich noch die ihnen zugedachte Rolle zu spielen. Eine Welt ohne Freiheit wäre eine Welt ohne Ethik und Moral, weil es eine Welt ohne Schuld und Gerechtigkeit wäre und damit eine zutiefst unmenschliche Welt.

Liebe

Das wichtigste und schönste Phänomen, das wir mit Innerlichkeit verbinden, ist Liebe. Sie ist wohl der Ausdruck von Innerlichkeit schlechthin. Innerhalb des szientifischen Paradigmas muss die Liebe uns im Laufe der Evolution, die aus darwinistischer Perspektive ein Kampf ums Überleben ist, irgendeinen Vorteil verschafft haben. Andernfalls wäre sie überflüssig. Die Fähigkeit zu lieben, so wie alle anderen menschlichen Attribute, können innerhalb eines darwinistischen Rahmens nur funktional verstanden werden. Anders wären sie schlicht nicht zu erklären.

So ist auch für Andreas Bartels, Professor für visuelle Neurowissenschaft, die Liebe »der Schlüssel des Fortbestandes der Menschheit«. Denn natürlich dient sie in erster Linie dazu, Männchen und Weibchen bzw. Mann und Frau zum Zwecke der Fortpflanzung zusammenzubringen. Darüber hinaus sorgt sie dafür, sich aufopferungsvoll um den Nachwuchs zu kümmern. Dass auch homosexuelle Partnerschaften durch das Band der Liebe zusammengehalten werden, wäre aus dieser Perspektive bereits erklärungsbedürftig. Leider geht Bartels auf solche Nebensächlichkeiten nicht ein. Für ihn ist die Liebe zum einen genetisch in uns verankert, und zum andern scheint sie in »urtümlichen, tiefen Hirnbereichen beheimatet zu sein«.

> In dem vielleicht aufsehenerregendsten Experiment wurde ein einzelnes Gen der paarbildenden Spezies der Präriewühlmaus in die nichtpaarbildende Spezies der Wiesenwühlmaus

transferiert. Es war das Gen, welches für den Vasopressin-Rezeptor der Präriewühlmaus kodiert. Das Resultat: Die transgenen Tiere bildeten nun Partnerpräferenzen, obwohl sie der nichtpaarbildenden Art angehören. Wer hätte das gedacht? Selbst wenn dieses Gen auf Mäuse übertragen wird, wurde ein stark erhöhtes Sozialverhalten festgestellt, das dem der Präriewühlmäuse nahe kam. Ein einzelnes Gen macht also den Unterschied zwischen Paarbildung und Nichtpaarbildung einer Art aus.[45]

Zuerst einmal ist es aus ethischer Sicht mehr als fragwürdig, derart in die Natur eines Tieres einzugreifen. Denn zum Wesen der Präriewühlmaus gehört es nur einmal, ein Paar zu bilden. Wenn diese Eigenschaft mit Gewalt verändert wird, stellt das einen nicht zu rechtfertigenden Angriff auf die Würde dieses Tieres da. Generell ist die Erzeugung transgener Lebewesen ein Verbrechen an der Schöpfung und sollte umgehend international verboten und vor allem gesellschaftlich geächtet werden.

Und wenn Bartels auch einsieht, dass die Verbindung zwischen sich liebenden Menschen komplexer und vielschichtiger ist als die von Tieren, ist er trotzdem davon überzeugt, dass die Ursachen dieser Verbindung mechanistischer Natur sind. Und diese mechanistischen Ursachen sind schnell aufgezählt. Sie bestehen aus den drei Substanzen Oxytocin, Vasopressin und Dopamin und liefern die Antwort auf Fragen wie diese:

Wie wird Liebe generiert?
Welche Mechanismen steuern sie?
Können wir sie beeinflussen?
Weshalb unterscheiden sich Menschen in ihrer Liebeskapazität und Treue?
Wird Liebe vererbt?
Kann erfahrene Liebe die eigene Liebesfähigkeit erhöhen?
Zu all diesen Fragen scheint es eine Antwort zu geben: Oxytozin. Die Präsenz und Konzentration dieses Neurohormons

> sowie die Präsenz und Dichte der Rezeptoren, an die es andockt, scheinen das A und O in der Liebe zu bilden. Vasopressin sollte auch nicht vergessen werden – es ist allerdings beinahe das gleiche Molekül wie Oxytozin. Beides sind Peptide. Das sind kurze Proteine, also aneinander gehängte Aminosäuren, genau neun. Oxytozin und Vasopressin unterscheiden sich nur in zwei der neun Aminosäuren. Dopamin, ein viel kleineres Molekül, ist auch noch nötig – denn Dopamin spielt überall dort eine Rolle, wo es ums Lernen oder ums Sich-gut-Fühlen geht. Wichtig sind natürlich die Hirnareale, die von diesen Chemikalien beeinflusst werden. Gar nicht romantisch ist nun aber, dass diese wenigen Ingredenzien beinahe alles erklären, was Liebe biochemisch ausmacht.[46]

So einfach kann das mit der Liebe sein, wenn man sie auf Gene oder bloße Hirnaktivitäten reduziert. Und natürlich ist es »möglich, mit chemischen Formeln die Substrate zu bezeichnen, die das Gefühl der Liebe verursachen; doch wie die Liebe sich anfühlt und was sie aus den Geliebten macht, das sagt uns keine Chemie, das sagt uns nicht einmal die Psychologie, das kann nur das liebende Subjekt einem anderen liebenden Subjekt verraten«.[47]

So leidet die gesamte Argumentation an zwei fundamentalen Schwächen: Da ist zum einen die Tatsache, dass wir mit Oxytocin, Vasopressin und anderen Substanzen so umgehen, als wüssten wir, worum es sich dabei ihrem Wesen nach handelt. Da Wissenschaft aber per Definition nur die Oberflächen der Körper beschreiben kann, wissen wir nichts über ihre Innenseite. Wir kennen die chemische Struktur von Oxytocin und seine Funktion als Hormon bzw. Neurotransmitter. Was wir nicht kennen, ist seine ontologische Verfasstheit. Das hat schlicht und einfach wiederum mit der simplen Tatsache zu tun, dass wir nichts über den grundlegenden Stoff wissen, aus dem dieses Neuropeptid aufgebaut ist.

Wenn ein Neurowissenschaftler demnach sagt, man könne mit der Gabe von Oxytocin die Bindungsfähigkeit erhöhen, mag das aus wissenschaftlicher und damit reduktionistischer Perspektive einleuchtend sein. Aber was, wenn dieser Effekt in Wahrheit nur vor dem Hintergrund einer radikalen Aufwertung des ontologischen Status von Materie möglich ist? Oder anders formuliert: Wenn ein aus neun Aminosäuren bestehendes Neuropeptid tatsächlich in der Lage ist, die Bindungs- oder Liebesfähigkeit zu erhöhen, dann ist diese Substanz möglicherweise mehr als lediglich eine äußerlich beschreibbare chemische Struktur.

Das andere Problem zeigt sich in der Tatsache, dass neurophysiologische Prozesse nichts über die Inhalte aussagen bzw. keine Rückschlüsse auf diese zulassen, dessen Träger sie sind. Man kann sich das leicht an der Funktion eines Radios klarmachen. Wenn ich ein elektronisches Bauteil dieses Gerätes modifiziere bzw. zerstöre oder einen entsprechenden Schaltkreis auch nur minimal verändere, habe ich möglicherweise einen gestörten oder gar keinen Empfang mehr. Das heißt, die Funktion des Radios hängt unzertrennlich mit seinen elektronischen Bauteilen und den damit verbundenen Schaltkreisen zusammen. Das bedeutet aber noch lange nicht, dass das empfangene Programm aus diesen Schaltkreisen besteht oder aus der Analyse dieser Schaltkreise zu extrahieren wäre.

Auf unser Beispiel übertragen, bedeutet das: Die Liebesfähigkeit eines Menschen mag, zu welchem Anteil auch immer, auf chemisch beschreibbare Substanzen angewiesen sein. Das bedeutet aber keineswegs, dass Liebe in der Beschreibung und Analyse dieser Substanzen aufgeht. So kann Liebe in Wahrheit nicht nur die Verbindung zweier Menschen oder zweier Lebewesen im Allgemeinen sein. In Wahrheit ist sie ein universelles Prinzip dieser Welt und Teile unseres Körpers bzw. unserer Biochemie ihre materielle Entsprechung. Anders formuliert, sind die chemischen Substanzen wie Oxytocin, Vasopression und Dopamin zwar nötig, um uns mit dem Reich der Liebe zu verbinden, aber nicht selbst ursächlich für die Liebe verantwortlich. Und wer kann schon sagen, ob nicht die Anziehungskräfte der Materie wie Gravitation, Elektromagnetismus, schwache und starke

Wechselwirkung nicht in Wahrheit Ausdruck eines universellen kosmischen Eros sind?

Und so lässt sich auch anders über Liebe denken und schreiben, als Neurowissenschaftler vom Schlage Bartels das tun. Bei dem 2019 verstorbenen Schriftsteller und Philosophen George Steiner etwa klingt das so:

> Liebe kann das ungewählte Band, bis hin zur Selbstzerstörung, zwischen Individuen sein, die füreinander eklatant ungeeignet sind. Die Sexualität kann nebensächlich, vorübergehend sein oder völlig fehlen. Die Häßlichen, die Elenden, die Bösesten unter uns können das Objekt von interesselosem, leidenschaftlichem Eros sein. Der Wunsch, für die Geliebte oder die Freundin […] zu sterben, und die klarblickenden Verrücktheiten der Eifersucht sind aus jeder denkbaren biologischen (Darwinschen) oder sozialen Sicht kontraproduktiv. […] Ich habe eine ganze regendurchweichte Nacht hindurch dagestanden, um einen Blick von der Geliebten, wie sie um die Ecke kam, zu erhaschen. Vielleicht war sie es noch nicht einmal. Gott erbarme sich derer, die nie die Halluzination eines Lichts gekannt haben, das während solchen Wachens die Dunkelheit erfüllt.[48]

Nein, eine solche Liebe, die sogar bereit ist, sich für den Partner oder die Partnerin zu opfern, will so gar nicht in das darwinistische Paradigma passen. In Wahrheit wissen wir nicht, was Liebe ist, und können sie in all ihren Facetten, wie alles innere Erleben, nur erfahren. Es geht uns damit so wie Augustinus, wenn er nach dem Wesen der Zeit gefragt wird. Seine Antwort: »Wenn mich niemand danach fragt, weiß ich es; will ich es einem Fragenden erklären, weiß ich es nicht.«

Glaubt man den Buddhisten, liegt unser Leid in unserer Egostruktur begründet, die sich vor allem durch eine Eigenschaft auszeichnet: Gier. Dieses Ego strebt nach Macht, nach Reichtum, nach Anerkennung usw. und trennt uns somit von unserer

Mitwelt. Außerdem versucht es krampfhaft, an Dingen festzuhalten, die nicht dauerhaft zu halten sind, und wird somit starr und unbeweglich. Nur die Liebe vermag es, unsere Egostruktur und damit unsere Einsamkeit und Abgetrenntheit von Gott, der Welt und anderen Lebewesen zu überwinden. So ist die Liebe ein fundamentaler Bestandteil einer jeden Ökologie, da sie nicht nur in der Lage ist, unsere Ichzentriertheit zu überwinden, sondern auch die Grenzen unserer Spezies aufzulösen und anderen Lebewesen den Wert zuzugestehen, den wir uns selbst zugestehen. Peter Singer nannte die Bevorzugung der eigenen Art »Speziesismus«, und die Liebe ist die einzige Möglichkeit, diesen Speziesismus auf das andere Lebewesen hin zu überwinden.

Und auch im Zusammenhang mit der Freiheit, von der im vorigen Kapitel die Rede war, spielt die Liebe eine ganz wesentliche Rolle. Denn individuelle Freiheit kann nur dann verantwortungsvoll gelebt werden, wenn sie die Grenzen des anderen akzeptiert. Das aber ist nur möglich vor dem Hintergrund der Wertschätzung und der Liebe. Ohne Liebe würde Freiheit zwangsläufig im Egoismus münden. Leider ist es genau das, was im Umgang mit der Natur täglich geschieht. Wir verwirklichen unsere Freiheit auf Kosten der Natur, weil wir die Liebe und Wertschätzung ihr gegenüber verloren haben.

Empathie, Wert, Gefühl, Freiheit und Liebe, das alles sind fundamentale Bestandteile der Conditio humana, und sie alle lassen sich nicht wissenschaftlich beschreiben oder auf bloße Gehirnaktivitäten reduzieren. Wir können sie nur im lebendigen Vollzug unseres Daseins subjektiv erfahren. Wer demnach die Innerlichkeit der Natur leugnet oder sie rational wegzuerklären versucht, der leugnet Liebe, Subjektivität, Autonomie, Gefühle, Zielgerichtetheit (Teleologie), Qualitäten, Werte, Freiheit und Geistigkeit. Und das ist letztlich gleichbedeutend mit der Entheiligung der Natur. Die destruktiven Folgen dieses wahrhaft heillosen Weltbildes lassen sich jeden Tag begutachten.

IV DIE HEILIGKEIT DER NATUR

»Solange der Mensch mit seiner Erkenntnis nicht zum Schauen der reinen Urbildhaftigkeit und der inneren Heiligkeit des Daseins sich zu erheben vermag, solange er in jener tiefen metaphysischen Feindseligkeit verharrt und nur in diesem Zustand das Wesen der Natur gewahrt, ist bei der Paradiesgebrochenheit seines Wesens auch seine Forschung und Wissenschaft, wie seine Religiosität, immerzu dämonisch bestimmt.«

Edgar Dacqué

DER ZERBROCHENE PFAHL DER ACHILPA

Der rumänische Religionswissenschaftler Mircea Eliade berichtet in seinem Buch *Das Heilige und das Profane* vom Stamm der Achilpa:

> Nach der Überlieferung der Achilpa […] hat das göttliche Wesen Numbakula in mythischer Zeit ihr künftiges Gebiet »kosmisiert«, ihren Stammvater erschaffen und ihre Institutionen gestiftet. Aus dem Stamm eines Gummibaums hat Numbakula den heiligen Pfahl (kauwa-auwa) gefertigt; er hat ihn mit Blut gesalbt und ist an ihm hinaufgeklettert und im Himmel verschwunden. Dieser Pfosten stellt eine Weltachse dar, denn um ihn herum wird das Land bewohnbar, verwandelt sich in eine »Welt«. Deshalb spielt der heilige Pfahl bei den Achilpa eine so bedeutende rituelle Rolle: auf ihren Wanderungen nehmen sie ihn immer mit und bestimmen je nach seiner Neigung ihre Wegrichtung. Das ermöglicht den Achilpa, auch bei ständiger Ortsveränderung immer in »ihrer Welt« und zugleich in Verbindung mit dem Himmel zu bleiben, in dem Numbakula verschwunden ist. Das Zerbrechen des Pfahls ist die Katastrophe, gewissermaßen das »Ende der Welt«, der Rückfall ins Chaos. Einem Mythos zufolge [soll] der ganze Stamm von tödlicher Angst befallen [worden sein], als einmal der heilige Pfahl zerbrach; die Stammesangehörigen irrten einige Zeit umher und setzten sich schließlich auf den Boden, um zu sterben.[1]

Die Analogie ist offensichtlich. Der Stamm der Achilpa sind wir, doch mit einem gravierenden Unterschied: Wir haben den Pfahl, der uns mit Himmel und Erde verbindet, selbst zerbrochen und leben seitdem ein isoliertes Leben in metaphysischer Obdachlosigkeit und tellurischer Einsamkeit. Wir irren orientierungslos umher, unfähig, die losen Enden unserer Existenz zusammenzufügen, und nicht wenige von uns haben sich bereits hingesetzt, um zu sterben. Man erkennt sie an ihrem nihilistischen Mantra: »Wir können es ohnehin nicht ändern.«

Wir haben den Stab zwar zerbrochen, aber die beiden Enden sind noch da. Es gilt, sie wieder zu einer Einheit zusammenzufügen. Dazu gehört, unsere Verbindung zur Natur wiederherzustellen, zu lernen, ihre Sprache zu sprechen, und sie in ihrer Würde, Ganzheit und Unverfügbarkeit anzuerkennen. Dazu gehört, das ist das andere Ende des Stabes, eine neue Verbindung zur Transzendenz zu schaffen, jenseits aller Konfessionen. Das alles ist nicht neu. Die Antworten, nach denen wir suchen, existieren schon seit langer Zeit und warten nur darauf, gefunden zu werden. Die Lösung unserer Probleme liegt nicht in noch mehr Technik oder in noch mehr Produktion und Konsum. Überhaupt sind unsere Probleme keine Probleme der Oberflächen, die auf der Ebene der Oberflächen gelöst werden könnten. Es sind Probleme der Tiefenstruktur dieser Welt bzw. unsere mangelnde Fähigkeit, diese Tiefenstruktur zu erkennen, anzuerkennen und zu würdigen. Wir werden uns von vielen alten Vorstellungen befreien müssen, und was wir brauchen, ist nicht weniger als eine Kulturrevolution. Und das beinhaltet eine andere Form unserer Wahrnehmung der Welt und, damit verbunden, eine neue Philosophie des Lebens. Vielfältige Ansätze dazu sind bereits sichtbar.[2] Sie müssen weiter ausgebaut werden und endlich auch den Weg in die Köpfe und Herzen der Menschen finden. So muss und wird die Kategorie des Heiligen ein Pfeiler jeder künftigen Umweltethik sein, denn ohne sie ist eine solche weder vorstellbar noch in der Tiefe überzeugend.

Spricht man in diesem Zusammenhang von der Heiligkeit der Natur, ist das nicht nur eine Metapher für den hohen Wert alles Lebendigen, sondern meint auch und vielleicht in erster Linie die Natur als Schöpfung Gottes. Wobei man sich diesen nicht zwangsläufig durch die Brille irgendeiner Konfession vorstellen muss. Eher im Sinne einer minimalen Arbeitshypothese, so wie der Schriftsteller Aldous Huxley sie formuliert hat: »Es gibt eine Göttlichkeit, einen Grund, ein Brahman, ein Klares (sic) Licht der Leere als das nichtmanifestierte Prinzip aller Manifestationen. Dieser Grund ist zugleich transzendent und immanent. Es ist dem Menschen möglich zu lieben, zu erkennen und von der in ihm angelegten zur verwirklichten Identität mit dem göttlichen Grund zu gelangen. Diese Einheit stiftende Erkenntnis der Göttlichkeit ist letztes Ziel und eigentlicher Zweck des menschlichen Daseins.«[3] In diesem Sinn wäre das ein mystisches Weltverständnis, wie wir es bei Meister Eckhart, Franz von Assisi oder, um ein aktuelles Beispiel zu nennen, Willigis Jäger finden. Dieses Welt- und Naturverständnis wäre auch im Sinne einer *Philosophia perennis* nicht an religiöse oder kulturelle Grenzen gebunden, sondern könnte grundsätzlich von allen Menschen ungeachtet ihrer kulturellen Herkunft akzeptiert werden.

Allerdings birgt der Begriff Heiligkeit in diesem Kontext auch eine Gefahr. Das lässt sich gut am Beispiel des Flusses Ganges aufzeigen, der für jeden Inder und jede Inderin heilig ist. Ein Bad in ihm reinigt von allen Sünden und vereint die Seelen der Menschen mit dem Göttlichen. Doch der reale Ganges ist zwar die Personifizierung der Göttin Ganga, auch Mutter Ganga genannt, aber eben nicht mit ihr identisch. Die Göttin Ganga mag heilig sein, der konkrete Fluss ist es nicht. Nur so lässt sich erklären, warum die Menschen ohne größere Skrupel ihre Abfälle und ungeklärten Abwässer in ihm entsorgen. Wenn man somit von der Heiligkeit der Natur spricht, dann muss diese Natur selbst gemeint sein. Sie selbst muss ernst genommen und als wertvoll angesehen werden und mehr sein als nur die physische Entsprechung einer wie auch immer gearteten Gottheit oder heiligen Instanz. Das heißt nicht zwangsläufig, dass die Natur im Sinne eines schlichten Pantheismus identisch mit Gott sein muss. Sondern so wie Gott sich in der Natur manifestiert, so ist auch die Natur aufgehoben in Gott, der diese Natur aber grenzenlos übersteigt. Der Philosoph Karl Christian Friedrich Krause prägte dafür 1828 in seinen *Vorlesungen über das System der Philosophie* den Begriff »Panentheismus«.

Wenn die Welt heilig ist, können wir auch nicht ausschließen, dass sie teleologisch, um nicht zu sagen eschatologisch, verfasst ist. Das heißt, sie hätte ihren eigenen Sinn und ihr eigenes Ziel und vielleicht ihre eigene Erlösung. So heißt es bei Paulus: »Auch die Schöpfung wird frei werden von der Knechtschaft der Vergänglichkeit zu der herrlichen Freiheit der Kinder Gottes. Denn wir wissen, dass die ganze Schöpfung bis zu diesem Augenblick seufzt und in Wehen liegt.« (Römer 8,18–22) Und obwohl es keine Letztbegründung der Annahme der Heiligkeit der Natur geben kann, so wie es für nichts in der Welt letztgültige Begründungen gibt, können doch mindestens vier Tatsachen geltend gemacht werden, die überwältigend für sie sprechen:

> Die Natur ist heilig,
>
> weil wir ihren Ursprung nicht kennen und zumindest nicht ausschließen können, dass sie die Schöpfung, die Manifestation oder Emanation Gottes ist;
>
> weil wir nicht wissen, was die Natur ihrem Wesen nach ist, da sich ihre Innenseite konsequent dem wissenschaftlichen Zugriff entzieht;
>
> weil wir Lebendiges nicht wiederherstellen können, wenn wir es einmal zerstört haben;
>
> weil die Welt von Beginn an so beschaffen ist, dass sie Natur hervorbringen kann oder vielmehr muss.

Wenn die Natur heilig ist, ist das, was wir ihr in jeder Sekunde antun, nicht nur ein Verbrechen, sondern Sünde im tiefsten Sinn des Wortes. Es wäre dann ein Kampf gegen den Ursprung des

Heiligen, also ein Kampf gegen Gott. Da wir diesen Kampf ohnehin nur verlieren können, wäre es schon in unserem eigenen Interesse, so schnell wie möglich Alternativen zu unserem derzeitigen Denken und Handeln zu entwickeln. Diese Alternativen gibt es, zum Teil schon sehr lange; wir müssen uns lediglich wieder darauf besinnen, was wir im Laufe der letzten Jahrhunderte verloren haben. Das bedeutet kein naives »Zurück zur Natur« und bedeutet auch kein Abgleiten in Irrationalität. Ein Zurück zu einer paradiesischen Einheit mit der Natur – die es ohnehin nie gegeben hat – ist weder möglich noch erstrebenswert. Wir können nicht mehr zurück auf die Bäume, und wenn, würden wir dort als zivilisierte Menschen sitzen.

Im Gegenteil geht es darum, uns weiterzuentwickeln, nicht unter Aufgabe unseres Verstandes, sondern zusammen mit unserem Verstand hin zu einer Transformation unserer Wahrnehmung unter Einschluss unserer Intuition und unseres Gefühls. Das heißt nichts anderes, als uns, soweit das möglich ist, mit der Natur zu identifizieren, sie auf allen Ebenen wahrzunehmen und nicht die rationale Seite unserer Wahrnehmung so extrem überzubewerten, wie wir es spätestens seit der Aufklärung tun. Diese neue Erfahrung ist deshalb nicht irrational, sondern transrational. Das ist ein fundamentaler Unterschied, der in entsprechenden Diskussionen in der Regel leider nicht zur Kenntnis genommen wird.

Das Problem ist hierbei nicht, dass wir das Fühlen verlernt hätten oder über keinerlei Intuition mehr verfügen würden. Das Problem ist, dass wir in zwei voneinander getrennten Welten leben. Wir lieben unseren Partner oder unsere Partnerin, unsere Kinder oder unser Haustier. Und jeder von uns kennt das Bauchgefühl, dass uns gelegentlich bei wichtigen Entscheidungen hilft. Aber sobald wir diese Sphäre des Privaten verlassen und uns sozusagen »in die Welt« begeben, leugnen wir oftmals all das, was für uns gerade noch eine Selbstverständlichkeit war. Deshalb muss es uns in Zukunft gelingen, diese disparaten Eigenschaften unseres Menschseins zu integrieren, also ganz zu werden.

UNSERE UNKENNTNIS DES URSPRUNGS DER WELT

Wir kennen weder unseren Ursprung noch den Ursprung der Welt, aber wir ahnen, dass hinter all dem ein Sinn steckt, eine letzte Instanz, ein transzendenter Grund als das schöpferische Prinzip der Welt. Wir können diese Möglichkeit zumindest nicht aus einer ernsthaften Diskussion ausschließen. Wenn das so ist und unser Dasein wie auch das Dasein aller anderen lebendigen Kreatur sich nicht dem Zufall verdankt, sondern dem Schöpfungswillen einer ewigen und transzendenten Macht, dann sind dieses Universum und alles in ihm Vorkommende in diesem Sinne als heilig anzusehen.

Heilig bezeichnet hier zum einen das, was ganz ist. Diese Wortbedeutung zeigt sich noch im englischen *holy* und der etymologischen Verwandtschaft zu *whole* (ganz). Es ist somit das, was nicht auf anderes reduziert werden kann, ohne es in seiner Ganzheit und damit essenziell zu zerstören. Aber heilig ist auch das, was nicht profan ist. Das Leben ist deshalb heilig, weil es nicht irgendein von Menschen gemachter Gegenstand ist, ein bloßes Artefakt, auf das wir in jeder denkbaren Weise zugreifen können, sondern etwas, dessen Herkunft wir nur ahnen können und das sich uns in seiner absoluten Unverfügbarkeit offenbart.

Doch gerade diese Unverfügbarkeit der Welt hat die Wissenschaften von jeher provoziert. Die Wildheit der Natur musste gezähmt und ihr auch das kleinste Geheimnis entrissen werden. Dieser Versuch der Verfügbarmachung ist gleichbedeutend mit unserer Entfremdung von ihr. Die totale Verfügbarkeit der Welt, das heißt der ausschließlich szientifische Blick auf sie, wäre zugleich der totale Zusammenbruch der »Resonanz«. Denn »ein Weltverhältnis, das keine Störungen und Unterbrechungen, keine Begegnungen mit dem Fremden und Unvertrauten, keine Phasen des Fremdwerdens von Selbst und Welt kennte und zuließe, wäre […] nicht nur tendenziell flach und, im Verdrängen alles Nichtidentischen oder Nichtharmonischen, zugleich potentiell totalitär, sondern es verwandelte sich am Ende und unter der Hand in ein stummes Weltverhältnis, weil die Welt ihr Unverfügbares, ihre eigene Stimme und damit ihre Antwortqualität verlöre – und das Subjekt seine Fähigkeit zur Anverwandlung des Fremden, in deren Verlauf es sich selbst verwandelt.«[4]

Genau hier liegt das Problem: Wir hören schon lange nicht mehr die Stimme der Natur. Zum einen, weil wir der Illusion erliegen, wir könnten sie vollständig reifizieren und rationalisieren und damit entzaubern. Zum anderen, weil wir seit Jahrhunderten nicht mehr an dem interessiert sind, was sie uns zu sagen hat. Wir müssten damit beginnen, uns wieder resonanzfähig zu machen. Und das hieße, die Innenseite der Natur anzuerkennen und mit ihr ihre Heiligkeit, ihre Wildheit und damit ihre Unverfügbarkeit. Mircea Eliade schreibt, dass »durch die Manifestierung des Heiligen […] ontologisch die Welt gegründet [wird]. In dem grenzenlosen homogenen Raum ohne Merkzeichen, in dem keine Orientierung möglich ist, enthüllt die Hierophanie einen absoluten ›festen Punkt‹, ein ›Zentrum‹.«[5] Hierophanie heißt hier das Aufscheinen des Heiligen im Profanen. Die Erfahrung der Anwesenheit des Heiligen auch im Profansten kann grundsätzlich zu jeder Zeit, an jedem Ort und von jedem von uns gemacht werden. Das Heilige und das Profane sind im Grunde keine getrennten Bereiche. Wir neigen lediglich dazu, nur das Profane zu sehen und es für die ganze Wirklichkeit zu halten. Vor diesem Hintergrund und mit der Erfahrung von Heiligkeit müssen wir die Welt aufs Neue gründen und uns, ausgehend von diesem Zentrum, orientieren.

Folgt man der Wissenschaft, begann unsere Welt vor zirka 13,8 Milliarden Jahren mit dem sogenannten Urknall. In dieser Theorie ist die gesamte Materie des Universums in einem unendlich kleinen Punkt konzentriert. Wir können physikalisch beschreiben, was 10^{-43} Sekunden nach dem Urknall – der sogenannten Planck-Zeit – abgelaufen ist. Was davor war, wissen wir nicht, da alle mathematischen Gleichungen an dieser letzten Grenze unseres naturwissenschaftlichen Erkennens zusammenbrechen. So bleibt der Urknall selbst ein Konstrukt unseres Geistes und unserer Fantasie und in seiner Tiefe völlig unerkannt. Wir können innerhalb des naturwissenschaftlichen Rahmens nicht erklären, wie diese Welt entstanden ist, und selbst wenn wir wüssten, wie, hätten wir immer noch keine Antwort auf die Frage nach dem Warum. In Wahrheit ist dieser sogenannte Urknall kein rein physikalisch beschreibbares Phänomen, so wie es nichts in der Welt gibt, was in der physikalischen bzw. naturwissenschaftlichen Beschreibung zur Gänze aufgehen würde, auch wenn es immer noch Menschen gibt, die das gerne glauben möchten.

Einige Physiker:innen gehen inzwischen davon aus, dass der Urknall möglicherweise nicht den absoluten Anfang markiert. So könnte unser Universum nur das vorläufig letzte von unendlich vielen Universen sein, die bereits vorher existiert haben. Aber am Ende stellt sich unvermeidlich die Frage, was vor der Entstehung des allerersten Universums gewesen ist. So landet man immer wieder bei dem Paradoxon, dass das Erste nicht aus etwas anderem hervorgegangen sein kann, sonst wäre es nicht das Erste. Allerdings kann es auch schwerlich aus dem Nichts aufgetaucht sein. Die Annahme einiger Quantenphysiker:innen, dass sich auch im absolut leeren Raum Teilchen kurz materialisieren, um dann wieder im Nichts zu verschwinden, überzeugt nicht wirklich. Denn das Nichts zeichnet sich eben gerade dadurch aus, über keine Eigenschaften zu verfügen, die man definieren könnte. Tut man es doch, hat man es eben nicht mehr mit dem Nichts zu tun. Das Ganze frei nach dem Motto: »Give us one free miracle and we'll explain the rest« (Terence McKenna). Um der Frage nach dem transzendenten Ursprung unserer Welt nachzugehen, lohnt es sich, darüber nachzudenken, was dieses Nichts, von dem die Physiker:innen so selbstverständlich sprechen, denn nun wirklich »ist«.

Wenn wir über das Nichts sprechen, so denken wir in der Regel unbewusst immer noch etwas mit, da wir als seiende Wesen naturgemäß nicht in der Lage sind, uns das absolut Nichtseiende vorzustellen. Da wir darüber hinaus über das Nichts keine positiven Aussagen treffen können, bleibt nur, uns diesem Begriff ex negativo zu nähern und festzustellen, was es nicht ist. Unser *neti, neti*[6] *(nicht so und nicht so)* des Nichts sieht demnach folgendermaßen aus: Es ist nicht heiß, das heißt, es hat keine Energie, aber es ist auch nicht kalt. Es ist nicht groß und nicht klein, das heißt, es hat keinen Raum. Es ist weder hell noch dunkel, noch besteht es aus irgendetwas, weder aus Geist noch Materie, das heißt, es hat keine Substanz. Es ist aber auch nicht Gott oder irgendeine metaphysische, transzendente Ebene, das heißt, es hat keine letzte Ursache, kein Ziel und keinen Sinn. Es ist absolut statisch, da in ihm keinerlei Prozesse ablaufen, denn dafür bedürfte es der Zeit, aber das Nichts kennt auch keine Zeit. Es ist also auch Unfug zu sagen, dass dieses Nichts vielleicht nach Ewigkeiten des Verharrens im Nichtsein plötzlich etwas hervorbringen könnte, denn ist ein so gedachtes Nichts erst einmal da (bzw. nicht da), so ist es ewig nicht da.

Wir sehen an dieser Stelle aber auch, dass unsere Sprache die Grenze unseres Denkens markiert. Es war der griechische Philosoph Parmenides, der als Erster erkannte, dass Sein und Denken identisch sind. Wenn wir also gerade behauptet haben, dass das Nichts ewig ist, so ist das natürlich deshalb grundfalsch, da sich das Nichts gerade dadurch auszeichnet, dass es eben nicht ist. Das Nichts zu denken endet somit immer in dem Widerspruch, dass ich es für kurze Zeit als etwas Seiendes denken muss, um es sofort wieder zu negieren. An dieser Stelle bietet es sich an, diesen Gedanken abzubrechen, denn es dürfte hinreichend klar geworden sein, was das Nichts »ist« bzw. was es nicht ist.

Dass es aber etwas gibt, ist unbestreitbar und wohl das größte Geheimnis von allen. »Warum ist überhaupt etwas und nicht vielmehr nichts?«, bleibt eine der Grundfragen der Philosophie. Aus diesem Nichts aber, so wie wir es gerade beschrieben haben, kann niemals etwas entstehen. Schon der Dichter Lukrez wusste, dass »aus Nichts nichts wird, selbst nicht durch den Willen der Götter«. Und an dieser Stelle hören wir noch einmal Parmenides und sein berühmtes Fragment: »So bleibt nur noch der Beweis des einen Weges übrig: dass es das Seiende gibt. [...] weil ungeworden, ist es auch unvergänglich, ganz, einzig, unerschütterlich und ohne Ende. Und nie war es oder wird es sein, da es jetzt zugleich ein einheitliches, zusammenhängendes Ganzes ist. [...] Weder aus dem Seienden kann es hervorgegangen sein; sonst gäbe es ja ein anderes Sein vorher. Noch kann ich zulassen, dass du denkst oder sagst, es sei aus dem Nichtseienden geworden. [...] Was für ein Zwang hätte es denn auch dazu treiben können, früher oder später mit dem Nichts zu beginnen und dann zu wachsen? So muß es denn notwendig schlechthin vorhanden sein oder überhaupt nicht! Und nie wird die Kraft der Überzeugung zulassen, dass aus dem Nichtseienden etwas neben ihm entstände.«[7]

Es muss also anders sein. Die Antwort auf die Frage, was vor dem Beginn des Universums, also vor dem sogenannten Urknall, war, kann demnach nur lauten, dass wir zwar nicht wissen, *was* vorher war, aber sicher sein können, *dass* etwas vorher war. Alle Kulturen zu allen Zeiten haben um dieses »Etwas« gewusst. Im Hinduismus ist es Brahman, der letzte Urgrund alles Seienden, reines Erkennen, kausalitäts- und leidlos und zugleich identisch mit dem innersten individuellen Wesen Atman. In den chinesischen Philosophien wird es das Tao genannt, was ursprünglich so viel wie Weg bedeutet. Zum einen steht Tao für den Weg der Gestirne am Himmel, zum anderen aber auch für den sinnvollen Weg, der zum Ziel führt. Es steht für die implizite Ordnung und das Gesetz und lässt sich auch ganz schlicht mit »Sinn« übersetzen. Auch der Buddhismus, der zwar nicht an das Dasein einer ewigen Ursubstanz glaubt, kennt den Begriff des Dharma, des ewigen Weltgesetzes. Dieses Dharma offenbart sich in der Vollkommenheit des Kosmos wie in der moralischen Ordnung der Welt. In den drei monotheistischen Religionen Christentum, Judentum und Islam ist es der ewige Gott, der im Unterschied zu den anderen Religionen personal gedacht wird: JHWH (Jahwe) und Allah.

Der Aspekt der Zeitlosigkeit auch dieses Gottes zeigt sich exemplarisch in der christlichen Überlieferung unter anderem bei Johannes, der Jesus sagen lässt: »Wahrlich, wahrlich, ich sage euch: Ehe Abraham war, bin ich«, und Augustinus schreibt: »Die Unsterblichkeit ist Gottes Substanz, weil Gott nichts Veränderliches in sich trägt. Dort ist keine Vergangenheit (in dem Sinne), dass es gleichsam nicht mehr sei. Nichts ist Zukunft, als ob es noch nicht sei. Dort besteht lediglich: Ist. Es gibt dort nicht Es-War und Es-Wird, weil etwa das, was war, nicht mehr ist, und was wird, noch nicht ist. Alles, was dort ist, das ist reines Ist.«[8]

Auch in der berühmten 112. Sure (Tauhīd) des Koran zeigt sich die Ewigkeit Gottes, hier in der Fassung von Friedrich Rückert: »Sprich, Gott ist Einer / ein ewig reiner / hat nicht gezeugt und ihn gezeugt hat keiner / und nicht ihm gleich ist einer.«

In der sogenannten vorsokratischen Philosophie, die zirka sechshundert Jahre v. Chr. in Griechenland mit Thales von Milet ihren Anfang nahm, wird der Urgrund allen Seins von Anaximander das Unbestimmbare *(apeiron)* genannt. Dieses Apeiron ist selbst ungeworden und unvergänglich und muss als eine Art eigenschaftsloser Urmaterie verstanden werden. Aus ihr ist alles entstanden, und alles wird zu ihr zurückkehren. Dieser Gedanke wird später in der Philosophie von Pythagoras, Platon, Demokrit und Epikur als kosmologisches Prinzip noch eine wichtige Rolle spielen.

Heraklit von Ephesos, der große Philosoph des Werdens und der Veränderung und geistiger Gegenspieler des Parmenides, bestimmte den Urgrund als das Absolute, den Logos, das völlig übersinnliche, übermenschliche, überpersönliche Weltprinzip, das die metaphysische Vernunft alles Geschehens ist. Auch Platons Schöpfergott (Demiurg) schuf das All, indem er »nach dem Ewigen blickte«, und dieses Ewige sind die ewigen, ungewordenen und unzerstörbaren Ideen, von denen alles Bestehende nur ein Abbild darstellt.

Wie auch immer die Erklärungsversuche im Einzelnen aussehen mögen, in einem sind sich alle hier vorgestellten Denker einig: Es gibt kein Nichts, sondern etwas war immer schon da, und dieses Etwas liegt außerhalb der Zeit und mit Sicherheit außerhalb physikalischer Erklärungsversuche. Anders formuliert, ist das Nichts »als das Nichthafte des Seienden der schärfste Widerpart des bloß Nichtigen. Das Nichts ist niemals nichts, es ist ebensowenig ein Etwas im Sinne eines Gegenstandes; es ist das Sein selbst, dessen Wahrheit der Mensch dann übersteigen wird, wenn er sich als Subjekt überwunden hat und d. h. das Seiende sich nicht mehr als Objekt vorstellt.«[9]

Eine Physik, die hinter den Urknall zurückgeht, ist ohnehin keine empirische Wissenschaft mehr, sondern bereits Metaphysik im ursprünglichen Sinne des Wortes *(tà metà tà physiká)* das, was hinter der Physik liegt. Wenn aber dieses Etwas außerhalb der Zeit existiert und somit keinen Anfang kennt und kein Ende, so weiß vielleicht es selbst nicht um seine eigene Existenz, und so steht im ältesten Teil der vier Veden, der großen Bücher des Hinduismus, im Rigveda: »Von wannen diese Schöpfung ist gekommen, ob sie geschaffen, ob sie ungeschaffen – das weiß nur er, der Allbeschauer droben am höchsten Himmel – oder weiß auch er es nicht?« Ein Gedanke, der im klaren Gegensatz zum christlichen Gott steht, der in der Lage ist, sich selbst zu erkennen.

Wir wissen jetzt also, dass etwas ist außerhalb der Zeit. Können wir auch etwas über die Eigenschaften dieses Etwas sagen? Nicht viel, aber doch eines ganz gewiss: Dieser Urgrund alles Seienden muss zumindest das Potenzial enthalten haben zu allem, was ist und was noch sein wird. Bei diesem Potenzial kann es sich allerdings nicht schon um Information im Sinne eines »kosmogonischen Logos«[10] gehandelt haben. Denn Information ist ihrerseits bereits auf eine stabile materielle Ebene angewiesen, da sie nicht die Ursache, sondern immer schon selbst Ergebnis von Organisation ist. Information ist demnach Gespeichertes, und um irgendetwas zu speichern, fehlte im Urknall sowohl die Zeit als auch ein stabiles Speichermedium. Der Informationsbegriff führt uns an dieser Stelle also auch nicht weiter.

Dass es aber eine wie auch immer geartete Kraft geben muss, die das Chaos in den Kosmos überführt liegt auf der Hand. Wie immer man die Dinge auch dreht und wendet, letztlich endet unser Denken doch wieder bei der Erkenntnis des Parmenides, dass das Seiende schlechthin da ist, ewig und ungeschaffen, mit Eigenschaften, die die Entstehung der Welt erst möglich machen. Das Wesen des Seienden selbst liegt in metaphysischer Dunkelheit. Doch diese metaphysische Dunkelheit ist zugleich die transzendentale Offenheit, vor deren Hintergrund das Dasein sich entfaltet. Sie ist somit ein konstitutives Element unseres Menschseins. Die Fähigkeit, über uns hinauszugehen und anderes und uns selbst zu hinterfragen, ist nur möglich, weil wir auf diese radikale Offenheit hin angelegt und nicht in uns geschlossene, durch und durch endliche Wesen sind. Wäre es so, das wusste schon Arthur Schopenhauer, dann könnte es auch keine Langeweile geben, da uns das bloße Dasein schon erfüllen und befriedigen müsste. Wir sind demnach nicht nur weltoffene, sondern vor allem auch gottoffene Wesen.

Die immer schon bestehende Verwiesenheit des Menschen auf diese letzte Grenze ist somit ein Existenzial, also eine fundamentale Gegebenheit unserer Spezies, der ewige Antrieb des Fragens und die fortwährende Herausforderung unserer individuellen Existenz. Auch wenn wir keine letzten Antworten finden können, ist dieser Sachverhalt doch der letzte Grund unserer Würde, unserer Verantwortung wie unserer Freiheit.

Der Kosmos ist aber vor allem ein lebendiger Kosmos. Denn wäre er gänzlich tot, wie es die Naturwissenschaften behaupten, wäre auch nicht zu begreifen, wie aus ihm jemals Lebendiges hätte hervorgehen können. Und da Lebendiges nur aus Lebendigem hervorgehen kann, gleicht der Urknall weniger einem singulären physikalischen Ereignis, sondern eher schon einer Geburt. »Wir alle kommen aus der Matrix«, schreibt Paracelsus, und mit Matrix ist hier nicht die Computersimulation aus dem gleichnamigen Film mit Keanu Reeves in der Hauptrolle gemeint. Paracelsus versteht darunter vielmehr so etwas wie eine kosmische Gebärmutter. Dann wäre dieses Universum im übertragenen Sinn ein Kind Gottes und sein Ursprung auch keine Schöpfung aus dem Nichts *(creatio ex nihilo)*, sondern eine Schöpfung aus dem Sein Gottes selbst, als Inbegriff des Lebens. Wenn das so ist, dann ist Gott überall, in jedem auch noch so kleinen Materieteilchen und wie viel mehr in allem Lebendigen. Somit käme die Zerstörung der Natur in gewissem Sinne einer Beschädigung Gottes gleich.

Auch wenn wir sicher sein können, dass der Ursprung der Welt nicht im Nichts gründet, müssen wir uns eingestehen, dass wir über die allem zugrunde liegende Instanz nicht viel sagen können. Der Ursprung der Welt bleibt ein tiefes Geheimnis. Dieses Geheimnis und der Versuch, ihm näher zu kommen, ist der eigentliche Grund aller Religion und die Wurzel jeder Theologie. Und letztlich ist es wohl auch der Antrieb der Wissenschaft, zumindest der Wissenschaft, die diesen Namen verdient.

UNSERE UNKENNTNIS DER NATUR

Da wir die Herkunft unserer Welt nicht erklären können, wissen wir auch nicht, was sie ihrem Wesen nach ist. Und untrennbar damit verbunden ist die Frage nach dem ontologischen Status von Materie. Aber auch dieser entzieht sich letztlich unserer Kenntnis. Wenn man heute einen durchschnittlich gebildeten Menschen fragen würde, was dieser Stern, den wir Sonne nennen, eigentlich ist, wird er möglicherweise antworten, dass es sich dabei um eine Art Fusionsreaktor handelt, in dem fortwährend unter Abgabe von Energie Wasserstoff in Helium umgewandelt wird. Fragt man ihn, was Bewusstsein und Gedanken sind, wird er wohl sagen, es handele sich um neurophysiologische Prozesse im Gehirn. Fragt man ihn danach, warum es überhaupt etwas gibt und was der Sinn des Ganzen sein könnte, wird seine Antwort sein, dass das alles nur durch Zufall und Notwendigkeit entstanden sei und letztlich auch keinen tieferen Sinn habe. Was sind wir selbst? Nichts anderes als die Träger unserer Gene, die man in Zukunft verändern und damit den Menschen verbessern wird. Liebe? Lediglich eine vermehrte Konzentration von Oxytocin in unserem Blut. Diese Liste ließe sich beliebig lange fortsetzen, aber jeder weiß, was hier gemeint ist. Wir haben diese Welt so radikal profaniert, dass von ihr eigentlich kaum mehr etwas übrig geblieben ist, das zu lieben sich lohnen würde. Einige von uns spüren zumindest noch den Schmerz dieses Verlustes, und daran hängt unsere Hoffnung.

In den genannten Beispielen wurde lediglich die Außenseite der Welt beschrieben und ihre Innenseite ignoriert. Was sollen wir uns aber unter dieser Innenseite vorstellen? Vor allem Lebendigkeit, Liebe, Gefühl, Geist und Freiheit. Und das nicht erst ab einem bestimmten Grad von Komplexität, wie es uns die Biolog:innen glauben machen wollen, sondern bereits von Beginn an. So ist das Leben kein fremdes Prinzip, das sozusagen von außen in die Welt kommt, sondern immer schon ein integraler Bestandteil alles Seienden, so wie es auch Liebe, Geist, Gefühl und Freiheit sind.

Wenn ich den Baum vor meinem Fenster betrachte, bin ich in der Lage, ihn umfassend wissenschaftlich zu beschreiben. Ich weiß um seine Fähigkeit, mithilfe von Chlorophyll, Licht, Wasser und Kohlendioxid unter Abgabe von Sauerstoff Glucose aufzubauen. Ich kenne seinen Stoffkreislauf und die Funktion seines Wurzelgeflechts. Aber was dieser Baum außerhalb dieser szientifischen Kategorien wirklich ist, entzieht sich zur Gänze meiner rationalen Erkenntnis. Und wir müssen davon ausgehen, dass auch dieser Baum über ein wie auch immer beschaffenes Bewusstsein verfügt. Die Bücher von Peter Wohlleben, Stefano Mancuso, Merlin Sheldrake und anderen haben gezeigt, dass wir die Pflanzen bisher massiv unterschätzt haben. Sie bilden ein gewaltiges Netzwerk der Zusammenarbeit, das sich über den gesamten Planeten erstreckt und das hervorbringt, was der britische Wissenschaftler James Lovelock als »Gaia« bezeichnet hat – ein lebendiges, sich selbst regulierendes Wesen, von dem noch die Rede sein wird.

Davon abgesehen, wissen wir auch nicht, was Chlorophyll ist oder Kohlendioxid. Wir entwickeln Begriffe für komplexe Materiestrukturen und beobachten und beschreiben, wie diese Strukturen mit anderen Strukturen interagieren. Wir sind aber weit davon entfernt, sagen zu können, was das Wesen der Materie ist, aus der all diese Stoffe aufgebaut sind. Der englische Biologe Stephan Harding hat versucht, aus der Perspektive eines neuen Animismus materielle Strukturen zu beschreiben.[11] Für ihn sind Atome nicht tot oder auf bloße mechanische Vorgänge reduzierbar, sondern aktive Wesen, die über einen individuellen Charakter verfügen. Somit lassen sich auch chemische Vorgänge nicht mehr nur physikalisch oder mechanistisch beschreiben. Er zeigt in diesem Zusammenhang, dass Polarität, also Anziehung und Abstoßung, eines der zentralen Prinzipien dieser Welt ist. Die einzelnen Elemente verkörpern für ihn unterschiedliche Persönlichkeiten mit speziellen Eigenschaften. So ist für ihn das Kohlenstoffatom ein kooperatives und äußerst soziales chemisches Wesen, da es in der Lage ist, sehr viele Bindungen einzugehen. Es lässt sich eben auch anders als nur wissenschaftlich über die Welt sprechen.

Da Materie ihrerseits nicht wieder aus Materie aufgebaut ist, entzieht sie sich somit grundsätzlich unserer Erkennbarkeit. Aus diesem Grund können wir auch nicht wissen, was Chlorophyll oder irgendein anderes chemisches Gebilde seinem Wesen nach ist. Wir können all das nur auf einer uns rational zugänglichen Ebene beschreiben, aber immer im Wissen darum, dass wir niemals das Ganze der Erscheinung erfassen, sondern lediglich seine Oberfläche. Und es spielt dabei keine Rolle, wie tief wir mit unseren Analysen in die Struktur der Materie eindringen. Es bleiben doch immer Oberflächen, die wir da analysieren.

Dem Ganzen der Phänomene werden wir erst gerecht, wenn wir das Wissen unseres instrumentellen Verstandes um unser persönliches Erleben, unsere Wahrnehmung, unsere intuitive Erfahrung und unser Gefühl erweitern und mit in die Beschreibung der Natur einfließen lassen.

Kommen wir noch einmal auf die Sonne zurück. In ihr verbrennen jede Sekunde 567 Millionen Tonnen Wasserstoff zu 562,8 Millionen Tonnen Helium. Ihre Oberflächentemperatur beträgt zirka 5500 Grad, die Temperatur in ihrem Inneren zirka 15 Millionen Grad. Ihr Durchmesser beträgt zirka 1,4 Millionen Kilometer und so weiter. Das alles ist im Rahmen unserer naturwissenschaftlichen Erkenntnis richtig. Aber all dieses Wissen hat mit unserer subjektiven Erfahrung doch eigentlich kaum etwas zu tun. Warum lieben wir die warmen Sommertage? Weil die Sonne Photonen ausstrahlt, die zirka acht Minuten benötigen, bevor sie auf die Erde treffen? Wohl kaum. Wir lieben sie, weil sie uns schlicht und ergreifend wärmt. Was ist Wärme? Das wissen wir nicht, aber wir spüren sie auf unserer Haut. Was ist Licht? Auch das wissen wir nicht. Physikalisch gesehen, handelt es sich um elektromagnetische Strahlung im sichtbaren Bereich von zirka 380 nm (Nanometer) bis 750 nm. Was wir aber wissen, ist, dass es uns sehen lässt, die Basis allen Lebens ist und nach dunklen Wintertagen unsere Stimmung hebt. Das Licht der Sonne wärmt dabei nicht nur unseren, sondern auch die übrigen sieben Planeten des Sonnensystems. Darüber hinaus schirmt sie unsere Erde vor der harten Strahlung aus den Tiefen des Universums ab. Sie ist also weniger ein Fusionsreaktor, was ja wieder nur eine Maschine wäre, als vielmehr eine Mutter, die ihre acht Kinder wärmt. Und natürlich ist sie lebendig, auch wenn sich hier eine andere Art von Lebendigkeit offenbart als unsere eigene, die der Tiere oder der Pflanzen. Und wer kann sagen, ob auch die Sonne nicht über ein wie auch immer geartetes Bewusstsein verfügt?

Wir wissen also nicht, was die Natur ist, da wir nur ihre Oberfläche beschreiben können, sie aber nie in ihrer Ganzheit naturwissenschaftlich zu fassen bekommen. Diese Ganzheit ist aber gerade das zentrale Merkmal ihrer Lebendigkeit. Darüber hinaus kennen wir das Wesen der Materie nicht. Und daraus folgt zwingend die Erkenntnis, dass wir alles Lebendige nicht wiederherstellen oder »reparieren« können, wenn es einmal zerstört ist.

UNSERE UNFÄHIGKEIT, LEBEN ZU ERZEUGEN

Der italienische Philosoph Giambattista Vico prägte den bis heute oft zitierten Satz: *Verum et factum convertuntur*. Das Wahre ist mit dem Gemachten konvertibel. Das heißt, erkennbar ist demnach nur das, was von uns gemacht ist. Daraus folgt, dass wir die Natur, da nicht von uns gemacht, auch nicht zur Gänze begreifen können. Damit hat sich Vico seinerzeit klar gegen René Descartes positioniert. Dieser hatte behauptet, die Natur sei grundsätzlich erkennbar, da sie strengen, von uns erkennbaren Gesetzen folge. Aber aus dem bisher Gezeigten ist klar geworden, dass wir weit davon entfernt sind zu begreifen, was die Natur ihrem Wesen nach ist, da wir weder ihren Ursprung kennen noch wissen, was Materie und Leben eigentlich sind. Aus diesem Grund sind wir auch nicht in der Lage, das wieder heil zu machen, was einmal durch uns zerstört wurde. Was wir getötet haben, können wir nicht wieder lebendig machen. Das gilt für Individuen wie auch für Arten oder ganze Ökosysteme. Jede ausgestorbene Tierart bleibt für immer verloren, und auch eine noch so weit entwickelte Gentechnik wird daran nichts ändern. Einen Jurassic Park wird es auch in Zukunft nicht geben.

Noch einmal zur Verdeutlichung: Bevor wir etwas bauen – nehmen wir ein gewöhnliches Haus –, brauchen wir einen Architekten, der einen exakten Plan erstellt. Wir müssen genau über die Baustoffe und ihre Eigenschaften informiert sein. Wir müssen wissen, wie diese Baustoffe zusammenpassen, und wir müssen die

Statik des Gebäudes kennen. Es darf nichts in diesem Gebäude geben, das unserem Wissen entzogen ist. Nur dann sind wir in der Lage, mit den einzelnen Bausteinen zu arbeiten; und zwar so, dass am Ende alles funktioniert und das Ganze nicht nach kurzer Zeit wieder in sich zusammenfällt. Wir steigen nur deshalb in ein Flugzeug, weil wir uns sicher sind, dass die Konstrukteure genau wissen, was sie da tun. Das heißt natürlich nicht, dass sich keine Fehler einschleichen können, wie wir spätestens seit dem Skandal um das Flugzeug 737 MAX von Boeing wissen. Aber grundsätzlich haben die Konstrukteure dieses Flugzeugs jederzeit die volle Kontrolle über die gesamte Konstruktion. Das aber unterscheidet ein Artefakt grundlegend von jedem noch so einfachen Organismus, von dem wir nicht wissen und auch in Zukunft nicht wissen werden, wie er ontologisch strukturiert ist. Das Leben ist nun einmal etwas kategorial anderes als alles von Menschen Gemachte.

Der Ursprung des Lebens, oder besser die Entstehung erster replikationsfähiger Organismen, liegt dabei noch immer weitestgehend im Dunkeln. Ausgehend von den ältesten Fossilien, den sogenannten Stromatolithen (durch Mikroorganismen gebildete Sedimentgesteine), lassen sich erste Lebensformen vor zirka 3,6 Milliarden Jahren nachweisen. Man geht allerdings davon aus, dass die Entstehung der ersten einzelligen Organismen sehr viel weiter zurückliegt. Möglicherweise bildeten sich die ersten Prokaryonten bereits vor 3,9 bzw. 4,2 Milliarden Jahren. Dass lebendige Organismen somit relativ schnell entstanden, sobald es die Bedingungen auf der zirka 4,6 Milliarden Jahre alten Erde ermöglichten, kann kaum Zufall gewesen sein und ist somit ein starkes Indiz für die Zwangsläufigkeit der Entstehung von Leben. Die moderne Biologie kennt somit in etwa den zeitlichen Beginn des Lebens im Sinne der Definition replikationsfähiger Organismen. Wie sich diese Organismen aber gebildet haben, darüber weiß sie so gut wie nichts. Lockert man noch dazu die Definition dessen, was unter Leben zu verstehen ist (wie das hier noch geschehen wird), so verliert sich auch der Beginn des Lebens im

Dunkel der Geschichte. Somit ist weder eine klare zeitliche Eingrenzung noch eine Erklärung der zu lebendigen Strukturen führenden Prozesse möglich. Das wiederum hat seine Ursache in der völligen Unkenntnis des ontologischen Status von Leben bzw. Lebendigkeit.

Von der Antike bis weit ins 19. Jahrhundert hinein ging man davon aus, dass Leben auch ohne Fortpflanzung spontan entstehen könne. Dieser Spontanzeugung oder auch (missverständlich) Urzeugung genannte Prozess wurde vielfach beschrieben, und bereits in babylonischen Keilschrifttexten finden sich dazu erste Hinweise. Man glaubte, Leben könne aus faulender Erde entstehen oder beispielsweise Mäuse aus Getreide und dreckigen Lumpen. Aus heutiger Sicht mag das etwas seltsam anmuten, doch darf man nicht vergessen, dass das Mikroskop erst Ende des 17. Jahrhunderts erfunden wurde. Die Menschen beschrieben lediglich, was sie täglich sahen, und das war nun mal die Tatsache, dass unter speziellen Bedingungen Leben entstand. Es war nicht zuletzt auch eine Autorität wie Aristoteles, der ganz klar zwischen sexueller Fortpflanzung und Urzeugung unterschied und damit den Glauben an eine spontane Entstehung des Lebens für viele Jahrhunderte unangreifbar gemacht hatte. Allerdings war das aristotelische Verständnis der Urzeugung noch ein anderes, da der griechische Philosoph und Schüler Platons noch nicht klar zwischen organischer und anorganischer Materie unterschied, wie wir das heute tun.

Mit der fortwährenden technischen Verbesserung der Mikroskope im 18. Jahrhundert begann man allerdings zunehmend an der Theorie der *Generatio spontanea* zu zweifeln. William Harvey, der Entdecker des Blutkreislaufs, prägte in seiner 1651 veröffentlichten Arbeit *Exercitationes de generatione animalium* (Schriften zur Entstehung der Tiere) das Schlagwort *ex ovo omnia*: alles Leben aus dem Ei. Einige Jahre später beobachtete der italienische Arzt Francesco Redi die eigenständige Entwicklung parasitischer Würmer und Insekten und bewies die Entstehung von Fliegenmaden aus Eiern. Damit war der Theorie der Spontanzeugung bereits ein schwerer Schlag versetzt. Es war schließlich der französische Chemiker und Mitbegründer der Mikrobiologie, Louis Pasteur, der diese Theorie, an die bis dahin ohnehin kaum mehr jemand glaubte, Mitte des 19. Jahrhunderts endgültig begrub. Seine Experimente zeigten zweifelsfrei, dass sich kein Leben bildet, wenn man die betreffende Substanz, in seinem Fall Milch bzw. Zuckerwasser, vorher kochte und damit sterilisierte. Seitdem weiß man zwar, dass die spontane und jederzeit mögliche Erzeugung von lebenden Organismen aus Unbelebtem, auch Abiogenese genannt, nicht möglich ist, aber die Frage der wirklichen Urzeugung, das heißt der erstmaligen Entstehung des Lebens, war damit nicht berührt. Diese Frage beschäftigt die Wissenschaft im Rahmen der chemischen Evolution bis heute, ohne dass sie allerdings behaupten könnte, das Rätsel auch nur in Ansätzen gelöst zu haben.

Bis zur Zeit der Renaissance glaubten die Menschen an ein beseeltes und lebendiges Universum, und das Problem bestand eher darin, innerhalb dieses Weltbildes den Tod zu verstehen. Mit Beginn des naturwissenschaftlichen und damit mechanistischen Denkens begann die Problematik sich umzukehren. Jetzt ging man von einem toten Universum aus, bestehend aus Materie, die sich lediglich durch Druck und Stoß immer neu konfiguriert. Von René Descartes' Maschinentheorie des Lebendigen über La Mettries *L'homme machine* (von 1748) bis zu heutigen Vertretern der synthetischen Biologie zieht sich der rote Faden dieses Denkens. Der Physiker Hermann von Helmholtz fasste 1869 in seiner Rede »Über das Ziel und die Fortschritte der Naturwissenschaft«, gehalten für die Naturforscherversammlung zu Innsbruck, das Programm der Naturwissenschaften exemplarisch zusammen: »Ist aber Bewegung die Urveränderung, welche allen anderen Bewegungen in der Welt zu Grunde liegt, so sind alle elementaren Kräfte Bewegungskräfte, und das Endziel der Naturwissenschaften ist, die allen anderen Veränderungen zugrunde liegenden Bewegungen und deren Triebkräfte zu finden, also sich in Mechanik aufzulösen.«[12]

Obwohl sich mit der Kopenhagener Deutung der Quantenphysik das Verständnis der Materie grundlegend geändert hat und wohl nur noch wenige Wissenschaftler:innen an das von Helmholtz beschriebene »Endziel der Naturwissenschaften« glauben, können sich viele noch immer nicht vom mechanistischen Denken lösen und versuchen, aus vermeintlich toter, inerter Materie nach den Gesetzen der Physik und Chemie das Leben hervorgehen zu lassen.

Da die spontane Entstehung von Leben aus »Unbelebtem« seit Pasteur vom Tisch war, geht man jetzt, was die erste Entstehung des Lebens anbelangt, genau wie bei der Theorie der Spontanzeugung zwar ebenfalls von einer abiotischen Genese des Lebens aus, verändert aber den zeitlichen Rahmen, in dem diese Vorgänge sich abgespielt haben sollen. Grob gesagt, wird die Entstehung lebendiger Organismen heute in vier Stufen unterteilt, von denen jede sich in Jahrmillionen dauernden Zeitspannen vollzogen haben soll.[13]

Am Beginn steht demnach die abiotische Synthese organischer Moleküle. Als 1953 der Student Stanley Miller zusammen mit dem Chemiker Harold Urey in einem vergleichsweise einfachen Experiment zeigte, dass sich bereits in der Uratmosphäre der Erde durch elektrische Entladungen (Blitze) spontan organische Substanzen, wie zum Beispiel Aminosäuren, bilden konnten, war das Wasser auf die mechanistischen Mühlen. Man übersah dabei, dass die Entstehung organischer Substanzen das eine, die Entstehung von Leben (nach heutiger Definition) aus diesen Substanzen das gänzlich andere ist. Darüber hinaus ist noch nicht hinreichend klar, ob die damalige Atmosphäre der Erde über genug Methan bzw. Ammoniak (wie in Millers Versuch) verfügte, um die Bildung organischer Moleküle zu ermöglichen. Denn sehr wahrscheinlich bestand sie in erster Linie aus Kohlendioxid und Stickstoff. Wie auch immer, Millers und viele andere, ähnliche Versuche haben gezeigt, dass die abiotische Synthese organischer Moleküle grundsätzlich möglich ist.

Im nächsten Schritt schlossen sich diese Moleküle zu Makromolekülen wie Proteinen und Nukleinsäuren zusammen. Anschließend legten sich diese Moleküle eine schützende Membran zu, die sie von der Umgebung bis zu einem gewissen Grad abtrennt. In diesem geschützten Innenraum konnten sie jetzt spezielle chemische Prozesse auf höherem energetischen Niveau – und damit geringerer Entropie – ablaufen lassen. Zuletzt kam es zur Entstehung selbstreplizierender Moleküle mit der Fähigkeit der Vererbung. Geht man von dieser graduellen Entwicklung aus, sieht man bereits sehr gut, wo das Problem liegt. Nirgendwo lässt sich eine sichere Grenze ziehen, wo das Leben beginnt. So haben die Biolog:innen, die versuchen, Lebendiges aus vermeintlich Unlebendigem hervorgehen zu lassen, das Problem, die einzelnen Übergänge zu beschreiben (was ihnen nicht gelingt), anstatt sich endlich der Erkenntnis zu öffnen, dass es wahrhaft Unlebendiges in dieser Welt nicht gibt. Hält man aber am Glauben an ein totes Universum fest und soll nun erklären, wie in diesem Universum das Leben auftauchte, ist die einzige Antwort, die der Biologie seitdem noch bleibt, das Allheilmittel Emergenz. Doch die erklärt, wie wir bereits gesehen haben, gar nichts.

Wenn man, wie das hier der Fall ist, die These aufstellt, Lebendigkeit sei eine integrale Eigenschaft von Materie, sollte es eigentlich möglich sein, Leben auch im Labor erzeugen zu können. Das aber ist bis heute nicht gelungen und hat zuallererst mit der bereits beschriebenen Tatsache zu tun, dass Materie immer schon zwei Seiten hat. Eine Innen- und eine Außenseite oder, anders formuliert, eine qualitative und eine quantitative. Die Außenseite ist der physikalischen, quantenphysikalischen oder auch chemischen bzw. biochemischen Beschreibung zugänglich. Die Innenseite ist es nicht. Wir wissen deshalb nicht, was Leben eigentlich ist, weil sich die Innenseite, das heißt die subjektive Seite materieller Strukturen, quantitativ nicht erfassen lässt. Wenn wir versuchen, Leben zu erschaffen, so können wir das nur vor dem Hintergrund unseres Wissens quantifizierbarer Eigenschaften der Materie. Wir könnten im besten Fall vielleicht irgendwann aus einer Vielzahl von Elementen nach mechanistischen Gesetzen ein »einfaches« Bakterium nachbauen; aber dieses Artefakt wird niemals lebendig sein, da wir keinerlei Kontrolle über die qualitative Seite der betreffenden Strukturen haben. Das gleiche Problem begegnet uns im Bereich der Hirnforschung. Selbst wenn wir, wie es seit dem Jahr 2013 mit dem Human Brain Project (HBP) versucht wird, eines Tages das menschliche Gehirn chemisch und physikalisch bis hinunter auf die atomare Ebene exakt beschreiben könnten, würde uns das bei der Frage, was Geist ist, keinen Millimeter weiterbringen. Und genauso verhält es sich mit jedem lebenden Organismus.

Selbst wenn wir eines Tages in der Lage sein sollten, auch nur das einfachste Bakterium umfassend chemisch-physikalisch zu beschreiben, wüssten wir noch immer nicht, warum es lebendig ist. Und selbst wenn es uns gelänge, ein Bakterium nachzubauen, bliebe es doch immer nur ein Artefakt. Denn das Leben ist nicht nur »ein höchst komplizierter Stoff, sondern ein lebendiger Leib. Dieser ist ins Unendliche morphologisch strukturiert, nicht eine wenn auch noch so komplizierte chemisch-physikalische Maschine, die immer endlich sein müsste, wenn sie herstellbar wäre. […] Die Forscher werden ungeahnte biologische Gebilde entdecken und herstellen, aber sie werden nie ein Leben hervorbringen können.«[14]

Die Entstehung sichtbarer lebendiger Strukturen spielte sich im Laufe vieler Jahrmillionen ab. Die Strukturbildung (Morphogenese) vollzog sich dabei nach chemischen und physikalischen Gesetzen. Diese Gesetze sind aber nur die wissenschaftlich beschreibbare Außenseite eines inneren Bereichs, der sich nicht zuletzt bereits durch subjektive und autonom vollzogene Prozesse auszeichnet. Der Biochemiker und Nobelpreisträger Christian de Duve ist davon überzeugt, dass das Leben aus Molekülen besteht und von Molekülen abhängt, die sich gegenseitig »erkennen«. Für einen Wissenschaftler ist das eine interessante und auch mutige Erkenntnis, da sie offensichtlich den Rahmen des wissenschaftlich Sagbaren überschreitet. Doch gerade über dieses »Erkennen« wissen wir nichts. Und da wir nicht in der Lage sind, auch diese subjektive, innere Seite von Organismen zu verstehen und wissenschaftlich zu beschreiben, werden wir auch nicht in der Lage sein, Leben künstlich zu erzeugen. Gerhard Vollmer, studierter Physiker und Philosoph, bringt die ganze Problematik auf den Punkt, wenn er schreibt, dass »erste Lebewesen offenbar nicht aus belebten Systemen entstehen (da sie sonst nicht die ersten Lebewesen wären), sondern nur aus unbelebten. Und bei unbelebten Systemen können biologische Gesetze naturgemäß noch gar nicht greifen. Die Entstehung des Lebens kann also, wenn überhaupt, nur durch Physik und Chemie erklärt werden.«[15] Eine rein mechanistisch gedachte Physik und Chemie soll demnach die Entstehung lebendiger Organismen mit eigenen biologischen Gesetzen begründen, die aber ihrerseits nicht auf Physik und Chemie reduziert werden können. Letztlich bliebe auch hier nur die Wunderwaffe Emergenz als letzter Erklärungsversuch übrig.

Die künstliche Schaffung von wie auch immer gearteten Lebensformen scheitert aber nicht nur an der völligen Unmöglichkeit, eine spezifische Innenwelt zu konstruieren, sondern ebenso am Fehlen einer für die Entwicklung des Organismus unverzichtbaren Außenwelt. Die Morphogenese lebender Organismen ist eine sich über gewaltige Zeiträume erstreckende Auseinandersetzung mit der jeweiligen Umwelt, auf die das Leben zum einen reagiert und die zum anderen von dem betreffenden Organismus aktiv mitgestaltet wird. Dabei handelt es sich um eine korrelative Strukturveränderung, die die beiden chilenischen Biologen Humberto Maturana und Francisco Varela als »strukturelle Koppelung« bezeichnet haben. Da es naturgemäß unmöglich ist, unter Laborverhältnissen diese wechselseitige Genese und Modifikation struktureller Eigenschaften zu imitieren, die wiederum Einfluss auf die Innenseite sowohl des Organismus als auch des spezifischen Milieus haben, in dem sich der Organismus bewegt, ist jeder Versuch der Schaffung lebender Strukturen auch aus dieser Perspektive von vornherein zum Scheitern verurteilt. Leben ist eben nicht plötzlich aus dem Nichts aufgetaucht, sondern im Laufe von fast vier Milliarden Jahren in Koevolution mit seiner Umgebung entstanden. Wir müssten demnach nicht nur in der Lage sein, die Innenseite des jeweiligen Organismus zu kennen, sondern noch dazu eine adäquate Außenwelt schaffen. Es reicht eben nicht, das Leben nur als einen von der Außenwelt getrennten lebendigen Körper zu betrachten. Das Lebendige zeichnet sich gerade durch die Vereinigung von Außen- und Innenwelt aus und ist überhaupt nur als Teil eines unendlichen Beziehungsgeflechts verstehbar. Da sich beides unserer Kenntnis entzieht, erweist sich die künstliche Schaffung von Leben im Labor als Wunschdenken.

Was bleibt also noch, wenn beide Erklärungsversuche, sowohl die spontane Entstehung als auch die langsame, graduelle Entwicklung des Lebens aus unbelebter Materie, scheitern? Möglicherweise liegt die Lösung des Problems darin, die ontologischen Voraussetzungen zu verändern. Das beinhaltet zwei Punkte: Zum einen muss die Definition von Leben, die ohnehin nicht klar ist, weiter gefasst oder, besser ausgedrückt, »nach unten hin« erweitert werden. Zum anderen muss die Biologie endlich die Tatsache anerkennen, dass Leben nur aus Lebendigem hervorgehen kann. Versucht man das Leben aus toter Materie aufzubauen, landet man am Ende bei einer hochkomplexen Maschine, aber eben nicht bei einem lebendigen Organismus, so »daß der mechanische Weg der Biologie zwangsläufig vom Leben fort statt zu ihm hin führt; darin liegt der Urwiderspruch und eine Tragödie dieser Wissenschaft«.[16]

Die bisherige Definition von Leben umfasst in der Regel drei Eigenschaften, nämlich Stoffwechsel, Reproduktion und Mutabilität (die Eigenschaft von Genen, mittels Mutationen veränderbar zu sein) und ließe sich noch um die Punkte autonome Morphogenese und Teleonomie erweitern. Teleonomie ist ein äußerst schwieriger Begriff, eingeführt, um sich innerhalb der Biologie von dem in vielerlei Hinsicht vorbelasteten Begriff Teleologie abzugrenzen. Der Philosoph Andreas Bartels versteht hierunter »evolutionsbiologisch reinterpretierte, nur scheinbar teleologische, Funktionen und Verhaltensweisen«.[17] Für Ernst Mayr scheint es sinnvoll, »den Ausdruck ›teleonomisch‹ strikt auf solche Systeme zu beschränken, die auf der Grundlage eines Programms, eines Informationscodes, ablaufen«.[18] Das ist aber lediglich eine Beschreibung von Eigenschaften des Lebens, wie wir es in Form von tierischen oder pflanzlichen Organismen wahrnehmen. Ob beispielsweise ein Virus tot oder lebendig ist, erweist sich somit als eine Frage der Definition. Fügen wir der Definition von Leben noch die Eigenschaft Reizbarkeit – als Fähigkeit, mit der Umwelt zu interagieren – hinzu, verschwimmt die Grenze zum Unbelebten immer mehr, denn das Virus verfügt sowohl über Reizbarkeit, Teleonomie als auch Erbinformation, die eine Bedingung der Selbstreplikation ist. Es besitzt lediglich keinen eigenen Stoffwechsel und ist, um sich reproduzieren zu können, auf das Material bzw. die Mechanismen einer fremden Zelle angewiesen. Ein bereits so komplex gebautes Gebilde wie das Virus, das noch dazu eine geniale Strategie entwickelt hat, sich zu vermehren, als tot zu bezeichnen bedarf demnach einer sehr begrenzten Auffassung von Lebendigkeit. Das Coronavirus hat gerade eindrucksvoll unter Beweis gestellt, wie lebendig es ist.

Wenn aber, wie hier behauptet, ein Virus lebendig ist, wo lässt sich dann die Grenze zum Unbelebten ziehen? Die Antwort ist: nirgends! Das Leben ist sowohl morphologisch als auch ontologisch ins Unendliche strukturiert. Leben ist nichts, was plötzlich ab einem bestimmten Grad von Komplexität auftritt, sondern es ist schon immer da.

Somit zeigt diese Ubiquität des Lebens, dass die Frage danach, wie Leben entsteht, letztlich eine Scheinfrage ist. Allerdings ist es nicht so, dass man sich ein einzelnes Teilchen bzw. – quantenphysikalisch gesprochen – ein Welle/Teilchen als lebendig vorstellen muss. Leben ist immer ein ganzheitliches Phänomen, aber nicht in dem Sinne, dass es erst ab einem gewissen Grad von Komplexität entsteht. Es ist ein ganzheitliches Phänomen, da die Materie selbst ganzheitlich strukturiert ist. Arthur Koestler prägte hierfür den Begriff »holarchisch«. Es gibt somit keine homogenen, isolierten Teile, denn jedes scheinbar Ganze (»Holon«) ist wieder nur ein Teil (»Subholon«) eines weiteren Holons und so weiter, ad infinitum. Das, was wir als lebendig bezeichnen, wird von uns aber erst ab einem gewissen Punkt erfahrbar. Es ist exakt dieser Punkt des vermeintlichen Umschlags von scheinbar Leblosem in Lebendiges, den wir in Ermangelung von Alternativen mit dem Begriff Emergenz bezeichnen. Leben ist aber nichts, was plötzlich in – oder besser unter Zuhilfenahme von – organischen Strukturen entsteht, sondern das vermeintliche Emergieren von Leben ist lediglich der Moment, in dem Leben für uns sichtbar wird. Das heißt, es gibt letztlich keine Trennung zwischen belebter und unbelebter Materie.

Materie, auch auf primordialer Ebene, ist bereits Bewegung, ist Energie, und darüber hinaus ist sie kreativ, schöpferisch und damit lebendig. Die Fähigkeit, aus dem ursprünglichen Element Wasserstoff all das hervorzubringen, was heute existiert, ist ein Akt des Lebens, genauso wie die Erzeugung der schwereren Elemente durch Fusionsprozesse innerhalb der Sterne. Die Entstehung organischen Lebens ist nur ein weiterer Schritt auf dem Weg, den das Leben seit der Entstehung des Universums vor zirka 13,7 Milliarden Jahren gemacht hat. Der sogenannte Big Bang war somit weniger eine große Explosion als vielmehr eine Geburt. Da Geburt immer bereits etwas Lebendiges voraussetzt, aus dem etwas geboren werden kann, ist der tiefste Grund der Existenz unserer und aller anderen Welten das Leben selbst. Der Ursprung dieses Universums, so viel ist sicher, ist kein physikalisch, quantenphysikalisch oder überhaupt naturwissenschaftlich beschreibbarer Zustand, sondern zuallererst Lebendigkeit in seiner fundamentalsten Form. Wenn das Wort vom Ewigen Leben einen Sinn hat, dann hier, am Beginn dieser Welt.

Leben ist also nicht nur ein integraler Bestandteil dieses Universums, sondern mehr noch ist das Universum selbst mit allem, was wir darin vorfinden, Ausdruck des Lebens schlechthin. Denn wäre die Welt selbst tot, könnte in ihr weder Lebendiges entstehen noch auf längere Sicht existieren. Uns dieser Erkenntnis der Lebendigkeit des Universums zu öffnen ist dringend nötig, um endlich den ganzheitlichen Charakter des Lebens mit allen daraus resultierenden Folgen zu begreifen. Es wäre zudem ein erster und wichtiger Schritt, um dieser Welt endlich unabhängig von uns eigene Würde und eigenen Wert zuzugestehen und sie dementsprechend zu behandeln. Gerade weil Leben etwas ist, was sich unserem Zugriff zur Gänze entzieht und nicht wiederhergestellt werden kann, wenn es einmal zerstört ist, haben wir die moralische Pflicht, dieses Leben zu bewahren. Nicht – anthropozentrisch missverstanden – im Hinblick auf uns als vermeintlich wertsetzender Instanz, sondern in Anerkennung der Unverfügbarkeit des Lebens und seines damit verbundenen intrinsischen Werts, im Hinblick auf das Leben selbst als autonomes Subjekt.

DAS ANTHROPISCHE ODER BESSER BIOTISCHE PRINZIP

Wir wissen heute, dass bereits Bruchteile von Sekunden nach dem Urknall die Bedingungen feststanden, die die Entstehung von Leben und Bewusstsein ermöglichen sollten. Besonders deutlich wird das am Beispiel der vier Fundamentalkonstanten Gravitation, elektromagnetischer Kraft, starker und schwacher Kernkraft. Man geht davon aus, dass diese Kräfte während der sogenannten Planck-Epoche (bis 10^{-43} Sekunden nach dem Urknall) in einer Kraft vereinigt waren, von der sich zuerst die Gravitation und anschließend (nach 10^{-35} Sekunden) die anderen beiden Kräfte abkoppelten. Heute ist es bereits gelungen, zwei von ihnen, die elektromagnetische und die schwache Kraft, mit Erfolg zur elektroschwachen Kraft zusammenzufassen, was für die Annahme eines ursprünglich einheitlichen Kraftfeldes spricht. Diese Kräfte müssen von Beginn an exakt die Werte aufgewiesen haben, die wir heute kennen, um die Entwicklung von Leben und Bewusstsein grundsätzlich möglich zu machen. Wäre der Wert der Gravitation nur um ein weniges größer, so hätte niemals etwas entstehen können, da das Universum bereits wieder in sich zusammengestürzt wäre, noch bevor es zur Entwicklung von Leben oder gar Bewusstsein gekommen wäre. Ein etwas geringerer Wert hätte – aufgrund der höheren Expansionsgeschwindigkeit des Kosmos – die Bildung von Sternen und Galaxien und somit jede weitere Entwicklung ebenfalls verhindert. Für die Änderung der übrigen Konstanten gilt Ähnliches. Auch dort hätte eine minimale Abweichung vom uns bekannten Wert Konsequenzen gehabt, die jede weitere Entwicklung im Keim erstickt hätten. Darüber hinaus gab es noch eine Vielzahl weiterer »Vorgaben«, die exakt erfüllt sein mussten, um überhaupt die Grundvoraussetzung für ein Leben und Bewusstsein hervorbringendes Universum zu schaffen.

Diese Tatsache, dass das Universum einen ganz bestimmten, eindeutigen Aufbau haben musste, um intelligentes Leben hervorbringen zu können, geht in seiner heutigen Formulierung auf den amerikanischen Physiker Brandon Carter zurück. Man muss an dieser Stelle zwischen dem schwachen und dem starken anthropischen Prinzip unterscheiden. Das schwache anthropische Prinzip sagt lediglich: Weil es in diesem Universum Beobachter gibt, muss das Universum Eigenschaften besitzen, die die Existenz dieser Beobachter zulassen. Das ist zwar unmittelbar einleuchtend, aber nicht wirklich erkenntnisfördernd. Anders sieht das beim starken anthropischen Prinzip aus. Dieses besagt, dass das Universum in seinen Gesetzen und in seinem speziellen Aufbau so beschaffen sein muss, dass es irgendwann unweigerlich einen Beobachter, in diesem Fall uns, hervorbringt.

Noch immer sind viele davon überzeugt, dass die Entstehung des Lebens lediglich einer Reihe von Zufällen geschuldet ist und wir der Welt letztlich fremd und einsam gegenüberstehen. Das Gegenteil scheint der Fall zu sein. Wir sind ein Teil dieses Universums, das uns in gewisser Weise gewollt hat. Vom Physiker und Mathematiker Freeman Dyson stammt der Satz: »Wenn wir ins Universum hinausblicken und erkennen, wie viele Zufälle in

Physik und Astronomie zu unserem Wohle zusammengearbeitet haben, dann scheint es fast, als habe das Universum in gewissem Sinne gewußt, daß wir kommen.«[19] Wir waren demnach, zumindest der Möglichkeit nach, von Beginn an in diesem Universum enthalten. Das ist eine ungeheure Einsicht, die man nur mit Staunen und Ehrfurcht zur Kenntnis nehmen kann. Wenn man sich vor diesem Hintergrund noch dazu vor Augen führt, dass das Ausgangsmaterial, aus dem sich alles, was existiert, entwickelt hat, das einfachste Element im Periodensystem ist, nämlich Wasserstoff, kann einem schwindlig werden. Es verhält sich mit diesem mysteriösen Stoff ähnlich, wie das schon bei Oxytocin der Fall war. Ein Stoff, der das Potenzial hat, alles Entstandene und in Zukunft noch Entstehende aus sich heraus zu entwickeln, muss ganz offensichtlich mehr sein als lediglich ein physikalisch beschreibbares Element.

Der Begriff »anthropisches Prinzip« ist allerdings wenig glücklich gewählt, da hier wieder der Mensch im Mittelpunkt des Geschehens steht. Es geht aber vielmehr um ein Prinzip, dass die Entstehung von Leben im Allgemeinen grundsätzlich möglich macht. Man sollte in diesem Zusammenhang demnach besser vom »biotischen Prinzip« sprechen, innerhalb dessen das anthropische Prinzip einen Spezialfall darstellt. Das Universum wusste demnach nicht nur, dass wir kommen, sondern auch vom Kommen aller anderen Lebewesen.

Natürlich gab es auch Kritik und, damit verbunden, Versuche, das anthropische Prinzip auszuhebeln. Einer der bekanntesten ist wohl die sogenannte Multiversenhypothese, die zuerst der amerikanische Physiker John Wheeler formulierte. Wheeler nahm an, dass während eines unendlich langen Zeitraums unendlich viele Universen entstanden sind, von denen aber alle, aufgrund der Tatsache, dass sie eben nicht die Eigenschaften aufwiesen, die sie zur Entstehung von Leben prädestiniert, wieder sang- und klanglos verschwunden sind, ohne intelligente Beobachter wie uns hervorzubringen. Nur eines dieser unendlich vielen Universen soll zufällig über die Eigenschaften verfügt haben, die Leben ermöglichen. Und hier ist er wieder, der Retter in der Not: Meister Zufall. Nur dieses Mal muss die Unendlichkeit selbst bemüht werden, um die Entstehung eines solch einzigartigen Universums Realität werden zu lassen. Aber möglicherweise hätte es die Unendlichkeit, selbst wenn es sie denn gäbe, nicht geschafft, dieses Universum mit seinen unzähligen das Leben ermöglichenden Eigenschaften hervorzubringen.

So hat diese Hypothese mindestens zwei Haken: Zum einen werden wir niemals etwas über die Existenz anderer Universen wissen und somit auch niemals in der Lage sein, diese Hypothese zur Theorie werden zu lassen, sie also zu falsifizieren. So gesehen, können wir die Multiversenhypothese, wie bereits im früheren Kapitel beschrieben, getrost aus jeglicher ernsthaften wissenschaftlichen Diskussion ausschließen. Zum anderen, und das ist vielleicht ein noch gewichtigerer Einwand, gibt es ein gravierendes Problem mit dem Begriff der Unendlichkeit. Eine unendliche Zahl an Universen setzt auch unendliche zeitliche Zeit voraus. Die aber kann es nicht geben, da diese Vorstellung zu unlösbaren Antinomien führen würde. Denn zum einen kann die Zeit keinen Anfang haben, da jeder Anfang in der Zeit stattfindet und sie somit voraussetzt. Wenn es aber keinen Anfang gibt, kann es auch keine Gegenwart geben, da jede Gegenwart schon längst vorbei wäre.[20]

Damit ist aber nicht nur die Theorie von Wheeler widerlegt, sondern stellt auch den Gedanken einer Schöpfung in der Zeit durch einen zeitlosen Schöpfer infrage. Wenn Ewigkeit keine Gegenwart kennt, dann ist auch die Vorstellung von einem ewigen Gott, der das zeitliche Universum geschaffen hat, nur schwer vorstellbar. Denn dann müsste Gott eine Ewigkeit gewartet haben, bis es ihm einfiel, dieses Universum zu schaffen. Hier verliert man sich sofort in, zumindest für uns, unauflöslichen Widersprüchen.

Die Annahme, dass am Anfang nichts war und plötzlich aus diesem Nichts rein zufällig ein Universum hervorgegangen sein soll mit exakt den Eigenschaften, die wir heute kennen, ist nach allem, was wir bisher wissen, nicht mehr zu halten. Es gibt diese Ordnung des Kosmos nicht, weil vielleicht die Materie gewisse Eigenschaften hat, die diese Ordnung hervorbringt, sondern umgekehrt sind die Eigenschaften dieses Kosmos nur der Spiegel oder die Verwirklichung einer Ordnung, die immer schon existiert. Oder anders formuliert: »Man kann sich nur schwer dem Eindruck verschließen, daß die gegenwärtige, wie es scheint, einer auch nur geringfügigen Veränderung der Zahlenwerte gegenüber so empfindliche Struktur des Universums das Ergebnis ziemlich aufwendigen Nachdenkens ist.«[21]

V PERSPEKTIVEN-WECHSEL

»Die Geschichte der Natur im Ganzen ist der historische Zusammenhang, in den wir mit unserer menschlichen Geschichte gestellt sind. Diese Geschichte ist nicht nur die unsere. Der Kosmos ist nicht die Kulisse, vor der sich die menschliche Heilsgeschichte abspielt.«

Klaus Michael Meyer-Abich

DIE ZUKUNFT IST NOCH NICHT GESCHRIEBEN

Wir müssen vieles, zum Teil von Grund auf, verändern, um weiter Gast auf diesem Planeten sein zu dürfen. Doch viele Menschen glauben gar nicht mehr daran, dass Veränderung möglich ist. Wer so denkt, hat in der Tat mit dem Leben abgeschlossen und möchte in Wahrheit, dass die Welt bleibt, wie sie ist. Für Dorothee Sölle war das der gottloseste Satz, der sich überhaupt denken lässt. Denn »wer will, dass die Welt so bleibt, wie sie ist, hat schon in ihre Selbstzerstörung eingewilligt und so die Gottesliebe mit ihrem Ungenügen am Gegebenen verraten«.[1] In Wahrheit kann jeder von uns jederzeit etwas verändern. Und dafür muss man nicht sofort die ganz großen Namen wie Mahatma Gandhi, Nelson Mandela oder Martin Luther King nennen. Es reicht in der Regel, bei sich selbst anzufangen.

Als Martin Aufmuth erfuhr, dass weltweit Millionen Menschen fehlsichtig sind, sich aber keine Brille leisten können, hatte er eine Idee. Im Jahr 2010 begann er damit, eine Vorrichtung zu entwickeln, mit der es möglich sein sollte, eine Brille zum Preis von einem Dollar herzustellen. Dabei ging es ihm vor allem auch darum, diese Vorrichtung so einfach zu konstruieren, dass praktisch jeder oder jede in der Lage ist, sie zu bedienen. Nach zwei Jahren und vielen Tests hatte er es tatsächlich geschafft und begann zuerst in Uganda damit, die Einheimischen mit Brillen zu versorgen. Inzwischen engagieren sich, zusammen mit 27 hauptamtlichen Mitarbeitern und Mitarbeiterinnen, über 280 Ehrenamtliche in Deutschland, der Schweiz und den USA für die Ein-Dollar-Brille. In den acht Projektländern haben über dieses Projekt 280 Menschen ein gesichertes Einkommen.

Greta Thunberg hat sich als Fünfzehnjährige jeden Freitag allein vor den Reichstag in Stockholm gesetzt. Neben ihr das Schild »Skolstrejk för klimatet« (Schulstreik für das Klima). Wie wir alle wissen, entstand aus dieser Aktion die mittlerweile weltweit agierende Fridays-for-Future-Bewegung. Das zum Thema, man könne ohnehin nichts ändern.

Doch allzu viele sind davon überzeugt, dass wir diesen Planeten in nicht allzu ferner Zukunft an einen Punkt bringen werden, an dem unser Überleben schwierig bis unmöglich werden wird. Und in der Tat lässt sich nicht leugnen, dass viele ökologische, soziale und ökonomische Parameter in diese Richtung weisen. Dabei unterläuft den meisten allerdings ein weitverbreiteter Fehler: Sie verlängern lediglich die aktuellen Ereignisse und Trends linear in die Zukunft. Sie können sich Zukunft überhaupt nur als Fortschreibung der Gegenwart denken. Und was ihre Prognosen betrifft, fehlt es ihnen in der Regel schlicht und ergreifend an Fantasie für alternative Szenarien. Diese Fantasielosigkeit ist nicht zuletzt das erbärmliche Resultat einer jahrzehntelangen Gehirnwäsche durch die Protagonist:innen des Neoliberalismus, die uns die gegenwärtigen Verhältnisse als alternativlos verkaufen wollen. Dann allerdings wären wir verloren. Doch die Zukunft ist noch nicht geschrieben, und niemand von uns kann auch nur sagen, was sich morgen ereignen wird, geschweige denn in den nächsten Jahren und Jahrzehnten. Und noch immer gilt der wunderschöne Satz von Ronald D. Laing: »Zumindest jedoch enthält die Geburt eines jeden Kindes die Möglichkeit eines Aufschubs. Jedes Kind ist ein neues Wesen, ein potentieller Prophet, gestürzt in die äußere Dunkelheit. Wer sind wir, daß wir entscheiden könnten, es gebe keine Hoffnung mehr?«[2]

Die Geschichte wimmelt von Prognosen aus Wirtschaft, Politik, Kultur und Wissenschaft, die sich am Ende als falsch erwiesen haben. So haben die großen Erfolge der Physik und speziell der Raumfahrt in den Sechzigerjahren eine Flut an Vorhersagen ausgelöst, die sich im Nachhinein als völlig illusionär erwiesen. Auslöser war hier nicht zuletzt die Mondlandung im Jahr

1969. Von da an glaubte man, die technische Entwicklung würde ungebremst und geradlinig so weiterverlaufen. Man war davon überzeugt, innerhalb der nächsten Jahrzehnte gigantische, von Menschen bewohnte Raumstationen bauen zu können; nicht zuletzt, um damit das Problem der Überbevölkerung zu lösen. Heute wissen wir, dass es nicht unbedingt zu viele Menschen auf diesem Planeten gibt, sondern vor allem zu viele nichtübertragbare Lebensmodelle. Die am dichtesten besiedelten Länder der Welt wie die Niederlande, England oder der Stadtstaat Monaco gehören gleichzeitig zu den reichsten. Im Übrigen wird die Zahl der Menschen auf diesem Planeten in absehbarer Zeit ihren Höhepunkt erreichen und dann relativ schnell fallen, mit allen auch damit verbundenen Problemen. Aber das nur am Rande.

Auch die Besiedelung des Mondes und des Mars wären nur eine Frage der Zeit, dachte man. Der österreichische Ingenieur und Raumfahrtpionier Eugen Sänger vertrat gar die Meinung, dass in Zukunft auch viele Lichtjahre entfernte Planeten mithilfe photonengetriebener Raumschiffe erreicht werden würden. Und selbst interplanetarer Tourismus war Teil seiner Gedankenexperimente. Hier machten die beteiligten Wissenschaftler:innen exakt den Fehler, Zukunft ausschließlich als Extrapolation der gegenwärtigen Verhältnisse zu denken, unter denen in diesem Fall der Stand der damaligen Technik zu verstehen ist.

Es geht hier nicht darum, wissenschaftliche Prognosen, beispielsweise zum Klimawandel, in Zweifel zu ziehen. Es soll lediglich gezeigt werden, dass auch die besten Prognosen nicht voraussehen können, inwieweit sich innerhalb des prognostizierten Zeitraums die Rahmenbedingungen verändern, die dann jede Vorhersage obsolet werden lassen. Und das kann, so lehrt uns die Geschichte, sehr plötzlich und radikal geschehen. Dazu kommt ein weiteres Problem: Die nächste Sonnenfinsternis zu prognostizieren stellt in der Regel keine Schwierigkeit dar, da man es hier ausschließlich mit Objekten zu tun hat, die selbst keine eigenständigen Akteure sind und festen unveränderlichen Regeln folgen. In der Regel haben Prognosen aber mit Menschen und ihrem individuellen Verhalten zu tun, das seinerseits von der gestellten Prognose beeinflusst wird und unzähligen weiteren unvorhersehbaren Determinanten unterliegt. Darunter leidet insbesondere auch die Wirtschaft, die aus diesem Grund keine belastbaren Prognosen aufstellen kann. Selbst die Finanzkrise in den Jahren 2007/08 kam für die meisten Ökonomen wie aus heiterem Himmel. Es ist eben etwas anderes, ob man es mit mathematisch beschreibbaren Objekten zu tun hat oder mit lebendigen Subjekten, die über ein gehöriges Maß an Freiheit verfügen.

Die Zukunft ist also noch nicht geschrieben, und somit gibt es auch keinen Grund, vorzeitig zu resignieren. Die Geschichte ist kein autonom ablaufender Vorgang, sondern wird jeden Tag von uns gemacht. Auch wenn wir niemals in der Lage sein werden, den geschichtlichen Prozess vollständig zu steuern, sind wir doch kraftvolle Akteure dieses Prozesses. Gleichzeitig sind wir durch die von uns ausgelösten historischen Abläufe aber auch Getriebene, die oftmals nicht mehr agieren, sondern nur noch reagieren können. Resignation wäre aber nur dann angebracht, wenn Geschichte sich völlig ohne unser Zutun ereignen würde und wir lediglich die Zuschauer am Rande des »Spielfelds« wären, unfähig, in die Geschehnisse auf dem Platz einzugreifen. Das ist aber ganz und gar nicht der Fall.

Gerade der Einzelne fühlt sich oftmals der Geschichte ausgeliefert und glaubt nicht daran, dass sein individuelles Handeln irgendeinen nennenswerten Einfluss auf das Gesamtgeschehen nehmen könnte. Doch auch wenn die Folgen unserer Handlungen nicht immer sofort sichtbar sind und es oftmals so aussieht, als würden sie wirkungslos im endlosen Raum der Geschichte verpuffen, können wir doch sicher sein, dass alles, was wir tun, das globale Geschehen affiziert. Und so ist nicht daran zu zweifeln, dass die Summe der vielen individuellen Handlungen im Laufe der Zeit diese Gesellschaft verändern, nicht zuletzt auch auf der zentralen Ebene des Politischen. Viele dieser Veränderungen vollziehen sich über einen gewissen Zeitraum sozusagen unterhalb unseres Radars und werden in der Regel nicht bewusst wahrgenommen. Friedrich Nietzsche, der Philosoph der Ewigen Wiederkunft, wusste schon, dass die weltlenkenden Gedanken mit Taubenfüßen kommen. Was wir wahrnehmen, sind lediglich die sichtbaren Folgen dieser subliminalen Prozesse. Das können Katastrophen jeglicher Art wie Wirtschaftskrisen oder kriegerische Auseinandersetzungen sein. Genauso aber auch positive Entwicklungen, wie der Zusammenbruch diktatorischer Regimes oder grundlegend neue Einsichten und Ideen und, damit einhergehend, radikale gesellschaftliche Umbrüche.

Der bedeutendste Philosoph des Idealismus, Friedrich Hegel, hat das vor zirka zweihundert Jahren in seiner Vorrede zur *Phänomenologie des Geistes* folgendermaßen ausgedrückt:

> Es ist übrigens nicht schwer, zu sehen, daß unsre Zeit eine Zeit der Geburt und des Uebergangs zu einer neuen Periode ist. Der Geist hat mit der bisherigen Welt seines Daseyns und Vorstellens gebrochen, und steht im Begriffe, es in die Vergangenheit hinab zuversenken, und in der Arbeit seiner Umgestaltung. Zwar ist er nie in Ruhe, sondern in immer fortschreitender Bewegung begriffen. Aber wie beym Kinde nach langer stiller Ernährung der erste Athemzug jene Allmähligkeit des nur vermehrenden Fortgangs abbricht, – ein qualitativer Sprung – und itzt das Kind gebohren ist, so reifft der sich bildende Geist langsam und stille der neuen Gestalt entgegen, lößt ein Theilgen des Baues seiner vorgehenden Welt nach dem andern auf, ihr Wanken wird nur durch einzelne Symptome angedeutet; der Leichtsinn wie die Langeweile, die im Bestehenden einreissen, die unbestimmte Ahnung eines Unbekannten sind Vorboten, daß etwas anderes im Anzuge ist. Diß allmählige Zerbrökeln, das die Physiognomie des Ganzen nicht veränderte, wird durch den Aufgang unterbrochen, der ein Blitz in einemmahle das Gebilde der neuen Welt hinstellt.[3]

Und auch wenn uns die Arbeit an den Fundamenten unserer Gesellschaft oftmals nicht bewusst ist, könnte es sehr gut sein, dass die Epoche des globalen Finanzkapitalismus, der Technokratie und des ungebremsten Wachstumswahns mit all ihren zerstörerischen Folgen bereits ihrem Ende entgegengeht und wir auch heute vor der Schwelle einer neuen Periode stehen. Wie wir schon in anderem Zusammenhang gesehen haben, wird ein solcher Vorgang in den Naturwissenschaften als emergent oder fulgurativ bezeichnet. Das Neue kündigt sich eben nicht vorher an, sondern schlägt ohne Vorwarnung blitzartig in das Althergebrachte ein. Das Interessante an solchen emergenten oder übersummativen Prozessen ist die Tatsache, dass sie so lange unbemerkt bleiben, bis »das Gebilde der neuen Welt« plötzlich vor uns steht. Der Fall der Berliner Mauer im Jahr 1989 war möglicherweise ein solcher Vorgang, denn noch wenige Tage vor diesem historischen Ereignis hätte kaum jemand mit dieser Entwicklung gerechnet. Am Fall der Mauer waren unzählige Menschen beteiligt, die über Jahre und Jahrzehnte hinweg, jeder auf seine und jede auf ihre Art, ein kleines Stück Beton aus ihrem Fundament geschlagen haben. Bis zuletzt war nicht sichtbar, dass die Mauer in Wahrheit nur noch auf einigen wenigen dünnen Stelzen stand, die am 9. November 1989 endgültig zusammenbrachen. Niemand, der dafür gekämpft hat und vielleicht sogar mit seinem Leben oder mit langen Haftstrafen dafür bezahlen musste, ist vergessen, und auch jede noch so kleine Tat ist aufgehoben in diesem historischen Ereignis.

So ist es durchaus denkbar, dass auch unsere Zivilisation mit ihren ausgeprägt suizidalen Tendenzen nur noch auf einigen wenigen dünnen Säulen ruht, die schon bald zusammenbrechen. Dass diese Zivilisation scheitern wird, scheint ausgemacht zu sein. Zu groß ist die Zahl ihrer inneren Widersprüche, zu destruktiv ihre Art zu wirtschaften. Aber damit wäre das letzte Wort noch nicht gesprochen. Denn genau genommen muss sie scheitern, damit aus ihren Trümmern etwas Neues und Besseres entstehen kann. Und dieses Neue kommt ja gerade nicht von allein, sondern ist das Ergebnis einer Vielzahl individueller und kollektiver Handlungen auf allen Gebieten der Gesellschaft, die sich bis hin zu einer kritischen Masse summieren, um dann in etwas gänzlich anderes umzuschlagen. Das ist der Unterschied zu den vielen apokalyptischen Prognosen der letzten Jahre, die den Fokus einseitig auf das Scheitern richten und die unmerklich und im Verborgenen sich vollziehenden Entwicklungen übersehen, die bereits den Keim des Kommenden in sich tragen. Wir sollten unsere Aufmerksamkeit also nicht auf das Scheitern richten, sondern vor allem auf das Neue, das nach dem Untergang dieser Zivilisation aus ihr hervorgehen wird. Diese Erkenntnis soll vor allem die prinzipielle Unvorhersagbarkeit von Geschichte in Erinnerung rufen und ist somit gleichzeitig ein Plädoyer gegen die Resignation.

Es gibt weltweit eine große Zahl an Organisationen, Gruppen und Initiativen, die sich im ökologischen, sozialen und gesellschaftlichen Bereich engagieren. Der Umweltaktivist Paul Hawken schätzt ihre Anzahl auf mindestens eine Million und bezeichnet sie als das »Immunsystem der Menschheit«. Leider nehmen wir von diesem Engagement in der Regel kaum Notiz, denn *only bad news are good news*, und ein Baum, der fällt, macht bekanntlich mehr Krach als ein Wald, der wächst. Es ist wichtig, sich ab und zu bewusst zu machen, dass neben den unzähligen fallenden Bäumen auch viele Wälder wachsen. Dass es noch zu wenige Wälder sind, ist dabei leider nur allzu wahr. Das muss aber nicht so bleiben. Spätestens dann nicht, wenn wir uns alle als individuelle Teile dieses Immunsystems der Menschheit verstehen, als eine Weltbürger:innengemeinschaft, die noch nicht dem gefährlichsten aller Viren erlegen ist: dem Virus des Zynismus und der Resignation. Die Geschichte verläuft vektoriell, so der Schweizer Soziologe Jean Ziegler: »Sie geht in eine bestimmte Richtung. Ihr endgültiges Ziel, das etappenweise erreicht wird – aber jede Etappe kann jederzeit durch absurdes Handeln oder Verrat abbrechen –, ist die Errichtung einer solidarischen Gesellschaft, die Humanisierung des Menschen, die Entfaltung all seiner unendlichen schöpferischen Kräfte, seiner Fähigkeit, glücklich zu sein, zu lieben, kurzum, seiner Freiheit.«[4]

Krisen zwingen uns, darüber nachzudenken, wie wir in Zukunft leben wollen. Auch die Coronakrise hat uns ein Angebot gemacht, unser Denken und Handeln, unsere Art zu leben sowie unsere Vorstellung von Sterben und Tod noch einmal grundsätzlich zu überdenken. Obwohl es vorerst nicht danach aussieht, dass die Mehrheit der Menschen viel daraus gelernt hätte, wird man die Folgen dieser Pandemie abschließend wohl erst in einigen Jahren bilanzieren können.

Glaubt man dem Duden Herkunftswörterbuch, so ist das Wort Krise seit dem 16. Jahrhundert bezeugt und eine Entlehnung des griechischen Wortes *krísis*, das so viel bedeutet wie Entscheidung oder entscheidende Wendung. Anfangs handelte es sich dabei lediglich um einen medizinischen Fachbegriff, um den Höhe- und Wendepunkt einer Krankheit zu bezeichnen. Seit dem 18. Jahrhundert wird das Wort Krise dann zunehmend in allgemeineren Zusammenhängen verwendet. Was aber bleibt, ist die ursprüngliche Bedeutung des Wortes: entscheidende Wendung.

Auch die Coronakrise hatte niemand auch nur im Ansatz kommen sehen. Und niemand von uns kann jetzt schon sagen, was die entscheidende Wendung dieser Krise sein wird. Das Gleiche gilt für den Krieg in der Ukraine, der allerdings nicht ganz so überraschend kam, sondern eine lange und sehr komplexe Vorgeschichte hat, die heute nur noch wenige zur Kenntnis nehmen wollen. Aber allein diese aktuellen Ereignisse sollten uns daran erinnern, dass jederzeit alles möglich ist: im Guten wie auch im Schlechten. Die Zukunft ist noch nicht geschrieben, und wir entscheiden in jedem Augenblick, wie sie eines Tages aussehen wird. Hier und jetzt erweist sich, wer wir einst gewesen sein werden.

HOLISMUS

Der Begriff Holismus geht auf den südafrikanischen Staatsmann und Philosophen Jan Christiaan Smuts zurück. Im Jahr 1926 veröffentlichte er sein Buch *Holism and Evolution* (dt. *Die holistische Welt*). Dass das Buch ein Jahr vor der sogenannten Kopenhagener Deutung der Quantenmechanik durch Niels Bohr und Werner Heisenberg erschien, ist dabei kein Zufall. Denn natürlich war auch Smuts durch den neuen ganzheitlichen Ansatz beeinflusst, den vor allem Niels Bohr in die Physik eingebracht hatte. Smuts war davon überzeugt, dass die Welt aus sich entwickelnden Ganzheiten zusammengesetzt ist und auch dieses Universum in Richtung Ganzheit strebt.

Der Philosoph Michael Esfeld sieht den Holismus als Gegenposition zum Atomismus. Unter Atomismus versteht Esfeld eine Sichtweise, die von den Teilen ausgeht und diesen Eigenschaften zugesteht, die sie unabhängig voneinander haben. Im Gegensatz dazu nimmt man eine holistische Position ein, »wenn man behauptet, dass die Dinge, die Teile des Ganzen sind, die Eigenschaften, die für diese Dinge charakteristisch sind, nur im Ganzen haben«.[5] Das heißt, die Teile können nur vom Ganzen her verstanden werden, da ihre spezifischen Eigenschaften unauflöslich sowohl mit anderen Teilen als auch dem Ganzen verbunden sind bzw. durch diese Verbindung überhaupt erst entstehen. Die Natur im Allgemeinen sowie lebendige Organismen im Speziellen sind beeindruckende Beispiele für diese ganzheitliche und übersummative Art der Beschaffenheit.

Wenn auch der Begriff Holismus erst zirka einhundert Jahre alt ist, so lässt sich das holistische Denken *avant la lettre* doch bis in die Anfangszeit der Philosophie zurückverfolgen. Bereits Platon hielt den Kosmos als Ganzes für ein beseeltes und vernünftiges Geschöpf, eine philosophische Position, die heute mit dem Ausdruck Hylozoismus bezeichnet wird. Im Dialog *Charmides* vertritt er auch in der Medizin einen ganzheitlichen Ansatz. Dort heißt es, dass man ein Augenleiden vom Kopf her behandeln müsse, den Kopf aber vom ganzen Körper aus. Der ganze Körper wiederum könne nur von der Seele aus geheilt werden. Auch im Zehnten Buch seiner Gesetze (Nόμοι) findet sich eine entsprechende Passage. Dort lässt Platon den Athener sagen, »daß der fürsorgliche Erhalter des Weltalls bei seiner ordnenden Tätigkeit alles so auf das Heil und die Vollkommenheit des Ganzen berechnet hat, daß auch jeder einzelne Teil nach Möglichkeit leidet und tut, was ihm zukommt. (…) Eines dieser Teilchen bist nun auch du […], zwar ein verschwindend kleines Teilchen, aber doch immer im entsprechenden Verhältnis mitwirkend an dem Ganzen. Du aber hast eben dafür kein Auge, daß alles Werden nur jenes Ganze zum Ziel hat und auf den glücklichen Bestand des Gesamtlebens der Welt, also darauf gerichtet ist, daß das Ganze nicht um deinetwillen wird und da ist, sondern Du um des Ganzen willen.«[6]

Aber in Wahrheit reicht das holistische Denken bis in die Anfänge der menschlichen Kultur zurück. Schon immer wussten die Menschen, dass sie unauflöslich mit der Natur verbunden sind. Sie verstanden, dass ihr Handeln auf die Natur zurückwirkt, während die Natur bzw. die in der Natur ablaufenden Prozesse die Menschen auf vielen Ebenen beeinflussen. Aus diesem Grunde opferten sie den Göttern, da sie wussten, dass ihre Handlungen den Machtbereich einer anderen Instanz tangieren, die man aus diesem Grund glaubte milde stimmen zu müssen. Der holistische Ansatz stellte demnach von Beginn an einen wesentlichen Bestandteil des menschlichen Denkens dar und zog sich später auch durch die abendländische Philosophie. Im weiteren Verlauf konnte sich dieses Denken allerdings immer weniger gegen den aufkommenden Reduktionismus durchsetzen, verschwand aber nie völlig aus der Philosophie.

Die Wiederentdeckung des holistischen Denkens der Neuzeit war vor allem dem aufkommenden Mechanismus geschuldet, der in der Philosophie René Descartes seinen vorläufigen Höhepunkt fand. Hier bildete das ganzheitliche Denken einen klaren

Gegensatz zu seiner fragmentierenden Philosophie, die die Welt in zwei voneinander getrennte Bereiche spaltete. Als im Jahr 1628 der englische Arzt William Harvey den Blutkreislauf entdeckte, war das Wasser auf die Mühlen einer mechanistischen Weltsicht. Denn jetzt wurde das Herz als Pumpe, die Lunge als eine Art Blasebalg und die Gelenke und Muskeln als Hebelsysteme beschrieben.

Im Gegensatz dazu zeichnet sich der holistische Ansatz vor allem durch zwei Dinge aus: Zum einen versucht er, die anthropozentrische Perspektive zu überwinden, für die der Mensch sowohl ontologisch als auch ethisch den Mittelpunkt der Welt bildet. Zum anderen denkt die holistische Philosophie immer vom Ganzen und nicht von den Teilen her. Aber auch die Einheit und Verbundenheit allen Lebens ist Teil des holistischen Denkens. Und hier finden sich bereits wesentliche Gedanken der Tiefenökologie.

Der Beginn des modernen Holismus hat seinen Ursprung unter anderem im Vitalismus, der durch den Biologen und Philosophen Hans Driesch neu begründet wird. Im Jahr 1888 hatte der Entwicklungsbiologe Wilhelm Roux Experimente mit Froscheiern durchgeführt. In einem Versuch tötete er nach der ersten Furchung (Zellteilung) mithilfe einer heißen Nadel eine der beiden durch Abschnürung entstandenen Zellen (Blastomeren), trennte diese aber nicht von der noch lebenden ab. Im weiteren Verlauf entwickelte sich diese in Richtung eines halben Frosches. Auf diese Versuchsergebnisse stützte Wilhelm Roux seine Theorie der sogenannten Mosaikentwicklung, die besagt, dass die Entwicklung jedes Körperteils von Beginn an feststeht. Es war somit ein streng kausal-deterministisches Denken von den Teilen her, die keinen Anteil am Ganzen haben.

Wenige Jahre später wiederholte Hans Driesch diesen Versuch, diesmal allerdings nicht am Frosch-, sondern am Seeigelei. Jetzt aber trennte er die abgetötete Blastomere von der noch lebenden. In Erwartung, dass sein Experiment das gleiche Ergebnis wie das von Roux haben würde, kam es zur großen Überraschung: Die halbe Blastulakugel schloss sich zu einer neuen ganzen Kugel zusammen, aus der sich eine normale Seeigellarve entwickelte, die lediglich halb so groß war, wie das unter normalen Bedingungen der Fall gewesen wäre.

> Das war gerade das Gegenteil von *Roux'* Resultat: die eine der beiden ersten Blastomeren hatte sich zwar halb gefurcht, wie beim Frosch, war aber dann zu einem ganzen Organismus geworden, und zwar durch einen einfachen Prozeß der Umordnung ihres Materials, ohne daß irgend etwas an »Regeneration«, im Sinne einer Vervollständigung des Fehlenden durch Sprossung von der Wunde aus, erinnerte. Wenn also die eine Zelle des zweistelligen Stadiums imstande war, den morphogenetischen Prozess in seiner Totalität zu leiten, so war es natürlich unmöglich geworden, anzunehmen, daß Kernteilung irgendeine Art von Keimplasma in zwei verschiedene Hälften gesondert habe. [...] Das war ein sehr wichtiges Resultat, an sich genügend, die Theorie der ontogenetischen »Evolution«, die »Mosaiktheorie«, wie sie genannt worden war, zu stürzen.[7]

Aus diesen Versuchsergebnissen folgerte Driesch, dass allem organischen Geschehen ein morphogenetisches Prinzip innewohnt, das er – im Rückgriff auf Aristoteles – Entelechie nannte. Trotz dieser Erkenntnis konnte sich der vitalistisch-holistische Ansatz nicht durchsetzen. Das hatte zum einen damit zu tun, dass für den Vitalismus die Materie selbst unlebendig war. Die Entelechie sollte erst auf der Ebene lebendiger Strukturen wirksam werden und blieb so die Erklärung schuldig, woher diese Kraft nun plötzlich kommen sollte. Darüber hinaus bestritt der Vitalismus viele Gesetze der anorganischen Chemie und ersetzte sie durch sein Entelechiekonzept, was sich auf längere Sicht mangels empirischer Verifizierbarkeit nicht durchsetzen konnte. Schon viele Jahrzehnte vorher war das ein zentrales Problem des Vitalismus. Denn im Jahr 1828 gelang es dem Chemiker Friedrich Wöhler, die organische Substanz Harnstoff durch die Reaktionen von Silbercyanat (AgOCN) und Ammoniumchlorid (NH_4Cl) im Labor zu synthetisieren. Dadurch war klar, dass organische Substanzen nicht nur durch Lebewesen, sondern auch aus unbelebter Materie erzeugt werden können. Auch ohne das Zutun einer wie auch immer gearteten Lebenskraft war es möglich, sie im Labor zu synthetisieren. Der Fehler des Vitalismus war eben, diese Lebenskraft erst auf der Ebene des Lebendigen zu postulieren. Wer aber sagt uns, dass nicht bereits auf primordialer Ebene der Materie so etwas wie eine *vis vitalis* existiert? Nimmt man eine solche Position ein, bleibt der Vitalismus eine Hypothese, die allerdings das Problem hat, kaum verifizierbar zu sein. Der Holismus dagegen »bestreitet nicht, daß die Gesetze der Physik und Chemie auch in den Lebewesen gelten, hält die Lebenserscheinungen nach diesen Gesetzen allein aber noch nicht für erklärbar«.[8]

Interessanterweise war es gerade der Biologe Ernst Haeckel, der als Erster den Begriff Ökologie als Lehre vom Haushalt (von altgr. *oikos*, Haus oder Haushalt) in die Biologie eingebracht und definiert hat. Hier zeigt sich bereits die Idee der Verbundenheit alles Lebendigen, wie sie im Holismus prominent in Erscheinung tritt. Ansonsten vertrat Haeckel ein reduktionistisches und mechanistisches Bild der Natur, wie bereits der Untertitel des Buches verrät, aus dem dieses Zitat stammt, nämlich *Kritische Grundzüge der mechanischen Wissenschaft von den entstehenden Formen der Organismen*:

> Unter Oekologie verstehen wir die gesammte Wissenschaft von den Beziehungen des Organismus zur umgebenden Außenwelt, worin wir im weiteren Sinne alle »Existenz-Bedingungen« rechnen können. Diese sind theils organischer, theils anorganischer Natur; sowohl diese als jene sind, wie wir vorher gezeigt haben, von der größten Bedeutung für die Form der Organismen, weil sie dieselbe zwingen, sich ihnen anzupassen. […] Als organische Existenz-Bedingungen betrachten wir die sämmtlichen Verhältnisse des

> Organismus zu allen übrigen Organismen, mit denen er in Berührung kommt, und von denen die meisten entweder zu seinem Nutzen oder zu seinem Schaden beitragen.[9]

Holismus im Bereich des Lebendigen bedeutet demnach schlicht, dass alles mit allem zusammenhängt und wir die Welt nicht von ihren Teilen, sondern nur vom Ganzen her verstehen können. Lebendige Organismen sind Ganzheiten, die sich nicht auf ihre Teile zurückführen lassen und in der Summe mehr sind als diese. Dieser ganzheitliche Ansatz sollte nach Möglichkeit nicht nur auf die Natur beschränkt bleiben, sondern sich auf alle wesentlichen Bereiche unseres Lebens erstrecken: Ökonomie, Politik, Soziales, Bildung. Doch noch immer ist unsere gängige Perspektive monokausal, linear, reduktionistisch, dualistisch und oberflächenfixiert. Dadurch nehmen wir uns die Möglichkeit, die sich in unserer Welt abspielenden Prozesse richtig zu beurteilen und einzuschätzen. Denn die Welt ist anders konstruiert: polykausal, in Kreisläufen, holistisch, pluralistisch und tiefenstrukturiert. Gerade in der Politik und der Ökonomie können wir eine eklatante Unfähigkeit zu komplexem bzw. ganzheitlichem Denken beobachten, das immer wieder zu falschen oder unzureichenden Entscheidungen führt. Wenn unser Denken augenscheinlich nicht auf die Welt passt, wären wir gut beraten, es zu ändern. Doch umgekehrt versuchen wir noch immer, die Welt auf das Prokrustesbett unseres defizienten Denkens zu zwingen, und zerstören sie dadurch.

GAIA

Eine wesentliche und bis heute zentrale holistische Theorie wurde Anfang der Siebzigerjahre formuliert: die sogenannte Gaia-Theorie, benannt nach der griechischen Göttin als Personifizierung von Mutter Erde. Viele Begriffe wie Geometrie oder Geologie haben hier ihren Ursprung. Ihr Begründer, der im letzten Jahr verstorbene englische Wissenschaftler James Lovelock, postulierte damals den für viele heute noch provozierenden oder gar inakzeptablen Gedanken, die Erde sei ein lebendiges Wesen. Genau genommen war es aber der schottische Naturwissenschaftler James Hutton, der als der Begründer der modernen Gaia-Theorie gelten muss, lange bevor es diesen Begriff überhaupt gab. Er hatte bereits im Jahr 1785 die These vertreten, dass die Erde eine Art Superorganismus sei und eigentlich von Physiologen erforscht werden müsse.

Die Erfahrung der Erde als *Magna Mater* (große Mutter) war immer schon Bestandteil aller Kulturen durch alle Zeiten hindurch; eine tiefe Erfahrung der Menschen, die erst in der Moderne mit ihrer zunehmenden Entfremdung von der Natur mehr und mehr verblasste. Die heutige Gaia-Theorie ist somit ein Wiedererinnern und gleichzeitig eine Neuformulierung dieses Archetyps der lebendigen Erde aus wissenschaftlicher Perspektive.

Die Vorstellung der Erde als heiliges und lebendiges Wesen ist wahrscheinlich so alt wie die Menschheit selbst. Eines der ältesten Zeugnisse in Europa ist die sogenannte Venus von Willendorf. Diese 1908 entdeckte Figur stammt noch aus dem Paläolithikum und ist nach neuesten Erkenntnissen zirka 30 000 Jahre alt. Damit gehört sie, neben den Höhlenmalereien von Lascaux und Chauvet, zu den ältesten kulturellen Zeugnissen der Menschheit. Sie zeigt eine nach heutiger Auffassung adipöse Frau mit ausgeprägtem Gesäß, großen Brüsten und Vulva. Die Darstellung ist ganz eindeutig sexuell konnotiert und zeigt die fruchtbare Muttergöttin, wie sie in der Altsteinzeit von unseren jagenden und sammelnden Vorfahren verehrt wurde. Dabei ist es sehr wahrscheinlich, dass die Vorstellung der großen Mutter noch wesentlich weiter in die Vergangenheit zurückreicht, auch wenn wir keine sichtbaren Zeugnisse mehr von ihr haben.

Im Laufe der Jahrtausende hat sich das Bild der heiligen Mutter Erde verändert und begann mit der zunehmenden Sesshaftigkeit der Menschen vor zirka 10 000 Jahren langsam zu verblassen. Zuletzt findet sich der Archetyp der großen Mutter, griechisch verfeinert und gereinigt von aller Sexualität, in Platons Weltseele, der *anima mundi*, wieder. Sie steht hier für ein lebendiges und beseeltes Universum und nicht zuletzt für die Ordnung der Natur. Sie ist die Kraft, die das Chaos in den Kosmos überführt, und zugleich ist sie die Instanz, die die physische Welt mit dem transzendenten Reich der Ideen verbindet.

Spätestens mit dem Aufkommen der modernen Wissenschaften und der eng damit verbundenen Aufklärung war die Idee der anima mundi endgültig gestorben. Wer jetzt noch daran glaubte, das Universum und mit ihm die Erde seien selbst lebendige und geistige Entitäten, wurde im besten Fall der Esoterik verdächtigt oder gleich als Spinner abgetan. Stattdessen setzte sich die Vorstellung von der Welt als einer komplexen Maschine durch, deren Vorgänge sich letzten Endes alle wissenschaftlich, das heißt mathematisch, beschreiben ließen. Dieses Weltbild hält sich bis heute hartnäckig, wird aber über kurz oder lang durch eine organizistische Naturkonzeption verdrängt werden, da nur eine ganzheitliche Sicht auf die Natur dieser in all ihren Facetten gerecht werden kann. Anzeichen für diesen Paradigmenwechsel sind bereits überall sichtbar.

Schon Anfang der Sechzigerjahre wurde James Lovelock von der NASA gebeten, an Projekten mitzuarbeiten, die untersuchen sollten, ob es Leben auf dem Mars gibt. Die ersten Ideen zu seiner Theorie hat Lovelock dann einige Jahre später. In einem Interview erinnert er sich, dass er im Jahr 1965 mit den beiden Astronomen Carl Sagan und Lou Kaplan sowie der Philosophin Dian Hitchcock im Jet Propulsion Center der NASA zusammensaß und mit ihnen darüber diskutierte, wie sich Leben auf dem Mars feststellen ließe. Lovelock war schon damals davon überzeugt, dass Leben zwangsläufig die Zusammensetzung der Atmosphäre beeinflussen müsse. Seiner Meinung nach würde sich die Atmosphäre eines Planeten, auf dem Leben existiert, weg vom chemischen Gleichgewicht hin zu einem Zustand des

Ungleichgewichts bewegen. Denn ein lebendiger Planet würde seine Atmosphäre sowohl als Quelle für Rohstoffe als auch als Deponie für seine Abfallstoffe nutzen. Somit wäre es aus seiner Sicht nicht nötig, Sonden zum Mars zu schicken; eine Analyse der chemischen Zusammensetzung seiner Atmosphäre wäre völlig ausreichend. Zu diesem Zeitpunkt gab es bereits erste wissenschaftliche Untersuchungen der Marsatmosphäre, die mit dem Teleskop des Pic-du-Midi-Observatoriums in Frankreich durchgeführt wurden. Diese zeigten, dass die Atmosphäre des Mars zum größten Teil aus Kohlendioxid bestand und sich beinahe im chemischen Gleichgewicht, das heißt in einem Zustand maximaler Entropie, befand. Dagegen zeigte die Erdatmosphäre eine völlig andere chemische Zusammensetzung, in der Kohlendioxid nur noch eine marginale Rolle spielte und der Grad der Entropie wesentlich geringer war. Diese Tatsache war nur durch den Einfluss des irdischen Lebens zu erklären, denn »Ungleichgewichte solcher Größenordnung deuten darauf hin, daß die Atmosphäre nicht einfach ein Produkt, sondern wahrscheinlich sogar ein Konstrukt des Lebens darstellt«.[10]

1969 präsentierte Lovelock seine Hypothese erstmalig auf einem wissenschaftlichen Kongress in Princeton. Die Resonanz darauf blieb allerdings aus. Lediglich die Biologin Lynn Margulis interessierte sich für seine Theorie und sollte später noch eine wichtige Rolle in diesem Zusammenhang spielen. Drei Jahre später formulierte er seine These in der Zeitschrift *Atmospheric Environment* unter dem Titel »Gaia as Seen Through the Atmosphere« und liefert hier auch gleich die Erklärung mit, wer für den sehr wirkungsvollen Namen Gaia verantwortlich ist:

> Life at an early stage of its evolution aquired the capacity to control the global environment to suit its needs and that this capacity has persisted and is still in active use. In this view the sum total of species is more than just a catalogue, »The Biosphere«, and like other associations in biology is an entity with properties greater than the simple sum of its parts. Such

> a large creature, even if only hypothetical, with the powerful capacity to homeostat the planetary environment needs a name; I am indebted to Mr. William Golding for suggesting the use of the Greek personification of mother Earth, »Gaia«.[11]

Es war kein Geringerer als der Schriftsteller und spätere Literaturnobelpreisträger William Golding, der Lovelocks Theorie nicht zuletzt durch seine Namensgebung zu großer Popularität verhalf. Abgesehen davon, zeigt der Text bereits in aller Kürze, was Lovelocks Theorie beinhaltet. Sie besagt, dass Leben schon in seinem frühen Entwicklungsstadium über die Fähigkeit verfügt haben muss, seine Umwelt zu kontrollieren und die planetaren Umweltbedingungen stabil und damit lebensfreundlich zu halten. In der Biologie bezeichnet man das als Homöostase. Dabei ist die Biosphäre eine Einheit, deren Eigenschaften mehr sind als die Summe der Eigenschaften ihrer Teile.

Diese Idee lieferte auch eine überzeugende Antwort auf eine bis dahin ungelöste Frage: Man wusste, dass die Leuchtkraft der Sonne seit der Entstehung des Lebens um zirka 25 Prozent zugenommen hat. Demnach müsste es heute auf der Erde so heiß sein, dass Leben, zumindest in der Form, wie wir es kennen, sich niemals hätte entwickeln können. Erstaunlicherweise ist die globale Durchschnittstemperatur aber über Jahrmilliarden hinweg in etwa gleich geblieben. Das war nur möglich, indem das Leben der Atmosphäre stetig Kohlendioxid entzog, es speicherte und auf diese Weise die Temperatur regulierte. Der heutige Anteil von Kohlendioxid in der Erdatmosphäre beträgt zirka 415 ppm und wird wohl innerhalb der kommenden zwanzig Jahre die 450-ppm-Marke überschreiten. Nur zum Vergleich: Um die Mitte des 18. Jahrhunderts lag die CO_2-Konzentration in der Atmosphäre bei zirka 275 ppm und ist seitdem kontinuierlich gestiegen. Die gravierenden Folgen der dadurch verursachten globalen Temperaturerhöhung sind hinreichend bekannt und müssen hier nicht weiter erörtert werden.

Was Lovelocks Theorie außerdem ungewöhnlich macht, ist die Tatsache, dass sie sich, zumindest in Teilen, gegen den Darwinismus wendet. Dieser geht davon aus, dass das Leben weitestgehend inaktiv ist und sich lediglich passiv (durch Mutation und Selektion) an eine sich verändernde Umwelt anpasst. Dem stellt Lovelock eine andere Vorstellung des Lebendigen gegenüber und ist davon überzeugt, dass das »Leben [...] sich nicht an eine unbeteiligte Welt angepaßt [hat], die dem leblosen Wirken der Chemie und Physik ausgeliefert war. Wir leben in einer Welt, die unsere frühen und neueren Vorfahren aufgebaut haben und die von den heutigen Lebewesen fortwährend erhalten wird.«[12] Etwa zur gleichen Zeit entwickelte Humberto Maturana zusammen mit Francisco Varela ihr bahnbrechendes Konzept der »Autopoiesis« und kommen zu einem ganz ähnlichen Ergebnis. Sie zeigen, dass die Organismen nicht nur sich selbst konstruieren, sondern auch die sie umgebende Welt. Der Prozess des Lebens ist demnach gleichbedeutend mit der Hervorbringung der Welt. Das heißt, die einzelnen Organismen können gar nicht unabhängig von der übrigen Natur beschrieben werden, da alles mit allem zusammenhängt und nur als Ganzes zu begreifen ist.

Anfang der Siebzigerjahre kommt die bereits erwähnte Biologin Lynn Margulis ins Spiel. Die beiden treffen sich und entdecken sofort Gemeinsamkeiten in ihren Forschungen. 1974 veröffentlichen sie zusammen zwei Beiträge, in denen sie die Gaia-Hypothese ausformulieren. Daneben macht sich Lynn Margulis vor allem durch ihre sogenannte serielle Endosymbiontentheorie (EST) einen Namen. Diese besagt, dass vor zirka zwei Milliarden Jahren prokariotische Zellen, das heißt Zellen ohne Zellkern, durch Symbiogenese den ersten Eukaryoten (mit Zellkern) hervorgebracht haben. Im Speziellen die Organellen, wie Mitochondrien und Plastiden, aber auch die Schwimmorganellen so wie die meisten Neuerungen der Evolution sollen demnach durch Symbiose entstanden sein, da ihre Gene noch viele Eigenschaften frei lebender Bakterien tragen. Die Symbiogenese ist, so die Autorin, »der Faktor, der alle kernhaltigen Zellen von den bakteriellen Lebensformen unterscheidet. Dazwischen gibt es nichts – eine Gruppe von Lebewesen ist entweder durch Symbiogenese entstanden oder nicht.«[13]

So wie Lovelock und Maturana/Varela greift sie mit dieser Theorie das Darwin'sche Dogma vom ewigen Kampf ums Überleben an und stellt ihm die Kooperation entgegen. Und genau wie Lovelock betrachtet sie diese Erde als einen lebendigen Organismus. So ist Margulis überzeugt: »Die Oberfläche unseres Planeten ist nicht nur physikalischer, geologischer, chemischer oder auch geochemischer Natur, sondern sie ist geophysiologisch: Sie zeigt die Merkmale eines lebenden Körpers, der aus der Gesamtheit der unaufhörlich interagierenden Lebewesen besteht.«[14] Gleichzeitig setzt sie sich ein Stück weit von Lovelock ab und möchte in der Erde kein personal verstandenes Lebewesen sehen. Denn kein Lebewesen, so Margulis, »frißt seine eigenen Abfälle. Ich bezeichne die Erde lieber als großes, zusammenhängendes Ökosystem, das aus vielen kleineren Ökosystemen zusammengesetzt ist.«[15] Kein Wunder, dass auch ihre Theorie der Kooperation seinerzeit auf massiven Widerstand innerhalb der wissenschaftlichen Community stieß. Überflüssig zu erwähnen, dass sich auch ihre Theorie heute in allen einschlägigen Lehrbüchern findet.

1975 veröffentlichte James Lovelock zusammen mit Sydney Epton den Aufsatz »The quest for Gaia«. Hier formulieren die beiden einen sehr interessanten Gedanken: So wie das Leben fortwährend dafür sorgt, die Umwelt lebensfreundlich zu gestalten, könnte auch der Mensch eine spezielle Aufgabe innerhalb dieser Konstellation haben:

> We are sure, that man needs Gaia, but could Gaia do without man? In man, Gaia has the equivalent of a central nervous system and an awareness of herself and the rest of the universe. Through man, she has a rudimentary capacity, capable of development, to anticipate and guard against threats to her existence. For example, man can command just about enough capacity to ward off a collision with a planetoid the

> size of Icarus. Can it then be that in the course of man's evolution within Gaia he has been acquiring the knowledge and skills necessary to ensure her survival?[16]

Der Mensch als Gaias Nervensystem, durch den Gaia sich ihrer selbst bewusst und durch ihn in die Lage versetzt wird, sich vor äußeren Gefahren zu beschützen. So wäre der Mensch eine Art Wächter, der für Gaias Sicherheit sorgt. In der Zwischenzeit ist es leider nur zu offensichtlich geworden, dass der Mensch nicht als ihr Wächter, sondern vielmehr als ihr Zerstörer auftritt. Trotzdem ist das eine – zumindest für einen Wissenschaftler – bemerkenswerte Theorie, da sie Gaia offensichtlich als teleologisch verfasst beschreibt. Später wird sich Lovelock, vor allem durch seine berühmte Computersimulation Daisyworld, dagegen wehren, der Erde zielgerichtetes Verhalten zu unterstellen. Daisyworld war vor allem der Versuch, die vehemente Kritik an der Gaia-Theorie durch die beiden Biologen W. Ford Doolittle und Richard Dawkins zu widerlegen, was ihm dann auch überzeugend gelungen ist.

Der Haupteinwand dieser Wissenschaftler gegen Lovelocks Theorie bestand in der Behauptung, dass die Fähigkeit zur Homöostase nur durch vorausschauende Planung und globale Kommunikation der Lebewesen möglich wäre. Das aber sei unter wissenschaftlichen Gesichtspunkten nicht vorstellbar. Hier zeigt sich bereits sehr deutlich, wie grundlegend Lebewesen noch immer unterschätzt werden. Man spricht ihnen nicht nur die Fähigkeit ab, untereinander im großen Maßstab zu kommunizieren, sondern auch die Fähigkeit, zielorientiert zu handeln. Es ist die völlig unzureichende Vorstellung von Organismen, die passiv der sich veränderten Umwelt ausgeliefert sein sollen. Und natürlich passt auch die Betonung der Kooperation nicht in das ideologische System der beiden Radikaldarwinisten, die sich die Welt lieber als eine Art Arena vorstellen, in der die einzelnen Arten mit Zähnen und Klauen gegeneinander antreten. Möge der Bessere gewinnen.

Gerade Richard Dawkins ist ein Paradebeispiel für einen Wissenschaftler, der sich ideologisch eingemauert hat und kaum mehr offen ist für neue Ideen. Ignoranz und Selbstgerechtigkeit sind aber genau die Eigenschaften, die ein Wissenschaftler oder eine Wissenschaftlerin hinter sich lassen sollte. Die große Stärke der Wissenschaft ist ja gerade ihre Fähigkeit, ihre vermeintlich sicheren Ergebnisse immer wieder radikal infrage zu stellen. Hier wäre also radikale Offenheit gefragt. Ideologie und Ignoranz sollte man getrost der Politik oder der institutionellen Kirche überlassen. Wer schon einmal das zweifelhafte Vergnügen hatte, einen Vortrag von Richard Dawkins zu hören, hatte nicht unbedingt das Gefühl, Teil einer wissenschaftlichen Community zu sein. Das Publikum gleicht eher einer Art Sekte, die ihrem Guru lauscht, vereint im Kampf gegen Religion und jegliche wissenschaftliche Häresie. Es geht hier nicht mehr um den kritischen Austausch von Argumenten; vielmehr wirft man sich gegenseitig die entsprechenden ideologisch vorgefertigten Bälle zu, die dann nur noch affirmativ bestätigt werden. Konsequenterweise hieß ein Buch von Dawkins *Die Schöpfungslüge*, mit dem vielsagenden Untertitel: *Warum Darwin recht hat.* Ein guter Wissenschaftler versucht aber nicht zu beweisen, dass er recht hat, sondern er fragt sich fortwährend, ob er auch unrecht haben könnte. Für Konrad Lorenz ist es die »beste Morgengymnastik für einen Forscher, jeden Tag vor dem Frühstück eine Lieblingshypothese über Bord zu werfen«. Nur so ist wissenschaftliche Erkenntnis überhaupt möglich.

Aber zurück zu Daisyworld. Hierunter stellt man sich am einfachsten einen der Erde ähnlichen Planeten vor, der sich in einer Umlaufbahn um eine Sonne befindet. Jetzt muss man nur noch wissen, dass die Oberflächentemperatur des Planeten von seinem Rückstrahlvermögen abhängt. Diese sogenannte Albedo ist abhängig von der Tiefe der Färbung des betreffenden Planeten. Schwarz absorbiert das Sonnenlicht, während Weiß es zurückstrahlt. Hier wird auch deutlich, welche zentrale Funktion die beiden Polkappen mit ihrer enormen Rückstrahlfähigkeit für die globale Temperatur der Erde haben. Anfangs soll Daisyworld einen mittleren Farbton haben und feucht und fruchtbar sein. Wenn die Temperatur über fünf Grad Celsius steigt, fangen die Samen der Gänseblümchen an zu blühen. Bei einer Temperatur von 22 Grad Celsius herrschen die optimalen Wachstumsbedingungen, verringern sich aber von diesem Wert an stetig. Bei 40 Grad Celsius kommt das Wachstum der Gänseblümchen endgültig zum Erliegen. Zu Beginn der Simulation herrschen auf Daisyworld ungefähr fünf Grad Celsius, und damit sind die dunklen Daisies klar im Vorteil, da sie mehr Wärmeenergie absorbieren. Die hellen Gänseblümchen haben praktisch keine Chance zu gedeihen, da sie die wenige Energie zurückstrahlen. Das heißt, am Ende der ersten Vegetationsperiode wird die Zahl der dunklen Gänseblümchensamen relativ hoch sein. Zu Beginn der zweiten Vegetationsperiode ist Daisyworld somit großflächig von dunklen Gänseblümchen bedeckt. Aufgrund der geringeren Rückstrahlfähigkeit der dunklen Daisies fangen der Boden und der Planet als Ganzes an, sich langsam aufzuheizen. Irgendwann ist die Temperatur für das optimale Wachstum der Daisies erreicht oder wird überschritten. Jetzt haben auch die hellen Daisies eine Chance und setzen sich zunehmend gegen die dunklen Daisies durch. Aufgrund ihrer fortschreitenden Ausbreitung und der größeren Albedo wird sich der Planet im weiteren Verlauf langsam abkühlen. Am Ende wird es zu einer ausgewogenen Verteilung der Daisies kommen und über diese fortlaufende Rückkopplungsschleife für eine stabile Temperatur gesorgt.

Wenn innerhalb der Simulation die Strahlungsintensität der Sonne weiter erhöht wird, kommt es zwangsläufig zu einer Zunahme der hellen Gänseblümchen und damit zu einer Abkühlung der Temperatur von Daisyworld. An dieser Stelle offenbart sich auch die schlichte Tatsache, dass dieses System schnell an eine Grenze kommen kann. Nämlich dann, wenn der gesamte Planet mit hellen Daisies bedeckt ist. Sollte sich die Temperatur der Sonne weiter erhöhen, hat das System keine Möglichkeit mehr, die zunehmende Strahlungsintensität zu kompensieren, und wird zugrunde gehen.

Lovelocks Theorie wurde unter anderem vorgeworfen, die Bemühungen für den Umweltschutz zu unterminieren. Denn wenn es stimmt, dass die Natur stets den Zustand der Homöostase anstrebt und fortwährend selbst für eine lebensfreundliche Umgebung sorgt, wäre der Mensch aus der Verantwortung genommen. Unter dieser Voraussetzung wäre das Leben in der Lage, unsere schädlichen Eingriffe in die Natur zu kompensieren. Das beträfe vor allen Dingen unsere steigenden Kohlendioxidemissionen. Dieser Einwand mag grundsätzlich richtig sein, ignoriert allerdings die zeitliche Dimension, in der die anthropogenen Veränderungen des Klimas vonstattengehen. Hatten sich in früheren Zeiten die Umweltbedingungen verändert, so geschah das im Laufe von Jahrtausenden, wenn nicht Jahrhunderttausenden. Die Natur hatte demnach genügend Zeit, auf die Veränderungen ihrer Umwelt zu reagieren. Heute vollziehen sich der Anstieg des Kohlendioxids in der Atmosphäre und damit der Anstieg der globalen Temperatur innerhalb von Jahrzehnten. Man geht davon aus, dass sich die globale Durchschnittstemperatur pro Dekade um zirka 0,2 Grad erhöht. Das sind vergleichsweise winzige Zeiträume, innerhalb derer die Natur keine Chance hat, darauf in irgendeiner Form zu reagieren. Somit ist Lovelocks Theorie keineswegs ein Freifahrtschein dafür, die Natur weiter mit unseren Schadstoffen zu belasten. Ganz im Gegenteil ist Lovelock davon überzeugt: »Jede Art, die der Umgebung Schaden zufügt, wird untergehen; das Leben aber geht weiter.«[17]

Lovelocks Gaia-Theorie leidet allerdings unter einem gravierenden Mangel. Auf der einen Seite gebührt ihm zweifellos das Verdienst, die Idee der Erde als lebendigen Organismus selbst in wissenschaftlichen Kreisen wieder hoffähig gemacht zu haben. Auf der anderen Seite bewegt sich seine Theorie ausschließlich auf wissenschaftlicher Ebene. Für ihn ist Gaia »das Lebenssystem der ganzen Erde, zu dem alles gehört, was von der Gesamtheit von Flora und Fauna (Biota) beeinflußt wird oder sie beeinflußt. Das Gaia-System hat mit allen lebendigen Organismen die Fähigkeit zur Homöostase gemein, das heißt, zur Stabilisierung der physikalischen und chemischen Umwelt auf einem das Leben begünstigenden Niveau.«[18] Hier ist von Homöostase, von chemischen und physikalischen Gleichgewichtszuständen die Rede. Und so ist auch Lovelocks Gaia-Theorie nur eine Beschreibung der Außenseite der Welt und verfehlt damit gerade das, worum es eigentlich gehen sollte. Das, was Gaia von jeher ausgezeichnet hat, ist in der ausschließlich wissenschaftlichen Beschreibung der Welt verschwunden: ihre Sinnlichkeit, ihre spirituelle Komponente, ihr schöpferisches Potenzial, ihr intrinsischer Wert und ihre teleologische Verfasstheit. Es ist eine Vorstellung der Erde, die zwar inzwischen Einzug in die Ökologie gehalten hat, uns aber nicht wirklich berührt. Und schon gar nicht hält sie uns davon ab, diese Erde auszubeuten und zu zerstören. Es ist lediglich eine rationale Beschreibung der Welt, die wieder an den Oberflächen stehen bleibt. Und so bleibt auch unsere Beziehung zu dieser Welt rational, und wir empfinden keinen Schmerz über das, was wir ihr antun. So ist es auch kein Wunder, dass Lovelock ein Befürworter der Kernenergie, des Pestizideinsatzes und des Geoengineering ist. Er hat die Natur zwar als lebendiges und ganzheitliches System beschrieben, in dem alles mit allem verbunden ist, doch ihm fehlt der tiefenökologische Blick, der auch ihre Innenseite würdigt.

Trotz dieses Einwands hat Lovelock erkannt, dass wir nur mit, niemals gegen die Natur leben können, da wir schlicht und ergreifend ein Teil von ihr sind. Darüber hinaus hatte er den Mut und das Durchhaltevermögen, seine Theorie gegen viele Widerstände zu verteidigen. Auch wenn er im Zusammenhang mit der Erforschung der Komplexität unseres Planeten von »Geophysiologie« spricht, zeigt das, wie weit seine Analogie zu einem lebendigen Körper reicht. Er wehrt sich auch gegen eine Dominanzstellung des Menschen innerhalb der Natur und betrachtet uns nicht als ihr Verwalter, sondern als ihre »Vetrauensperson«, die Verantwortung für sie übernehmen muss. »Wir wurden aufgrund unserer Intelligenz als Vertreter für die anderen gewählt, für das übrige Leben auf unserem Planeten. Unsere Gewerkschaft vertritt die Bakterien, die Pilze ebenso wie die Fische, Vögel und Säugetiere, die höheren und die niederen Pflanzen auf dem Festland und im Wasser. Tatsächlich sind alle Lebewesen Mitglieder unserer Gewerkschaft, und sie sind wütend darüber, welche Freiheiten wir uns mit diesem Planeten und ihrer Existenz herausgenommen haben. Die Menschen sollten in Übereinstimmung mit den anderen Lebewesen leben und keinen Raubbau an ihnen und ihren Lebensräumen treiben. Ein Planetenarzt, der das Elend sieht, das wir diesen Lebewesen und uns selbst antun, würde uns ermahnen, mit der Erde in Partnerschaft zu leben. Sonst wird die restliche Schöpfung als Teil von Gaia die Erde unbewußt in Richtung auf einen neuen Zustand bewegen, bei dem wir Menschen nicht mehr länger willkommen sind.»[19]

Lynn Margulis würde an dieser Stelle wohl widersprechen. Für sie ist klar, dass wir die Natur brauchen, aber die Natur nicht uns. Es ginge nicht darum, die Natur, sondern vor allem uns vor uns selbst zu schützen. Die Natur würde sich ohne uns schnell wieder erholen, »die Bäume in den tropischen Regenwäldern […] vor sich hin[summen] und warten, bis wir unser arrogantes Geschäft des Abholzens beendet haben, damit sie wieder zur Tagesordnung des Wachsens übergehen können. Ihre Dissonanzen und Harmonien werden noch erklingen, wenn wir längst nicht mehr sind.«[20] Das mag richtig sein, unterschätzt aber unsere Fähigkeiten, der Natur massiven und nachhaltigen Schaden zuzufügen. Abgesehen davon, ist jede durch uns ausgerottete Art auf diesem Planeten unwiederbringlich und für alle Zeiten verloren. Nur wer das Leben unter rein funktionalen Aspekten betrachtet, kann derart unbeeindruckt über seine großflächige Zerstörung hinweggehen. Gerade deshalb ist es umso wichtiger, das Leben nicht nur funktional, sondern in seiner Tiefe zu begreifen und zu würdigen.

TIEFENÖKOLOGIE

Die Tiefenökologie greift dabei auf wesentliche Erkenntnisse des Holismus zurück, erweitert diesen aber um eine ethische Dimension. So lässt sich die Tiefenökologie inhaltlich kaum von der holistischen Ethik trennen. Ihr geht es, wie dem Holismus auch, um die Überwindung der anthropozentrischen Perspektive und der damit verbundenen Reduzierung moralischer Rechte auf den Menschen. Die Tiefenökologie sieht uns deshalb nicht als etwas außerhalb der Natur, sondern »verwandelt die Rolle des *Homo sapiens* von der eines Eroberers der Landgemeinschaft in die eines bloßen Mitglieds und Bewohners«.[21] Sie begnügt sich nicht damit, oberflächliche Fragen zur Umweltverschmutzung oder zur Klimakrise zu stellen, sondern fordert eine grundsätzlich andere Sichtweise und trachtet nach einem »Wandel der Werte und der sozialen Organisation«.[22] So richtet sich die Kritik der Tiefenökologie vor allem auch gegen unser kapitalistisches Wirtschaftssystem und das damit verbundene einseitige Weltverständnis.

Sie fordert darüber hinaus die Anerkennung des intrinsischen Wertes der Natur, das heißt die Anerkennung von Innerlichkeit, Subjektivität und Autonomie aller Lebewesen. Auch Berge, Flüsse, Landschaften und Ökosysteme sollen als Subjekte anerkannt werden, denen gegenüber wir moralische Pflichten haben. In Artikel 20a Grundgesetz (GG) heißt es zwar: »Der Staat schützt auch in Verantwortung für die künftigen Generationen die natürlichen Lebensgrundlagen und die Tiere im Rahmen der verfassungsmäßigen Ordnung durch die Gesetzgebung und nach Maßgabe von Gesetz und Recht durch die vollziehende Gewalt und die Rechtsprechung.« Dadurch ist die Natur allerdings nur objektiv-rechtlich geschützt. Subjektive Rechte lassen sich daraus für die Natur nicht ableiten. Das muss sich ändern, und es wird höchste Zeit, allen Lebewesen, aber auch allen anderen lebenden

Entitäten Klagebefugnis einzuräumen. Das beträfe vor allem die Tiere, aber auch ein Fluss hätte damit grundsätzlich die Möglichkeit, vor Gericht seine Rechte einzuklagen, wie beispielsweise das Recht auf Nichtverschmutzung. Die Philosophin Martha Nussbaum schlägt vor, den betreffenden Lebewesen einen Treuhänder zur Seite zu stellen, der ihre Interessen vertritt.[23] Und tatsächlich gibt es mittlerweile weltweit Bemühungen, diese Ideen praktisch umzusetzen. Im Jahr 2008 nahm Ecuador die Natur als Rechtssubjekt in seine Verfassung auf. 2022 hat die spanische Regierung dem Mar Menor (einer Salzwasserlagune an der spanischen Mittelmeerküste) ebenfalls den Status eines Rechtssubjekts mit einklagbaren Rechten verliehen. Das sind gute Nachrichten, kann aber nur ein erster Anfang sein, um am Ende Gaia selbst als Rechtssubjekt anzuerkennen.

Der im Kapitel Gegenkultur bereits erwähnte norwegische Philosoph Arne Naess gilt als der Begründer der Tiefenökologie. In seinem Essay »The Shallow and the Deep, Long-Range Ecology Movement« unterscheidet er zwischen oberflächlicher oder seichter Ökologie *(Shallow Ecology)* und Tiefenökologie *(Deep Ecology)*.[24] Dieser Text liefert bereits die zentralen Grundlagen der Tiefenökologie, an denen man sich auch heute noch orientieren kann. Dabei sollen die in diesem Essay dargestellten Ideen hier noch einmal zusammengefasst dargestellt werden. Die einzelnen Punkte sind dabei ein erster Entwurf und können und müssen weiterentwickelt werden.

Die *Shallow Ecology* beschäftigt sich, so Naess, ausschließlich mit der Umweltverschmutzung und der Ausbeutung von Ressourcen. Ihr ginge es vor allem um Gesundheit und Wohlstand der Menschen in den westlichen Industrieländern. Die Tiefenökologie würde sich dagegen durch viele weitergehende Eigenschaften auszeichnen. So verwirft sie die jahrhundertealte Vorstellung, der Mensch würde der Natur als ein grundsätzlich Fremder gegenüberstehen. Sie betont die Einheit alles Lebendigen und die Tatsache, dass auch der Mensch ein Teil der Natur und untrennbar mit ihr verbunden ist *(the relational, total-field image).* Der Sozialpsychologe Harald Welzer bemängelt, dass wir seit Jahrhunderten keinen Dialog mit der Natur mehr geführt haben. Das ist richtig. Stattdessen halten wir einen endlosen Monolog, wobei die Natur mittlerweile damit angefangen hat, uns zu unterbrechen. Eine dieser Unterbrechungen war das Coronavirus. Wir haben zwar kurz innegehalten, aber dann weitergeplappert, als ob nichts geschehen wäre. Auch die Überschwemmungen in weiten Teilen Deutschlands im Jahr 2021 mit einhundertachtzig Toten waren eine solche Unterbrechung. Auch hier ein kurzes Innehalten, und dann ging es weiter. Die Häuser werden in Teilen sogar an denselben Stellen wieder errichtet, an denen sie zum Opfer der Fluten wurden. Ein neues Naturverständnis muss demnach wieder ein Dialog sein und setzt somit eine Überwindung der wissenschaftlichen Ideologie voraus, da diese aus leicht verständlichen Gründen nicht an einem Dialog interessiert ist. Denn in diesem Gespräch würde uns die Natur deutlich zu verstehen geben, dass sie mit unseren Handlungen nicht einverstanden ist.

Der Glaube an die Verbundenheit alles Lebendigen ist nicht neu, sondern war schon immer ein zentraler Gedanke aller Religionen, besonders innerhalb der Mystik. Er findet sich bei Buddha wie auch bei Franziskus, bei Meister Eckhart, Mohammed und Mahatma Gandhi. Leider hat er sich in der christlichen Religion nicht durchgesetzt, während er im Buddhismus nach wie vor eine zentrale Rolle spielt. Die zweite Wahrheit *(samudaya)* der vier edlen Wahrheiten des Buddhismus besagt, dass vor allem unsere Gier und damit auch unser übermächtiges Ego einer der Hauptgründe des menschlichen Leidens ist. Somit, so die dritte Wahrheit *(nirodha)*, ist die Überwindung der Gier und des Ego die Voraussetzung für die Überwindung des Leidens. Und die Überwindung des Ego heißt am Ende nichts anderes, als sich selbst zurückzunehmen, um sich der Welt zu öffnen und ihr auf Augenhöhe begegnen zu können.

Der buddhistische Mönch und Zen-Meister Thich Nhat Hanh hat in einem seiner bekanntesten Gedichte, »Bitte nenne mich bei meinem wahren Namen«,[25] unsere Verbundenheit mit allen Menschen und allem Lebendigen ausgedrückt. Einige Strophe daraus sollen genügen, um zu zeigen, worum es dem Dichter geht:

Ich bin die Eintagsfliege, die an der Wasseroberfläche
des Flusses schlüpft.
Und ich bin auch der Vogel,
der herabstürzt, um sie zu schnappen.

Ich bin der Frosch, der vergnüglich
im klaren Wasser eines Teiches schwimmt.
Und ich bin die Ringelnatter, die in der Stille
den Frosch verspeist.

Ich bin das Kind aus Uganda, nur Haut und Knochen,
mit Beinchen so dünn wie Bambusstöcke;
und ich bin der Waffenhändler,
der todbringende Waffen
nach Uganda verkauft.

Ich bin das zwölfjährige Mädchen,
Flüchtling in einem kleinen Boot,
das von Piraten vergewaltigt wurde
und nur noch den Tod im Ozean sucht;
und ich bin auch der Pirat –
mein Herz ist noch nicht fähig, zu erkennen und zu lieben.

Das Wissen um die Verbundenheit alles Lebendigen schließt die Forderung mit ein, sich auch im anderen zu erkennen. Das heißt vor allem, sich auch in dem zu erkennen, der Böses tut. Vielleicht war es nur Glück, zu einer bestimmten Zeit, an einem bestimmten Ort in eine bestimmte Familie geboren zu werden, was mich davor bewahrt hat, ein Pirat, Waffenhändler oder Vergewaltiger zu werden. Ohne die Schuldfähigkeit des Menschen bestreiten zu wollen, sollten wir uns dennoch hüten, zu schnell unser Urteil zu sprechen. So gibt es gegenüber dem Lebendigen nur eine Haltung: Mitgefühl. Und nur wer sich im anderen erkennt, bleibt dialogfähig und ist in der Lage, den Standpunkt des anderen zu respektieren und seinen eigenen, wenn nötig, infrage zu stellen.

Bitte nenne mich bei meinem wahren Namen,
damit ich all mein Weinen und Lachen
zugleich hören kann,
damit ich sehe,
dass meine Freude und mein Schmerz eins sind.

Bitte nenne mich bei meinem wahren Namen,
damit ich erwache,
damit das Tor meines Herzens
von nun an offen steht –
das Tor des Mitgefühls.

Der zweite Punkt betont die prinzipielle Gleichheit allen Lebens *(biospherical egalitarianism)*. Die Betonung liegt hier auf »prinzipiell«. Denn selbstverständlich sieht auch Naess, dass Leben im Allgemeinen und menschliches Leben im Speziellen nicht möglich ist, ohne in natürliche Abläufe einzugreifen. Aber gleichzeitig betont die Tiefenökologie das gleiche Recht auf Leben und Gedeihen für alle Lebewesen und verwirft den Anthropozentrismus der Moderne, der dieses Recht allein auf den Menschen beschränken möchte. Wir müssen somit der Natur wieder zu ihrem ureigenen Recht verhelfen und ihr zugestehen, was wir uns selbst als lebendige Wesen ebenfalls zugestehen: Subjektivität und damit intrinsischen Wert. Darüber hinaus dürfen wir die Natur nicht länger von uns abspalten, sondern müssen versuchen, sie in unsere Wahrnehmung und unser Fühlen miteinzubeziehen. Wir sind aufgerufen, unser Selbst in Richtung auf diese Innerlichkeit der Natur hin zu erweitern. Diese Fähigkeit, uns bis zu einem gewissen Grad mit ihr zu identifizieren, indem wir uns in ihr erkennen, hat Naess »Selbst-Realisierung« genannt. Das, was im ersten Moment egozentrisch oder – schlimmer noch – egoistisch klingt, ist in Wahrheit das genaue Gegenteil. Mit Selbst-Realisierung meint Naess das »Maximieren der Manifestationen des Lebens. (…) Wir sehen uns selbst in zunehmendem Maße in anderen, und die anderen in uns selbst. Das ›kleine‹ Selbst wird ausgeweitet und vertieft, indem es seine Potentiale in anderen verwirklicht.«[26]

Selbstverwirklichung in diesem Sinn ist innerhalb eines auf Konkurrenz basierendem, antisozialen Wirtschaftssystems, in dem wir uns vor allem im reichen Westen befinden, nur schwer umzusetzen. Das tangiert insbesondere unseren Wachstumsbegriff. Wir sind gar nicht mehr in der Lage, Wachstum anders als in quantitativen Kategorien zu denken. Wir können überhaupt nur noch in Quantitäten denken und haben offensichtlich vollkommen verlernt, die Welt unter anderen Aspekten zu betrachten. So ließe sich Wachstum auch anders definieren, und genau das versucht Arne Naess. Folgen wir ihm, heißt Wachstum in erster Linie, menschlicher zu werden. Wir wachsen sozusagen nach innen, indem wir unsere Beziehungsfähigkeit erweitern. Dieses Wachstum ist beliebig steigerbar und verbraucht dabei keinerlei Ressourcen außer unserer Liebe. Und die wächst ja bekanntlich, indem man sie teilt.

Wenn wir als Menschheit eine Zukunft haben wollen, dann nur, wenn wir unseren Lebensstil radikal in diese Richtung verändern. Vor diesem Hintergrund würde die Einschränkung unseres Konsums auf allen Ebenen keine Verarmung unseres Lebens darstellen. Aus diesem Grund ist das Wort »Verzicht«, das in diesem Kontext in der Regel verwendet wird, fehl am Platz. Denn es impliziert Einbußen an Lebensqualität und ist daher negativ konnotiert. Aber in Wahrheit ist die Reduzierung unseres Konsums die Bedingung der Möglichkeit dafür, ganz Mensch zu werden, was nichts anderes heißt, als beziehungsfähig zu werden. Abgesehen davon, zeigt sich Genuss und Lebens*qualität* nicht an der Masse der konsumierten Güter, sonst müsste es folgerichtig Lebens*quantität* heißen, sondern daran, wie tiefgehend ich mich mit etwas beschäftige. *Ein* Klavier genügt, um ein Leben lang etwas auszuüben, was mich und vielleicht sogar meine Mitmenschen bereichert. Zehn Klaviere würden dem nichts hinzufügen. Das Gleiche gilt für viele andere Beschäftigungen, die uns reicher machen, indem sie uns tiefer werden lassen.

Der jüdische Religionsphilosoph Martin Buber hat die berühmte Forderung aus dem Alten Testament »Liebe deinen Nächsten wie dich selbst« anders übersetzt. Bei ihm heißt es jetzt: »Liebe deinen Nächsten – er ist wie du.« Darin steckt die ganze Verbundenheit des Menschen mit dem oder der anderen. Es gilt jetzt, diesen Satz auszuweiten auf alles Lebendige, denn alles Leben ist wie wir – nämlich lebendig und daran interessiert, dieses Leben zu bewahren. Es hat Werte, Ziele, es freut sich und leidet, so wie wir. Und so wie wir hat es seine eigene Schönheit. Das endlich zu verstehen, oder besser, zu spüren und intuitiv zu erfassen ist unsere Aufgabe der nächsten Jahre und Jahrzehnte. So muss das 21. Jahrhundert das Jahrhundert der Intuition und des Gefühls werden, oder es wird möglicherweise das Jahrhundert werden, in dem sich der Mensch von der Bühne, die wir Erde nennen, verabschiedet. Die Natur stört das wenig, sie hat kein Mitleid mit uns. Wir haben aber die Fähigkeit, Mitgefühl für die Natur zu entwickeln und daraus Handlungsoptionen abzuleiten.

Weitere wesentliche Kriterien der Tiefenökologie sind Vielfalt, Gemeinschaft und Kooperation *(principles of diversity and of symbiosis)*. Gegen den Darwinismus und das Recht des Stärkeren betont die Tiefenökologie die Fähigkeit von Lebewesen, in komplexen Beziehungsstrukturen zusammenzuleben und zu arbeiten. Das beinhaltet auch die Anerkennung verschiedener Lebensentwürfe, Tätigkeiten, Kulturen und Arten des Wirtschaftens und wendet sich gegen jede Form von Dominanzstreben. Hier ist vor allem der Westen gemeint, der glaubt, die ganze Welt mit seiner Kultur und insbesondere mit seinem neoliberalen Wirtschaftssystem beglücken zu müssen, was allerdings zunehmend auf Widerstand stößt. So geht die Zeit einer bipolaren Weltordnung, mit dem dominanten Westen auf der einen und dem Globalen Süden auf der anderen Seite, unweigerlich ihrem

Ende entgegen. An ihre Stelle wird eine Weltordnung gleichberechtigter Partner treten.

Im Gegensatz zur *Shallow Ecology* berücksichtigt die Tiefenökologie auch das soziale Problem *(anti-class posture)*. Zwischen den Industrieländern und den technologisch weniger entwickelten Ländern des Globalen Südens besteht heute ein ungeheures Wohlstandsgefälle. Schlimmer noch, es stirbt weltweit alle zehn Sekunden ein Kind unter fünf Jahren an den Folgen von Hunger oder wird, so Jean Ziegler, ermordet. Denn mit der Menge an produzierten Nahrungsmitteln ließen sich noch gut zwei Milliarden Menschen zusätzlich ernähren. Warum immer noch täglich Menschen verhungern, ist zum einen ein Verteilungs- und zum anderen ein Preisproblem. Noch dazu wird ein großer Teil der Nahrungsmittel vernichtet. Man schätzt, dass weltweit zirka eine Milliarde Tonnen Essen jährlich auf dem Müll landet.

Der Wohlstand der westlichen Länder gründet zu großen Teilen auf der Ausbeutung der ärmeren Länder, die noch heute unausgesprochen als Kolonien behandelt werden. Aus diesem Grund ist es ein zentrales Anliegen der Tiefenökologie, diese »kannibalische Weltordnung« (Jean Ziegler) zu beseitigen. So wie sie für Gleichheit und Kooperation mit der Natur eintritt, so auch für Gleichheit und Zusammenarbeit zwischen den Völkern.

So wie die *Shallow Ecology* kämpft auch die Tiefenökologie gegen Umweltverschmutzung und Ressourcenausbeutung *(fight against pollution and resource depletion)*. Im Gegensatz zur *Shallow Ecology* hat sie aber auch die sozialen Folgen von Umweltschutzmaßnahmen im Blick. Ihr ist durchaus bewusst, dass beispielsweise ökologisch produzierte Lebensmittel teurer sind als herkömmlich produzierte. Das wiederum schafft soziale Ungleichheiten, die beseitigt werden müssen.

Die tiefenökologische Perspektive unterscheidet dabei zwischen Komplexität und Kompliziertheit *(complexity, not complication)*. Die Natur ist weniger kompliziert als vielmehr komplex strukturiert. Der Astrophysiker Peter Kafka hat an einem simplen Beispiel demonstriert, was Komplexität bedeutet:

> Auf wie viele Arten lassen sich zwei oder drei oder vier Punkte durch gerade Linien miteinander verbinden? Nun – zwischen zwei Punkten können sie entweder gar keine Linie ziehen oder *eine*. Das sind *zwei* Möglichkeiten. Bei drei Punkten finden Sie: entweder gar keine Linie, oder dreimal je eine Linie, oder dreimal je zwei Linien, oder einmal drei Linien. Das sind also acht verschiedene Möglichkeiten. Probieren Sie es noch mit vier Punkten? (…) Sie werden finden: Keine Linie: einmal, eine Linie: sechsmal, zwei Linien: fünfzehnmal, drei Linien: zwanzigmal, vier Linien: fünfzehnmal, fünf Linien: sechsmal, sechs Linien: einmal. (…) Es gibt vierundsechzig Möglichkeiten, vier Punkte durch gerade Linien miteinander zu verbinden! Wollen Sie es auch noch mit fünf Punkten versuchen? Das ist nicht empfehlenswert. Wenn Sie scharf nachdenken […], werden Sie nämlich ausrechnen, daß es bei fünf Punkten schon eintausendvierundzwanzig Möglichkeiten gibt![27]

Das Beispiel ließe sich beliebig fortführen, und mit jedem neuen Punkt steigen die Möglichkeiten exponentiell an. Bei nur vierundzwanzig Punkten gäbe es bereits $1{,}2 \times 10^{83}$ Möglichkeiten. Das entspricht in etwa der Anzahl der Atome im gesamten Universum. Eine wahrhaft astronomische Zahl! Ein Blick auf ein Ökosystem mit seinen unzähligen Akteuren, die alle miteinander in Verbindung stehen, genügt, um vielleicht zu erahnen, was man unter Komplexität zu verstehen hat. Hinzu kommt die ungewöhnliche Eigenschaft komplexer Systeme der Verursachung nach unten *(downward causation)*. Während die Kausalkette aus reduktionistischer Perspektive nur von unten nach oben laufen kann *(upward causation)*, zeigen komplexe Strukturen die Eigenschaft, dass die übergeordnete Struktur die darunterliegenden beeinflussen kann.

Daraus folgt die Erkenntnis, dass wir kaum in der Lage sind, die Folgen unserer Eingriffe in natürliche Abläufe voraussagen zu können. Das beinhaltet aus gutem Grund vor allem die Ablehnung aller Maßnahmen des Geoengineerings. Die Probleme und möglichen Konsequenzen dieser Technologien sind bereits zur Sprache gekommen und so gravierend, dass Geoengineering innerhalb eines tiefenökologischen Paradigmas keine Rolle spielen darf. Denn unter tiefenökologischen Aspekten sind alle Formen des Geoengineerings lediglich eine weitere Steigerung des totalen Machbarkeitswahns der Wissenschaften. Geoengineering offenbart die bis zur Groteske gesteigerte menschliche Hybris zu glauben, wir könnten die hochkomplexen Abläufe in der Natur durch unsere primitiven Eingriffe nach unserem Willen verändern.

Die Vertreter der Tiefenökologie plädieren außerdem für lokale Selbstverwaltung und Dezentralisierung *(local autonomy and decentralization)*. Die Vorteile hierbei liegen klar auf der Hand: Die Entscheidungswege sind kürzer, und lokale Einheiten können sich wesentlich leichter basisdemokratisch organisieren. Hinzu kommt, dass Menschen wesentlich besser in Entscheidungsprozesse einbezogen werden können; und das zu Themen, die sie direkt betreffen. Dadurch werden die Menschen vor Ort in die Verantwortung genommen und sind dadurch motivierter, sich politisch zu engagieren. Sie erfahren sich selbst als wirksame Akteure, die das Ergebnis ihrer Bemühungen oftmals unmittelbar wahrnehmen und erfahren. Das ist etwas grundsätzlich anderes, als jede vier Jahre ein Kreuz zu machen in dem Wissen, dass sich dadurch ohnehin kaum etwas verändert. Noch dazu in einem Land, in dem es keine Partei mehr gibt, die sich glaubhaft für politische Veränderungen zum Schutz dieses Planeten einsetzt. »Menschen können nur in kleinen, überschaubaren Gruppen sie selbst sein. Wir müssen daher lernen, uns gegliederte Strukturen vorzustellen, innerhalb derer eine Vielzahl kleiner Einheiten ihren Platz behaupten kann. Wenn unser wirtschaftliches Denken das nicht erfasst, dann taugt es nichts.«[28] So hat es bereits der Ökonom Ernst Friedrich Schumacher in seinem bahnbrechenden Buch *Small ist beautiful* vor fünfzig Jahren formuliert.

Der Biologe und Philosoph Andreas Weber hat gezeigt, dass die Natur selbst gemeinschaftlich organisiert ist. »Die Natur als

Ganze ist das Paradigma eines Haushaltes der Gemeingüter. Nichts ist in ihr Monopol, alles ist Open Source. Nicht das egoistische Gen ist die Quintessenz des Organischen, sondern der offenliegende Quelltext jeder genetischen Information. Auch die Gene, die heute patentiert werden, sind natürlicherweise nicht rival und nicht exklusiv, und nur so bringen sie Neuheit zustande. Die DNA konnte sich in so viele Spezies verästeln, weil alle ihren Code nutzen dürfen, weil jeder das für ihn Sinnvollste daraus basteln kann. So besteht das menschliche Erbgut zu etwa einem Fünftel aus den Genen von Viren. Wie es in der Natur kein Eigentum gibt, so gibt es auch keinen Abfall. Alle Verfallsprodukte sind Nahrung. Jedes Individuum macht sich, wenn es stirbt, einem anderen zum Geschenk, so wie es selbst durch die Gabe des Sonnenlichts seine Existenz empfangen hat. Zwischen Geben und Nehmen herrscht ein Zusammenhang, in dem Produktivität Verlust bedingt. In der ökologischen Allmende stehen eine Vielzahl unterschiedlicher Individuen und Arten in mannigfachen Verbindungen – Kooperation und Konkurrenz, Partner- und Beuteschaft, Produktivität und Destruenz. Sie alle folgen jedoch einem übergeordneten Gesetz: Langfristig hat nur solches Verhalten Bestand, welches dem Ökosystem Produktivität ermöglicht und das Netz der Beziehungen nicht schlagartig zerstört. Das Individuum kann sich nur selbst realisieren, wenn sich das Ganze realisiert. Ökologische Freiheit gehorcht dieser Notwendigkeit. Je tiefer die Bezüge im Ganzen des Systems werden, desto mehr schöpferische Nischen bieten sich für die einzelnen Teilnehmer.«[29]

Für Arne Naess muss jede ernst zu nehmende Ökologie immer auch Ökophilosophie *(ecosophy)* sein. Denn Ökologie ist letztlich auch nur eine Wissenschaft, die gewisse ökologische Tatbestände nach wissenschaftlichen Kriterien analysiert. Das aber reicht nicht aus, um eine umfassende Ökologie zu begründen, die auch ethische, gesellschaftliche und soziale Überlegungen und Forderungen beinhaltet.

Der Tiefenökologie wie auch der holistischen Ethik wird vonseiten ihrer Gegner immer wieder ein Relativismus der

Werte vorgeworfen. Nach dem Motto: Wenn alles gleich gültig ist, wird alles gleichgültig. Und in der Tat ist dieser Vorwurf nicht unbegründet. Denn würde man sich streng an tiefenökologische Vorgaben halten, dürfte der Mensch überhaupt nicht mehr in natürliche Abläufe eingreifen. Wie wir alle wissen, ist das unmöglich. Dass die tiefenökologische Perspektive allem Lebendigen intrinsischen Wert bescheinigt und auch keine Wertehierarchie aufstellt, an deren Spitze der Mensch steht, schafft im alltäglichen Umgang mit der Natur enorme ethische Probleme, die sich kaum lösen lassen. Wir können vor dem Hintergrund tiefenökologischer Erkenntnisse nur versuchen, den Wert alles Lebendigen zu achten, so gut das im Rahmen der Conditio humana möglich ist. Dabei müssen wir in gewissen Situationen, ob wir wollen oder nicht, axiologische Abstufungen vornehmen. Täten wir das nicht, dürften wir keinen Operationssaal mehr desinfizieren, und unser gesamtes Dasein wäre eine Anhäufung unermesslicher Schuld. Dabei kann niemand sagen, ob es nicht in Wahrheit so ist …

Dieser axiologische Prozess muss dabei aber immer ein dialektischer bleiben. Das heißt, auch wenn wir als wertsetzende Instanz axiologische Abstufungen einführen, müssen wir uns gleichzeitig immer des absoluten Wertes des betreffenden Organismus bewusst sein, der von unserer den Umständen geschuldeten Beurteilung unberührt bleibt. Das Wissen um diesen absoluten, von uns unabhängigen Wert reicht bereits hin, um zu versuchen, allem Lebendigen so wenig wie möglich zu schaden. Das schließt klarerweise alle Handlungen aus, die dazu geeignet sind, die Natur nachhaltig zu schädigen oder gar zu zerstören. Denn dem »wahrhaft ethischen Menschen ist alles Leben heilig, auch das, das uns vom Menschenstandpunkt aus als tiefer stehend vorkommt. Unterschiede macht er nur von Fall zu Fall und unter dem Zwange der Notwendigkeit, wenn er nämlich in die Lage kommt, entscheiden zu müssen, welches Leben er zur Erhaltung des anderen zu opfern hat. Bei diesem Entscheiden von Fall zu Fall ist er sich bewußt, subjektiv und willkürlich zu verfahren und die Verantwortung für das geopferte Leben zu tragen zu haben.«[30]

Es geht nicht darum, nicht in die Natur einzugreifen. Jedes Lebewesen tut das und verändert damit seine unmittelbare Umgebung. Es geht lediglich darum, das in einer Art und Weise zu tun, die den Wert der Natur und aller Lebewesen nicht missachtet. Wir sind nicht hier, um die Welt zu zerstören, sondern wir sind hier, um sie zu bereichern. Unsere Aufgabe ist es, diese Welt schöner und reicher zu machen, als sie es ohne uns wäre. Und in einigen Bereichen gelingt uns das ja auch: Dazu gehören die h-Moll-Messe von Johann Sebastian Bach und seine Matthäuspassion, die Violinkonzerte von Mozart, die Klavierkonzerte von Sergei Prokofjew (besonders wenn Yuja Wang sie spielt) oder die neunte Sinfonie von Ludwig van Beethoven, dirigiert von Daniel Barenboim. Dazu gehören die Chansons von André Heller, die Musik von Portishead und Björk, die Pietà von Michelangelo, die Bilder von Caspar David Friedrich, Ernst Ludwig Kirchner und Xenia Hausner, die Ballettchoreografien von Edward Clug, die Bücher von Dostojewskij, Knut Hamsun und Thomas Bernhard, die Gedichte von Rainer Maria Rilke, die Philosophie Platons oder Søren Kierkegaards, die großen Religionen und meine Frau, wenn sie morgens »Tee!« ruft und ich aufstehe, um ihr das Frühstück ans Bett zu bringen.

MORPHOGENETISCHE FELDER

An dieser Stelle lohnt es sich, einen kurzen Blick auf eine zeitgenössische holistische Theorie zu werfen, die der englische Biologe Rupert Sheldrake entwickelt hat: die Theorie der Morphogenetischen Felder. Was bei Driesch die Entelechie und bei Bergson der *élan vital* war, das sind bei Sheldrake die morphogenetischen Felder, allerdings weniger als Lebenskraft als vielmehr als Formursache gedacht. Ähnliche Konzepte finden sich bereits in der

Vergangenheit bei dem Philosophen und Chemiker Michael Polanyi und dem russischen Biologen Alexander Gurwitsch.

Nach wie vor weiß die Biologie sehr wenig über die Ursachen der Formgebung der Organismen. Sie allein auf die Funktion der Hox-Gene zurückzuführen ist bei Weitem nicht hinreichend. Sheldrake jedenfalls bestreitet, dass sich die Bauanleitung, oder besser die Architektur der Organismen, in den Genen wiederfindet. Er ist davon überzeugt, dass sich die für die Morphogenese notwendigen Informationen in Feldern befinden, die gleichzeitig mit der Entstehung neuer lebendiger oder unlebendiger Strukturen evolvieren. Sie beeinflussen die zukünftige Entwicklung dieser speziellen Strukturen und werden ihrerseits von diesen Strukturen beeinflusst. Sie sorgen laut Sheldrake dafür, dass eine einmal eingeschlagene Richtung stabilisiert wird. Das heißt, morphogenetische Felder beinhalten ein Gedächtnis, das alle bisherigen Entwicklungen der betreffenden Struktur aufnimmt. Da diese Felder das Ziel der betreffenden Struktur bereits enthalten, also teleologisch organisiert sind, ähneln sie in gewisser Weise dem aristotelischen Konzept der Entelechie (griech. ἐντελέχεια, als dasjenige, was die Vollendung als Ziel bereits in sich hat). Darunter versteht Aristoteles die Form, die sich im betreffenden Stoff verwirklichen möchte. Aufgrund ihres evolutiven Charakters unterscheiden sich die morphogenetischen Felder aber klar von den platonischen Ideen. Denn diese hat Platon sich als ewig und unentstanden vorgestellt.

Neben diesen Eigenschaften stehen die Felder unabhängig von der zeitlichen wie räumlichen Entfernung untereinander in Kontakt, was Sheldrake als »morphische Resonanz« bezeichnet. Dabei würde es sich aber nicht um einen Energietransfer handeln, sondern um einen »nichtenergetischen Informationstransfer«. Die morphische Resonanz sorgt demnach erst einmal dafür, dass die betreffende individuelle Struktur entsteht. Im Folgenden wird diese Struktur mit einem gewissen Potenzial ausgestattet. Falls es sich dabei um einen tierischen Organismus handelt, steht dieser bzw. dessen Feld in Resonanz mit dem morphischen

Feld der betreffenden Art. Sobald dieses Potenzial verwirklicht ist, sorgt die Eigenresonanz dafür, dass die besondere Struktur des Organismus aufrechterhalten wird. Die Kontinuität einer jeden individuellen Struktur – und dabei spielt es keine Rolle, ob es sich um ein Elektron oder einen komplexen Organismus handelt – wird demnach durch »Eigenresonanz mit den Aktivitätsmustern der eigenen Vergangenheit hergestellt. Alle Organismen sind dynamische Strukturen, die sich unter dem Einfluss ihrer eigenen vergangenen Zustände beständig selbst neu erschaffen.«[31]

Anfang der Siebzigerjahre des letzten Jahrhunderts prägte der Biologe Humberto Maturana den Begriff »Autopoiesis« zur Beschreibung der Selbstorganisation und Selbsterhaltung lebender Systeme. Sheldrakes Idee der Eigenresonanz ließe sich somit als ein um die Dimension des morphischen Feldes erweitertes Autopoiesis-Konzept verstehen. Ein ähnlicher Gedanke findet sich bei Hans-Peter Dürr, der davon überzeugt ist, dass die Welt sich stetig und in jedem Augenblick aufs Neue schafft, dabei aber die Erinnerung an frühere Zustände behält.

Sheldrake glaubt, dass sich seine Theorie auch wissenschaftlich belegen lässt. Denn sollten wirklich alle Lebewesen am kollektiven Gedächtnis ihrer Art teilhaben, müsste ein einmal erlerntes Verhalten in Zukunft von allen Individuen der betreffenden Art schneller erlernt werden. Das sollte auch auf die Synthese von Stoffen zutreffen, die bis dahin noch nicht existieren. Demnach sollte die Synthese eines Stoffes umso einfacher und schneller möglich sein, je öfter dieser spezielle Stoff synthetisiert wird. Sheldrake belässt es auch nicht dabei, seine Theorie ausschließlich auf die Entstehung der Formen anzuwenden, sondern weitet sie konsequent auf andere Bereiche aus. Im Mittelpunkt stehen dabei das Gedächtnis, der Prozess des Lernens sowie die Organisation tierischer und menschlicher Gesellschaften.

Dass Sheldrakes interessante Theorie innerhalb der Wissenschaftsgemeinde auf taube Ohren stößt, überrascht dabei nicht und ist schade, denn sowohl die Hirnforschung als auch die Biologie stehen vor praktisch unlösbaren Fragen, die Sheldrakes

Theorie beantworten könnte. So ist bis heute ungeklärt, wo im Gehirn sich die Gedächtnisinhalte befinden und wie diese überhaupt gespeichert werden. Vielleicht ist auch hier das Gehirn nur die materielle Verwirklichung der Möglichkeit, mit den entsprechenden Gedächtnisfeldern in Resonanz zu treten. Und auch die Biologie hätte eine Theorie, um zu erklären, wie Lebewesen ihre spezifische Morphologie ausbilden. Dazu müssten sich die betreffenden Wissenschaften aber erst einmal offen für Untersuchungen zeigen, um Sheldrakes Theorie zu bestätigen oder gegebenenfalls zu falsifizieren. Aber naturgemäß wäre allein die Anerkennung der Möglichkeit solcher Felder ein revolutionärer Paradigmenwechsel der genannten Wissenschaften. Denn das würde bedeuten, dass sowohl der Mensch als auch alle anderen Lebewesen nicht an den Grenzen ihrer Körper enden, sondern weit, vielleicht unendlich weit, darüber hinausreichen. Es wäre ein weiterer Beweis dafür, dass alles Lebendige beständig mit sich und der gesamten Welt in Beziehung steht.

FORTSCHRITT IN DIE RICHTIGE RICHTUNG

Die Idee des Fortschritts, so wie wir ihn verstehen, ist eine Idee der Moderne und spielt sich vorwiegend im wissenschaftlich-technischen Bereich ab. Dabei gäbe und gibt es viele andere Bereiche, in denen man Fortschritte erzielen kann und in denen es dringend nötig wäre, weitere Fortschritte zu erzielen; allen voran im Bereich der Friedensarbeit und Völkerverständigung. Dieses auf Technik fixierte Verständnis von Fortschritt hat zur Folge, dass wir Fortschritt heute nur noch fast ausschließlich im Modus der Künstlichkeit denken können. Das heißt, wir halten unsere Gesellschaft für umso fortschrittlicher, je künstlicher sie ist. Aus diesem Grund auch der Hype um künstliche Intelligenz

(KI), denn hier steckt der vermeintliche Fortschritt schon im Begriff. Abgesehen davon, ist vieles von dem, was wir als Fortschritt bezeichnen, in Wahrheit nur die »Perfektionierung des Falschen« (Harald Welzer). So verfügt beispielsweise das Model S von Tesla über einen 17-Zoll-Touchscreen, auf dem man nicht nur die gesamten Parameter des Fahrzeugs ablesen, sondern auch navigieren, Filme streamen oder Minecraft spielen kann. Das bietet sich vor allem während des Autofahrens an, denn auf den Straßenverkehr zu achten ist ja kaum mehr nötig. Das Auto wird schon piepsen, wenn irgendetwas Unvorhergesehenes passiert. Laut dem Hersteller ist das der »Innenraum der Zukunft«. Mag sein, verschweigt aber die simple Tatsache, dass das ganze Objekt Auto ein Relikt aus der Vergangenheit ist, das wir möglichst schnell hinter uns lassen sollten. So besteht ein Großteil dessen, was heute unter dem Label Fortschritt angepriesen wird, in der Regel aus leeren Innovationen, die uns immer mehr vom Eigentlichen ablenken.

Allerdings muss man vorsichtig sein und sollte nicht den Fehler begehen, einen grundlegenden Gegensatz von Künstlichkeit und Natürlichkeit zu konstruieren. Der Mensch ist ein natürliches, das heißt von der Natur hervorgebrachtes Wesen. Gleichzeitig ist er aber das Wesen, mit dem die Künstlichkeit in die Welt gekommen ist. Als das weltoffene und nicht instinktgebundene Wesen, das er nun einmal ist, blieb ihm gar nichts anderes übrig, als sich eine zumindest in Teilen künstliche Welt zu schaffen, um sein Überleben zu sichern. Diese Welt bestand lange Zeit ausschließlich aus praktischen und in der Regel sehr schlichten Werkzeugen und Waffen zur Jagd. Wobei diese nicht den Fetischcharakter vieler heutiger Produkte hatten, die lediglich einen Distinktionsgewinn versprechen und deren praktischer Nutzen oftmals gegen null geht.

Wenn Künstlichkeit ein Phänomen ist, das mit dem Menschen in die Welt gekommen ist, und der Mensch seinerseits aus der Natur hervorgegangen ist, dann ist Künstlichkeit nicht nur ein Produkt des Menschen, sondern auch ein Produkt der Natur, die durch uns diese Künstlichkeit in die Welt gebracht hat. So ist Künstlichkeit, ganzheitlich gedacht, eine Daseinsweise der Natur. Aus diesem Grund kann es nicht darum gehen, Künstlichkeit per se zu verteufeln, denn das hieße, die Natur und mit ihr den Menschen selbst zu verteufeln. Worum es aber gehen muss, ist, Künstlichkeit in ein gerechtes Verhältnis zur übrigen Natur zu setzen, und dazu gehört, den Fortschrittsgedanken vom Begriff der Künstlichkeit zu entkoppeln. Denn Fortschritt kann viele Facetten und Ziele haben: ein Mehr an Freiheit, eine Erweiterung demokratischer Rechte und gesellschaftlicher Teilhabe, Gleichberechtigung, Angleichung der weltweiten Einkommensunterschiede, Generationengerechtigkeit, internationale Zusammenarbeit, Zugang zu sauberem Trinkwasser, Versorgung aller Menschen mit ausreichend Nahrungsmitteln und so weiter. Fortschritt sollte vor allen Dingen heißen, unsere moralisch-ethischen Fähigkeiten so weit zu entwickeln, dass sie mit dem Ausmaß an Künstlichkeit, das wir geschaffen haben, Schritt halten können. Wir sehen gerade in Anbetracht der Herausforderungen, die künstliche Intelligenz mit sich bringt, dass wir davon Lichtjahre entfernt sind. Schlimmer noch, vollzieht sich die »gewaltige Expansion der wissenschaftlichen und technischen Möglichkeiten, deren Zeugen wir sind, [...] inmitten eines hochgradig irrationalen Zustandes der politischen und gesellschaftlichen Systeme unserer Welt«.[32] Oder mit den Worten von Konrad Lorenz: »In der Hand die Wasserstoffbombe, die ihm seine Vernunft bescherte, im Herzen den von seinen anthropoiden Ahnen ererbten Aggressionstrieb.«[33]

Wir sollten stattdessen, schon im Interesse unseres eigenen Überlebens, damit anfangen, Fortschritt im Modus der Lebendigkeit zu denken. Das heißt, eine Gesellschaft wäre umso fortschrittlicher, je lebendiger sie ist und je mehr sie die Voraussetzungen dafür schafft, dass auch alles andere Leben gedeihen kann. Ein im Jahr 2000 erschienenes Buch von Hans-Peter Dürr trug den Titel *Das Lebende lebendiger werden lassen*. Das wäre ein gutes Motto für die Gesellschaft des 21. Jahrhunderts.

Ohnehin sollten wir damit aufhören, uns Fortschritt nur als lineare Entwicklung im Sinne von »höher, schneller und weiter« vorzustellen, an deren Ende eine imaginierte Zukunft der totalen Technisierung der Welt steht. Der Philosoph Jean Gebser war nicht so sehr vom ewigen Fortschritt der Menschheit überzeugt, sondern macht deutlich, dass Fortschritt immer auch ein Fortschreiten weg vom Ursprung ist. So möchte er seine von ihm postulierten fünf Stadien der Bewusstseinsentwicklung, die er »archaisch«, »magisch«, »mythisch«, »mental« und »integral« nennt, nicht als Fortschritt missverstanden wissen. Gerade Bewusstsein ist eher etwas, was sich immer weiter entfaltet und immer mehr vorher nicht Wahrgenommenes umfasst. Es handelt sich demnach um eine raumzeitliche Ausdehnung, aber nicht zwangsweise um eine linear verlaufende Entwicklung. Das ist ein interessanter Gedanke, auch bezüglich der Frage, wie die Geschichte der Menschheit in Zukunft verlaufen könnte. Denn unser sogenannter Fortschritt entfremdet uns in vielen Fällen schleichend von uns selbst, und man muss kein Prophet sein, um festzustellen, dass dieser der Aufklärung geschuldete Fortschrittsbegriff sich überlebt hat. In Zukunft muss es eher darum gehen, unser Bewusstsein dahingehend zu erweitern, dass es auch die Natur und ihre Geschöpfe umfasst. Fortschritt muss somit nicht zwangsläufig linear verlaufen, sondern sollte sich im besten Fall in die Breite und Tiefe entwickeln. Im Übrigen ein Gedanke, der uns bereits in der Tiefenökologie begegnet ist.

»In die Breite« heißt hier: die technologischen Möglichkeiten, die heute schon bestehen, zum Wohle aller Menschen einzusetzen. Es hieße auch anzuerkennen, dass wir nicht allein auf diesem Planeten leben, sondern zusammen mit anderen Geschöpfen, die die gleichen Rechte haben wie wir. Hier sind wir vor die bereits beschriebene Aufgabe gestellt, uns, soweit das möglich ist, mit der Natur zu identifizieren. Eine »Entwicklung in die Tiefe« würde vor allem bedeuten, unser Selbst um die spirituelle Dimension zu erweitern. Das wäre wirklicher Fortschritt, dessen Ziel darin bestünde, uns zunehmend zu uns hin- statt von uns fortzuführen.

Der Teufel soll diejenigen holen, die uns glauben machen wollen, dass Fortschritt gleichbedeutend mit der Fähigkeit ist, diese Welt in eine Maschine zu verwandeln. Es sind die Transhumanisten aus dem Silicon Valley oder Typen wie Elon Musk, die selbst schon Maschinen sind und uns und die Welt in Maschinen verwandeln wollen. Hinter dieser Idee des Fortschritts versteckt sich nur zu oft eine völlige Missachtung der Natur, ein nekrophiles Denken, das die Künstlichkeit als vermeintlichen Gegensatz zur Natur versteht und um ihrer selbst willen verehrt. Aber wer »Maschinen liebt, und nicht Menschen, der ist ein Ungeheuer«.[34]

HEILUNGS- STATT HERRSCHAFTSWISSEN

Um unsere Gesellschaft derart zu verändern, dass auch die kommenden Generationen noch eine Chance auf ein gutes Leben haben, brauchen wir vor allem ein anderes Bildungssystem. Mehr noch brauchen wir eine Bildungsrevolution, die diesen Namen verdient und sich nicht darin erschöpft, den Status quo zu verteidigen und die herkömmlichen Kreidetafeln durch digitale zu ersetzen. Denn auch das ändert nichts an der traurigen Tatsache, dass viele Schulen noch immer in erster Linie »Geistesvernichtungsanstalten« (Thomas Bernhard) sind. So stehen am Ende der Schullaufbahn nicht wenige, denen Kreativität, Fantasie, die Fähigkeit zu träumen, Individualität, Eigenverantwortung, Selbstvertrauen und die Freude am Lernen gründlich ausgetrieben wurde. Das macht sie brauchbar für all die Jobs, die diese Welt nicht unbedingt besser machen. Und damit ist nicht nur die Rüstungsindustrie gemeint, sondern all jene Jobs, in denen die Menschen ihr Handeln von jeglicher Ethik abgekoppelt haben. Als Rädchen im Getriebe der »Megamaschine« (Lewis Mumford) funktionieren diese Menschen reibungslos, ohne irgendwelche Fragen zu stellen. Deshalb ist die Welt, wie sie ist. Aber wer sagt, dass das so bleiben muss?

An den Schulen wird ungeachtet der drängenden Probleme noch immer vorrangig Verfügungswissen und damit in der Regel Zerstörungswissen gelehrt mit dem Schwergewicht auf den sogenannten MINT-Fächern: Mathematik, Informatik, Naturwissenschaft und Technik. Die Schüler:innen sollen erst gar nicht in die Lage versetzt werden, unser destruktives und nicht übertragbares Lebensmodell zu hinterfragen, sondern lernen, wie sie sich innerhalb unserer alles andere als enkeltauglichen Kultur ein möglichst großes Stück vom Kuchen abschneiden können. Wir brauchen aber vor allem Orientierungs- und Heilungswissen. Also das Wissen um ökologische und gesellschaftliche Zusammenhänge und das Wissen um die Heiligkeit und Verbundenheit alles Lebendigen. Dazu gehören auch Fächer, in denen das eigene körperlich-seelische Wohlbefinden im Zentrum steht und in diesem Zusammenhang Techniken wie zum Beispiel Meditation oder autogenes Training vermittelt werden. Und andere, die sich ganz praxisorientiert mit Ernährung beschäftigen, da viele Kinder und Jugendliche kaum mehr eine Beziehung zu den Nahrungsmitteln haben, die sie zu sich nehmen. Weder wissen sie, woher sie kommen, noch, welche Nährstoffe sie enthalten.

Die Frage des amerikanischen Anthropologen, Biologen und Philosophen Gregory Bateson wartet seit Langem darauf, endlich überzeugend beantwortet zu werden: »Warum lehren die Schulen fast nichts über das Muster, das verbindet? Ist es etwa so, daß sich die Lehrer bewußt sind, den Makel des Todes zu tragen, der alles, was sie berühren, in Geschmacklosigkeit verwandelt, und deshalb klugerweise nichts berühren oder lehren wollen, was für das wirkliche Leben von Bedeutung ist? Oder verhält es sich so, daß sie den Makel des Todes tragen, weil sie es nicht wagen, irgend etwas Lebenswichtiges zu lehren? Was ist los mit ihnen? Welches Muster verbindet den Krebs mit dem Hummer und die Orchidee mit der Primel und all diese vier mit mir? Und mich mit ihnen? Und uns alle sechs mit den Amöben in einer Richtung und mit dem eingeschüchterten Schizophrenen in einer anderen?«[35]

Darüber hinaus sollten die Schulen endlich damit anfangen, auch die intuitiven und kreativen Fähigkeiten ihrer Schüler:innen zu fördern, und sie dazu ermuntern, diese auch einzusetzen und ihnen zu vertrauen. Es reicht nicht, Kinder mit weitestgehend totem Wissen vollzustopfen. Bevor man ihnen die Fotosynthese erklärt oder sie im Kunstunterricht ein Buchenblatt zeichnen lässt, sollte man vorher mit ihnen in den Wald gehen, um gemeinsam zu erfahren, was ein lebendiger Baum ist. Grundsätzlich muss Lernen vermehrt mit persönlicher Erfahrung verbunden werden, und schon gar nicht darf es unter Zwang und in Verbindung mit Angst erfolgen. Am besten lerne ich das, was eine Beziehung zu meinem Leben hat. Ich brauche niemanden, der mich dazu zwingt oder mir Belohnungen verspricht. Das Lernen selbst ist die Belohnung.

Die Fähigkeit zu lernen, Neues zu begreifen, ist eine unserer grundlegenden und herausragenden Eigenschaften. Und es gibt kein Kind, das nicht gerne lernen würde und nicht Spaß daran hätte, immer wieder Neues zu entdecken. Der Neurobiologe Gerald Hüther hat gezeigt, dass Kindern diese Freude am Lernen bereits sehr früh ausgetrieben wird.[36] Viele sind schon vor ihrem Schuleintritt von ihren wahren Bedürfnissen derart entfremdet, dass sie gar nicht mehr bemerken, wie krank und krankmachend dieses System eigentlich ist. Die Schulen setzen dieses früh begonnene Zerstörungswerk lediglich erfolgreich fort, obwohl sie die Möglichkeiten hätten, dem etwas Besseres entgegenzusetzen. Die Freude am Lernen endet da, wo die Kinder »sich nicht mehr als Gestalter ihrer eigenen Lernprozesse« erleben. »Sie werden zu Objekten von Belehrungen, von Erziehungs- und Unterrichtsmaßnahmen, von Erwartungen und Bewertungen gemacht.« Lernen besteht dann nur noch in der Fähigkeit, das in mich gestopfte Wissen möglichst fehlerfrei zu reproduzieren. Da das Ganze noch dazu in ein Gratifikationsmodell eingebettet ist, gleichen die Schüler:innen eher konditionierten Pawlow'schen Hunden als freien Subjekten. So komplexe Tätigkeiten wie das Lernen noch immer mit Zahlen zwischen Eins und Sechs bzw. Punkten zwischen eins und fünfzehn zu bewerten ist lächerlich und letztlich kontraproduktiv. Vielleicht sind es ja gerade meine Fehler, die mich am weitesten bringen, und man kann nur staunen, wie sich diese archaische Form der Benotung über so lange Zeit halten konnte. Die Fähigkeit zu lernen und die damit eigentlich verbundene Freude sind, so Hüther, ein Synonym für Lebendigkeit. Unsere Form des Lernens wird in der Regel mit Druck und Angst vor schlechter Benotung assoziiert. So führen unsere Schulen einen täglichen Krieg gegen das Leben, den die ihr Ausgelieferten später in die Welt tragen.

So müssen die Schulen von morgen das Lernen von jeglichem Zwang und damit von Angst befreien und es außerdem aus dem Verwertungsprozess unserer Leistungsgesellschaft herausholen. Wir können dieses System durchbrechen, ist sich Gerald Hüther sicher, wenn wir den »subtilen Prozess der transgenerationalen Weitergabe negativer Lernerfahrungen zu verstehen beginnen«. Dann könnten wir aufhören, »einander zu Objekten unserer Absichten und Ziele, unserer Erwartungen und Bewertungen, unserer Belehrungen und klugen Ratschläge oder gar unserer Erziehungs- und Bildungsmaßnahmen zu machen. Wir könnten wieder lernen, einander als Subjekte zu begegnen. Wir könnten einander einladen, ermutigen und inspirieren, die Freude am Miteinander-Lernen und am Zusammenleben wiederzufinden.« Es ist ja gerade diese fatale Strategie der Objektivierung, die uns auch in unserer Beziehung zur lebendigen Natur wiederbegegnet. Kein Wunder, haben wir doch nie etwas anderes gelernt. Doch das bloß objektive Bewusstsein ist der Feind des Lebens.

Der Philosoph und Kulturkritiker Ivan Illich hat sich aus diesen und anderen Gründen bereits Anfang der Siebzigerjahre für die »Entschulung« der Gesellschaft ausgesprochen.[37] Den Schüler:innen werde »systematisch beigebracht, Lehren und Lernen miteinander zu verwechseln, ebenso das Versetztwerden mit

Bildung, ein Zeugnis mit Sachkenntnis und Geläufigkeit mit der Fähigkeit, etwas Neues zu sagen«. Die Schule entfremde die Schüler:innen letztlich von wirklichem Lernen, das, so Illich, in der Regel ohnehin außerhalb der Schule stattfindet. Außerdem hat Illich erkannt, dass Schule gesellschaftliche Schichten schafft bzw. zementiert. Denn »je mehr Erziehung der einzelne konsumiert, desto mehr ›Wissenskapital‹ erwirbt er und desto höher steigt er in der Hierarchie der Wissenskapitalisten. So definiert die Erziehung eine neue Klassenstruktur der Gesellschaft, innerhalb derer die Großkonsumenten an Wissen – nämlich jene, die große Beträge an Wissenskapital erworben haben – den Anspruch erheben, von höherem Wert für die Gesellschaft zu sein.«

So setzt sich auch die höhere Wertschätzung der wissenschaftlich-technischen Fächer im Berufsleben fort. Die damit verbundenen Tätigkeiten sind oftmals angesehener und besser bezahlt als Berufe, die nicht mit dem technologisch-wissenschaftlichen Bereich verbunden sind, wie Krankenschwestern, Altenpfleger, Erzieherinnen und viele andere mehr. Sehr oft verdienen die Menschen das meiste Geld, die auf diesem Planeten den größten Schaden anrichten. Das muss sich ändern. Wir müssen gerade diejenigen am besten entlohnen und am meisten wertschätzen, die sich für andere einsetzen und versuchen, diese Welt zu einem lebenswerteren Ort zu machen. Während der Coronapandemie haben die Menschen und selbst die Politik für kurze Zeit verstanden, wer die wirklichen Leistungsträger:innen in dieser Gesellschaft sind, um es nach kurzer Zeit wieder zu vergessen. Dem Applaus folgte – nichts! Altenpfleger und Krankenschwestern haben eben keine Lobby. Die Automobilindustrie und der Energiesektor sehr wohl.

Deshalb wechseln Politiker:innen nach Ausscheiden aus dem Bundestag auch nicht in den Pflegebereich, sondern in lukrative Wirtschaftsbereiche, mit deren Vertreter:innen sie bereits während ihrer politischen Karriere enge Kontakte pflegen. Ein Schelm, wer Böses dabei denkt. So wechselte der ehemalige Bundeskanzler Gerhard Schröder zur russischen Gazprom. Sigmar

Gabriel, ehemaliger Bundesvorsitzender der SPD und Vizekanzler, wurde im Jahr 2020 vom Deutsche-Bank-Aktionär Katar als sein Vertreter im Aufsichtsrat dieser Bank nominiert. Wolfgang Clement, früherer Bundeswirtschaftsminister, wechselte zu RWE, dem größten Klimasünder Europas, mit emittierten 89 Millionen Tonnen CO_2 pro Jahr. Annalena Baerbocks ehemaliger Büroleiter Titus Rebhann von den Grünen wurde im März 2023 Leiter der RWE-Konzernrepräsentanz in Berlin und damit RWE-Lobbyist. Die Liste ließe sich beliebig verlängern. Wie schon gesagt: Das meiste Geld lässt sich in den Bereichen verdienen, die den größten ökologischen Schaden anrichten.

Wir brauchen also eine wirkliche Kulturrevolution und nicht nur einige kosmetische Veränderungen im bestehenden Bildungssystem, das sich in seinen Strukturen und Inhalten längst hoffnungslos überlebt hat. Der Maler, Schriftsteller und spätere Sozialist Heinrich Vogeler hat nach den traumatischen Erfahrungen des Ersten Weltkrieges, die ihn zum Pazifisten werden ließen, die Utopie einer sozialistischen Gesellschaft entwickelt. Er wusste, dass die Veränderung des Schulsystems die Grundvoraussetzung einer anderen Gesellschaft ist. Was er in diesem Zusammenhang vor mehr als einhundert Jahren mit viel Pathos über die Schulen der Zukunft schrieb, liest sich wie gestern formuliert.[38] Allein das sollte uns zu denken geben. Die Schule, wie Vogeler sie sich vorstellt, sucht »in allen praktischen und geistigen Dingen einen innigen Zusammenhang mit dem Leben zu gewinnen: sie ist in steter Wandlung, steter Vertiefung begriffen. (…) Der Mensch hat sich entschieden, er erkennt den völligen Zusammenbruch der Welt des Hasses, der Unterdrückung und Ausbeutung in sich an, er verläßt die Welt der Verneinung, die reine Flamme der Erkenntnis verzehrt den unreinen Zustand der Resignation, die einzig zeugende Kraft der Welt der Liebe erfaßt sein ganzes Leben.«

Vogeler plädiert dafür, an die Stelle des »mechanistischen Lernprozesses, der den Menschen unter der Abhängigkeit von Autoritäten zu brauchbarem Material diszipliniert«, den »organischen Schöpferprozeß« zu setzen. Aus den mechanistischen Gewalten des ›Gehorchen‹ wird hingebendes ›Horchen‹ auf die ewigen Rhythmen des Alls.« Er möchte »anstelle der Kirche – Religion; anstelle der Abhängigkeit und des Gehorsams vor anderen Menschen – die Selbstverantwortung, das Horchen auf das innere Gesetz – Liebe – Gott«. Vogeler fordert hier von den Schulen vor allem, Herzensbildung zu vermitteln. Was unsere Schulen in der Regel den Schüler:innen beibringen, ist aber weder Herzensbildung noch Bildung überhaupt. Was heute an den Schulen passiert, ist letztlich nicht mehr als Berufsausbildung. Die Universitäten sind zum Teil auf ein ähnliches Niveau herabgesunken, um steten Nachschub für die immer zahlreicher werdenden Bullshit-Jobs der neoliberalen Ökonomie zu produzieren.

Wenn wir in einer Gesellschaft leben wollen, die weniger destruktiv, weniger restriktiv, weniger zynisch und egoistisch ist, dann müssen wir unseren Kindern in erster Linie Orientierungswissen statt Herrschaftswissen vermitteln. Orientierungswissen beinhaltet vor allem Wertebewusstsein und das Wissen darum, was wir für ein gelingendes und gutes Leben brauchen. So müssen die Schulen eine Art zu denken vermitteln, das sich vorrangig in qualitativen und nicht in quantitativen Kategorien bewegt. Die alten Paradigmen sind ohnehin an allen Ecken und Enden brüchig geworden und schon lange nicht mehr in der Lage, plausible Antworten auf die drängenden Fragen zu liefern. Sie sind zu eindimensional, zu wenig komplex, nicht pluralistisch, mit einem Wort: zu oberflächlich. Sie zu überwinden bedeutet, einen anderen Blick auf die Welt zu entwickeln, der diese in ihrer Tiefe erkennt. Denn dort liegt ihre Heiligkeit, ihre Schönheit und ihre Wahrheit.

POSTWACHSTUMSÖKONOMIE

Es ist eigentlich ganz einfach: Wenn man eine gewisse Menge an Ressourcen zur Verfügung hat und als Spezies an einem längerfristigen Überleben interessiert ist, dann ist es schlau, nur so viel zu verbrauchen, wie der Planet substituieren bzw. recyclen kann. Und gleichzeitig wäre es vernünftig, nicht mehr CO_2 zu emittieren, als er durch Pflanzenwachstum und andere Prozesse in der Lage ist zu kompensieren. Man kann ja vorerst auch nicht mehr ausgeben, als man verdient. Wenn man das dennoch möchte, hat man die Möglichkeit, einen Kredit aufzunehmen. Diesen muss man allerdings innerhalb eines gewissen Zeitraumes zurückbezahlen. Im Bereich der materiellen Ressourcen stellt sich das aber anders dar. Die Natur gibt uns zwar fortwährend Kredit, aber wir sind grundsätzlich nicht in der Lage, ihn jemals zurückzubezahlen. Schon gar nicht in einem System, das auf Wachstum ausgerichtet ist. Und was heißt in diesem Zusammenhang eigentlich Kredit? In Wahrheit ist der Kredit, den die Natur uns gezwungenermaßen gewährt, gleichbedeutend mit ihrer Zerstörung. Und da wir grundsätzlich niemals in der Lage sein werden, unser Wirtschaftswachstum vom Ressourcenverbrauch zu entkoppeln, müssen wir einen anderen Weg gehen. Denn dieser führt uns ganz sicher in die Katastrophe. Rupert Read, früherer Sprecher von Extinction Rebellion, hat prognostiziert, dass die kapitalistisch-technische Gesellschaftsordnung in jedem Fall am Ende ist.[39] Denn entweder wird sie in einer Katastrophe enden oder sich im besten Fall so fundamental verändern, dass sie auch dann nichts mehr mit unserer heutigen Zivilisation zu tun hat.

Dieses Buch ist im Glauben und in der Hoffnung darauf geschrieben, dass wir in der Lage sind, das bestehende System durch ein besseres zu ersetzen, ohne uns vorher oder während dieses Transformationsprozesses selbst auszulöschen. Denn wenn wir so weitermachen wie bisher, werden wir durch die mit der Verbrennung fossiler Rohstoffe verbundenen CO_2-Emissionen und die dadurch befeuerte Klimakrise den Planeten zunehmend unbewohnbar machen. Das Gleiche gilt für die Abfallstoffe unserer Zivilisation, mit denen wir die Meere, die Flüsse, die Böden und die Atmosphäre verseuchen. Im Jahr 2050 wird in den Weltmeeren dem Gewicht nach voraussichtlich mehr Plastik als Fisch zu finden sein, und weltweit gehen jährlich etwa zehn Millionen Hektar Ackerfläche durch Übernutzung, Erosion, Versalzung, Austrocknung und Überdüngung verloren.

Wir, vor allem die Länder des Globalen Nordens, müssen deshalb unseren Energie- und Materialverbrauch drastisch reduzieren. Vor dem Hintergrund, dass jeder Mensch ein Recht auf den gleichen Anteil an den Ressourcen dieser Erde hat, muss das individuelle Konsumniveau nach oben hin begrenzt werden. Um diese Welt weiterhin bewohnbar zu halten, darf jeder Mensch zirka eine Tonne CO_2 pro Jahr emittieren. In Deutschland beträgt dieser Wert zurzeit durchschnittlich etwa zwölf Tonnen pro Kopf. Wir leben also weit über unsere Verhältnisse bzw. über die Verhältnisse der anderen. Aus diesem Grund muss zuallererst die Produktion sämtlicher Luxusgüter eingestellt werden, denn es sind vor allem die Reichen und Superreichen, die den größten ökologischen Fußabdruck hinterlassen. Innerhalb einer wachstumsgetriebenen Wirtschaft wird eine solche Begrenzung aus nachvollziehbaren Gründen abgelehnt. Der Kern des Kapitalismus besteht ja gerade darin, diese Grenze immer weiter hinauszuschieben, das heißt, immer neue Bedürfnisse zu generieren.

Was wir brauchen, ist eine Wirtschaft, »die ohne Wachstum des Bruttoinlandsprodukts über stabile, wenngleich mit einem vergleichsweise reduzierten Konsumniveau einhergehende Versorgungsstrukturen verfügt«.[40] Eine solche Wirtschaft wird im Allgemeinen als Postwachstumsökonomie bezeichnet. Hinter diesem Begriff vereint sich eine Vielzahl von Strömungen, auf die im Einzelnen hier nicht eingegangen werden kann. Allen gemeinsam ist allerdings »das Bestreben, das Ökonomische als Sphäre verselbständigter Rationalität und des ökonomischen

Kalküls als alleinige Entscheidungsgrundlage zurückzudrängen«.[41] Die Wirtschaft soll wieder dem Menschen dienen und nicht umgekehrt. Leider gibt es noch immer vergleichsweise wenig Ökonomen und Ökonominnen, die sich mit dieser Form des Wirtschaftens auseinandersetzen. Denn noch immer gilt der jeden Tag aktueller werdende Satz des amerikanischen Kulturwissenschaftlers Fredric Jameson: »Es ist einfacher, sich das Ende der Welt vorzustellen als das Ende des Kapitalismus.«

An dieser Stelle wird regelmäßig das Argument vorgebracht, dass die Länder des Globalen Nordens ihr Wachstum reduzieren müssen, um »Raum für Wachstum« in den ärmeren Ländern zu schaffen (Tim Jackson). Aber dieser Vorschlag greift aus mindestens zwei Gründen zu kurz. Zum einen, weil die Armut der Länder des Globalen Südens eng mit der Struktur unseres Wirtschaftssystems zusammenhängt. So sorgt der Westen durch Zölle und milliardenschwere Subventionen der hiesigen Landwirtschaft und anderer Produktionszweige dafür, dass die Produkte der ärmeren Länder auf dem Weltmarkt keine Chance haben. Hinzu kommen finanzielle Abhängigkeiten und Ausbeutung. So hat sich die Auslandsverschuldung der Schwellenländer nach der Finanzkrise von 2007 fast verdreifacht. Damit diese Länder ihre Schulden begleichen können, werden sie direkt und indirekt dazu gezwungen, auf ihren Feldern Marktfrüchte wie Kakao oder Kaffee (sog. Cash Crops) anzubauen, die ausschließlich für den Export gedacht sind. Dadurch bleiben keine Ackerflächen mehr, um für sich selbst Nahrungsmittel anzubauen. Eine weitere Form der Ausbeutung besteht darin, dass uns die Länder des Globalen Südens billig Rohstoffe liefern, die wir mithilfe einer hoch entwickelten Technik zu hochwertigen Produkten verarbeiten können, um damit gigantische Gewinne zu generieren. Die Länder, die nicht über diese Technik der westlichen Länder verfügen, müssen sich mit niedrigen Löhnen und einer durch die Rohstoffförderung zerstörten Natur abfinden.

Bevor man also damit anfängt, unsere kapitalistischen Strukturen weiter auf diese Länder zu übertragen, um dort mehr

Wachstum zu generieren, sollten wir vorher für eine gerechte Wirtschaftsordnung sorgen. Das heißt konkret: Subventionsabbau, Schuldenerlass und Ende der Ausbeutung. Denn hier die kapitalistischen Strukturen zu überwinden, um sie in den sogenannten Schwellenländern noch auszubauen, scheint keine überzeugende Lösung des Problems zu sein. Wir müssen diese Wirtschafts(un)ordnung als Ganzes hinter uns lassen, sowohl im Westen als auch in den Ländern des Globalen Südens. Die Forderung, dass wir unser Wachstum drastisch reduzieren müssen, bleibt davon natürlich unberührt.

Es stellt sich außerdem die Frage, ob die ärmeren Länder wirklich an zu wenig Wachstum leiden. Das Problem liegt doch in erster Linie darin, dass man diese Menschen vielfach ihrer Produktionsmittel beraubt und sie von ihrem Land vertrieben hat. Die Antwort auf die Frage nach Überwindung der Armut heißt aus diesem Grund möglicherweise nicht Wachstum, sondern Gerechtigkeit. Wir müssen diesen Menschen wieder die Möglichkeit geben, kleine Subsistenzökonomien aufzubauen. Doch dafür muss man ihnen Land und die dafür notwendige mittlere Technologie zur Verfügung stellen. Ein System, das auf dem Raubbau der Natur Wachstum generiert, ist weder hier noch irgendwo anders zukunftsfähig. Der Begriff »mittlere Technologie« *(intermediate technology)* geht dabei auf den Ökonomen Ernst Friedrich Schumacher zurück. Diese Technologie ist günstig, auf ein menschliches Maß begrenzt und gibt den Menschen durch den Besitz eigener Produktionsmittel die Möglichkeit, sich von Großgrundbesitzern oder Industriellen unabhängig zu machen. Schumacher hat schon früh verstanden, dass wir in Bezug auf unsere Technik »an irgendeiner Stelle den falschen Weg eingeschlagen haben«.[42] Dieser Weg ist, so Schumacher, mit vier zentralen Fehlern gepflastert: Wir machen alles immer größer, immer komplizierter, immer kapitalintensiver und nicht zuletzt immer gewalttätiger. Unter gewalttätig versteht Schumacher hier nicht vorrangig den Krieg zwischen Menschen, sondern den gegen die Natur. Diesen Punkten möchte die mittlere Technologie etwas entgegensetzen. Sie soll klein, einfach, günstig und nachhaltig sein. Und natürlich darf der Einsatz dieser Technologie nicht auf die Länder des Globalen Südens beschränkt bleiben, sondern muss nach und nach auch hier unsere überdimensionierte und oftmals menschenfeindliche Technik ersetzen.

Die Postwachstumsökonomie hat keinen ausgearbeiteten Plan, den man nur noch in die Tat umsetzen müsste. Es ist vielmehr eine Bewegung, die sich die Transformation dieser Gesellschaft in eine postkapitalistische zum Ziel gesetzt hat. Der Weg dahin wird aus einer Vielzahl unterschiedlicher Ideen und praktischer Vorschläge bestehen. Aber letztlich geht es um »den Übergang in eine grundsätzlich andere Art von Wirtschaft – eine Wirtschaft, die überhaupt kein Wachstum *braucht*. Eine Wirtschaft, die um ein gutes Leben der Menschen und um ökologische Stabilität herum organisiert ist und nicht um die ständige Akkumulation von Kapital.«[43]

In Deutschland ist es vor allem Niko Paech, der sich in seinen Büchern intensiv mit Fragen zur Postwachstumsökonomie auseinandergesetzt hat und als radikaler Kritiker des Kapitalismus und des damit verbundenen Wachstumsdogmas gilt. Für ihn ist die rasante Wohlstandsvermehrung seit der industriellen Revolution vor allem dem Raubbau an der Natur geschuldet. Dass viele Menschen immer noch der Meinung sind, wir könnten so weitermachen wie bisher, hat, so Paech, mit unterschiedlichen Faktoren zu tun, bei denen auch die bereits angesprochene Praxis der Externalisierung eine Rolle spielt: »Die komplexe Mitwelt«, so Paech, »verfügt über viele Pufferkapazitäten, zeitigt immense Verzögerungseffekte, physische Umwandlungen sowie räumliche Verlagerungen, hinter denen sich jene Effekte verbergen lassen, die von technisch-industriellen Prozessen ausgelöst werden.«[44] Diese Verzögerungseffekte sind mittlerweile an ihre Grenzen geraten, und somit sehen wir uns zunehmend mit den negativen Folgen unserer Art zu wirtschaften konfrontiert.

Eine Postwachstumsökonomie, die diesen Namen verdient, muss einige zentrale Forderungen beinhalten: So muss es vorrangig darum gehen, unseren Wohlstandsbegriff neu zu definieren. Denn eine »eingeschränkte, auf materiellen Erfolg gegründete Form des Gedeihens hat unsere Volkswirtschaften nun über fünfzig Jahre oder mehr am Laufen gehalten. Dieser Weg ist aber in keiner Weise nachhaltig und droht inzwischen, die Bedingungen für geteilten Wohlstand zu untergraben. Eine solche materialistische Vorstellung von Wohlstand muss hinterfragt und auseinandergenommen werden.«[45] Dabei ist die noch immer gern verwendete Höhe des Bruttoinlandsprodukts (BIP) kein brauchbarer Indikator. Denn das BIP als Maß für die wirtschaftliche Leistung einer Volkswirtschaft innerhalb eines bestimmten Zeitraumes umfasst auch Aktivitäten, die die Natur schädigen. Dazu gehören die Abholzung der Wälder, die Luftverschmutzung, der Tagebau und vieles andere mehr. Außerdem fließen in seine Berechnung weder Tätigkeiten ein, die nicht bezahlt werden (Hausarbeit, Ehrenämter, häusliche Pflege u. a.), noch berücksichtigt es die Leistung von Subsistenzwirtschaften. Und schon gar nicht lässt sich mittels des BIP der Wert sozialer Beziehungen ausdrücken. Aber es sind ja gerade die unbezahlten Tätigkeiten und sozialen Beziehungen der Menschen, die die Grundlage einer lebenswerten Gesellschaft bilden. Wir brauchen also ein Instrument, das nicht so sehr materielle und energetische Prozesse fokussiert, sondern vor allem die Dinge in den Blick nimmt, welche die Voraussetzung für ein gutes und gelingendes Leben sind.

Auch wenn die unterschiedlichen Studien aus der Glücksforschung sich nicht einig sind, ab welchem Betrag des monatlichen Einkommens das Glück sich nicht weiter steigern lässt, steht doch eines fest: All diese Studien leiden unter einem grundsätzlichen Mangel. Sie beziehen sich alle auf die Höhe des verfügbaren Einkommens innerhalb einer Gesellschaft, die sich fast ausschließlich über Geld definiert. Wir können Glück und Zufriedenheit gar nicht mehr anders denken als in monetären Kategorien. Und in einer solchen Gesellschaft mag glücklich sein, wer ein Haus mit Garten sein Eigen nennt, Mitglied im Golfklub ist, einen Porsche vor der Tür hat und dreimal im Jahr Urlaub in der Karibik machen kann. Aber ist das wirklich hinreichend für ein glückliches Leben, oder speist sich wirkliches Glück nicht aus anderen Quellen? Abgesehen davon, ist es für jeden halbwegs empathischen Menschen schwer, wirklich glücklich zu sein, wenn man weiß, dass es so viele Menschen nicht sind. Zum Beispiel all jene, die hungern müssen, in Slums leben, keinen Zugang zu sauberem Trinkwasser haben und sechzehn Stunden am Tag arbeiten müssen, um überhaupt zu überleben, während ich am Strand in der Sonne liege. Spätestens wenn in diesem Moment ein Boot mit halbverdursteten Flüchtlingen das rettende Ufer erreicht, könnte es mit dem Glück schnell vorbei sein. Wenn man dann noch schlau genug ist einzusehen, dass das weniger glückliche Leben der anderen in direktem Zusammenhang mit meinem vermeintlich glücklichen Leben steht, stellt sich das Ganze noch einmal ganz anders dar.

Eine zentrale Voraussetzung für wirkliches Glück, das sich nicht in Geldeinheiten messen lässt, ist die Erfahrung der Verbundenheit. Glück stellt sich dann ein, wenn ich mit anderen, mit der Welt, der Natur und vielleicht sogar mit dem ganzen Kosmos oder gar Gott verbunden bin. Etwas für andere zu tun ist somit eine Grundvoraussetzung für ein glückliches Leben, da es Verbundenheit schafft. Zu einem gelungenen und guten Leben gehört somit vor allem, im Rahmen meiner Möglichkeiten dafür zu sorgen, dass auch alle anderen Lebewesen ein gutes Leben führen können. Eine Bedingung, überhaupt etwas für andere tun zu wollen und zu können, ist das Herunterfahren des eigenen Egos. Und hier landen wir wieder bei der Erkenntnis des Buddhismus, die uns schon im Kapitel »Liebe« begegnet ist: dass alles Leid aus unserer Egostruktur resultiert, das heißt aus der Gier mit all ihren Facetten. So stellt sich ein glückliches Leben dann ein, wenn wir unser Ego minimieren, um wieder in Kontakt mit der lebendigen Welt zu treten. Vielleicht ist das in diesem Zusammenhang schon der zentrale Begriff oder besser das Synonym für Glück: Lebendigkeit!

Der materielle Aspekt für ein zufriedenes Leben soll an dieser Stelle nicht kleingeredet werden. Natürlich muss man über ein gewisses Einkommensniveau verfügen, allein schon deshalb, um am gesellschaftlichen Leben teilnehmen zu können. Denn es ist ja gerade das Ausgeschlossensein von speziellen Aktivitäten (Theater, Kino, Sportverein u. a.), unter dem die Menschen mit wenig Geld am meisten leiden. Doch das, was Menschen wirklich glücklich und zufrieden macht, ist vor allem das soziale Umfeld, in dem sie sich bewegen. Ihre Familie, Freunde, Bekannte, die Kolleg:innen am Arbeitsplatz und vieles andere mehr. Dass Glück nicht zwangsläufig an Geld gekoppelt sein muss, zeigt sich allein schon bei all den Menschen, denen es finanziell nicht so gut geht und die trotzdem weit davon entfernt sind unglücklich zu sein. Und vielleicht geht in Wahrheit all das Reden über Glück am wirklichen Problem vorbei, und es ist eher so, wie es Albert Schweitzer gesehen hat: »Und zuletzt hast du gar nicht das Recht zu sagen: Ich will so sein oder so, weil du meinst, daß du so glücklicher bist als anders, sondern du mußt sein, wie du sein mußt, wahrer wissender Mensch, Mensch, der mit der Welt lebt, Mensch, der die Welt in sich erlebt; ob du damit nach der gewöhnlichen Auffassung glücklicher bist oder nicht, ist gleichgültig. Nicht das Glücklichsein verlangt die geheimnisvolle Stimme in uns, – ihr zu gehorchen ist das einzige, was befriedigen kann.«[46] Das Problem besteht hier darin, dass viele Menschen nicht mehr in der Lage sind, die geheimnisvolle Stimme in ihnen zu hören. Denn diese geht in der Regel im Lärm des Alltags verloren. Nicht zuletzt ist das eine der zentralen Aufgaben der Kirchen, Plätze der inneren und äußeren Ruhe zu schaffen, die jedem Menschen die Möglichkeit geben, dieser Stimme Gehör zu verschaffen.

Ein weiterer wesentlicher Bestandteil einer Postwachstumsökonomie ist der Aufbau regionaler Strukturen, um »in diesem Sinne wirklich die Kontrolle wiederzugewinnen« (Rupert Read). Es war der Staatswissenschaftler und Philosoph Leopold Kohr, der als einer der Ersten erkannt hat, »daß das Hauptproblem unserer Zeit auf eine einzige Ursache reduziert werden kann: auf Übergröße, übermäßiges Wachstum, Konzentration (anstelle von Aufteilung) der Macht, zu große Märkte und Nationen«.[47] Diese regionalen Strukturen bieten eine Fülle an Vorteilen. So können die Menschen vor Ort direkt in Entscheidungsprozesse miteinbezogen werden. Die damit einhergehende Verantwortung schafft eine intensivere Verbindung zur unmittelbaren Umgebung der Menschen, als es jede Bundestagswahl tut. Vielleicht ließen sich dann sogar die dreißig Prozent der Menschen zurückgewinnen, die jetzt der besagten Wahl fernbleiben.

Die Regionalisierung betrifft dabei vor allem die Energieerzeugung, die heute in der Hand weniger Großkonzerne wie RWE, EON, Vattenfall und EnBW liegt. Diese muss zukünftig vermehrt dezentral, vor allem durch Nutzung von Sonnenenergie, erfolgen. Da in einer Postwachstumsgesellschaft der Energieverbrauch drastisch sinken wird, dürfte die dezentralisierte Energieversorgung relativ problemlos umsetzbar sein. Aber auch die Arbeit im Allgemeinen und ganz besonders die Landwirtschaft müssen regionalisiert werden. Das bedarf eines grundsätzlichen Wandels unserer Nahrungsmittelproduktion, weg von den Großkonzernen, hin zu regionalem und biologischem Landbau. Zurzeit wird lediglich auf zirka zehn Prozent der Anbaugebiete in Deutschland Ökolandbau betrieben. Genau wie die Energieversorgung durch ein paar Monopolisten gesteuert wird, ist die Landwirtschaft heute von wenigen Großkonzernen abhängig. Allein Bayer, ChemChina, Corteva, Limagrai und BASF kontrollieren zirka 70 Prozent des weltweiten Saatgutmarktes und liefern in der Regel auch gleich die Pestizide dazu. Der Einsatz von Pestiziden hat dabei schwerwiegende Folgen für die Natur. Zum einen töten diese Chemikalien Milliarden von Insekten, was wiederum massive Auswirkungen auf die gesamte Nahrungskette der Tiere hat. Zum anderen verschwinden mit dem Einsatz von Pestiziden die Mikroorganismen aus den Böden. Das hat zur Folge, dass diese kein Wasser mehr speichern können und in Dürrejahren schneller austrocknen. Auf der anderen

Seite führt die Monopolisierung des Saatguts zu einem dramatischen Rückgang der Diversität von Nutzpflanzen. So werden inzwischen zwei Drittel der europäischen Anbauflächen von nur noch drei Getreidesorten dominiert: Weizen, Mais und Gerste. Die Ernährungs- und Landwirtschaftsorganisation der Vereinten Nationen (FAO) schätzt, dass in den letzten einhundert Jahren 75 Prozent der weltweiten Nutzpflanzen verschwunden sind. Die regionalen Landwirtschaften müssen sich in Zukunft von diesen Monopolisten unabhängig machen und vermehrt auch andere Getreidesorten anbauen. Gleichzeitig müssen unsere Lebensmittel ausschließlich biologisch produziert werden, das heißt ohne den Einsatz von Pestiziden oder gentechnisch veränderte Pflanzen (GMOs).

Die Fleischproduktion muss, schon aus Gründen des Tierschutzes, komplett eingestellt werden. Aber auch aus ökologischen Gründen ist der immense Fleischkonsum in den westlichen Ländern eine der klimapolitischen Todsünden und deshalb kein Bestandteil einer Postwachstumsökonomie. Das betrifft vor allem die Produktion von Rindfleisch, wobei pro Kilo Rindfleisch gut 13 Kilo CO_2 freigesetzt werden, vom Wasserverbrauch ganz zu schweigen. Dazu kommen die Emissionen bei der Futtererzeugung und die damit verbundenen Abholzungen von Wäldern zur Gewinnung von Anbauflächen.

Auch die Arbeitswelt muss sich verändern. Der Wirtschaftswissenschaftler Tim Jackson unterscheidet hier den »schnellen Sektor« der Technik und der Maschinen vom »langsamen Sektor« der Dienstleistungen, wo es weniger um materielle Güter als vielmehr um eingesetzte Zeit geht und darum, etwas für andere zu tun. »Das ist die Wirtschaft, die Wohlstand bringt: Gesundheit, Beschäftigung, langes Leben, Kreativität, Dauerhaftigkeit, Erfüllung. Von der Widerstandsfähigkeit eben dieser Wirtschaft hängt unser zukünftiges Wohlergehen ab – vielleicht sogar unser Überleben. Das ist die Wirtschaft, die wir retten müssen.«[48]

Zur Transformation der Arbeitswelt gehört auch ihre Regionalisierung. Wenn heute einhunderttausend Pendler die Stadt verlassen, um zu ihren teils weit entfernten Arbeitsplätzen zu gelangen, während die gleiche Anzahl an Menschen aus umliegenden Regionen in die betreffende Stadt fährt, ist das sowohl aus ökologischer Perspektive als auch aus Gründen der Effizienz völliger Irrsinn. Darüber hinaus leiden Pendler häufiger an psychischen Krankheiten. Ganz abgesehen von der verlorenen Zeit, die diese Menschen in ihren Autos verbringen. Doch anstatt diesem Übel zu begegnen, werden Autobahnen zunehmend sechsspurig ausgebaut. Das hat zur Folge, dass dieser verkehrspolitische Wahnsinn für die nächsten Jahrzehnte festgeschrieben wird. Eine Regionalökonomie hätte den großen Vorteil, nicht nur die Liefer- und Wertschöpfungsketten radikal zu verkürzen, sondern mit ihnen auch die Anfahrtswege. Durch eigenen Anbau von Nahrungsmittel verkürzen sich die Wertschöpfungs- und Lieferketten auf praktisch null. Das könnte innerhalb einer Stadt entweder auf eigenen oder auf gemeinsam genutzten Anbauflächen geschehen. Eine solche Subsistenzwirtschaft macht auch unabhängig von Fremdversorgung, was sich in Krisenzeiten als Segen erweisen kann.

Um den bereits existierenden Bestandsgrößen nicht noch weitere hinzuzufügen, muss innerhalb einer Postwachstumsökonomie die bestehende Infrastruktur zurückgebaut oder, wo es möglich ist, saniert werden. Anstatt Häuser abzureißen, muss man versuchen, sie so lange wie möglich zu nutzen. Man muss in Zukunft Gebäude »als ›Banken‹ [verstehen], in denen die verwendeten Materialien nur zwischengelagert sind, bis sie in einem anderen Gebäude zu erneuter Verwendung kommen«.[49] Hauseigentümer, die, aus welchen Gründen auch immer, ihre Häuser verfallen lassen, sodass sie nicht mehr als Wohnraum genutzt werden können, müssen enteignet werden. Der Artikel 14 des Grundgesetzes ist hier eindeutig: »Eigentum verpflichtet. Sein Gebrauch soll zugleich dem Wohle der Allgemeinheit dienen. Eine Enteignung ist nur zum Wohle der Allgemeinheit zulässig.«

Zu einer überzeugenden Postwachstumsökonomie gehört auch, die Technologie auf ein menschliches Maß zurückzubauen.

Denn »die Antwort auf die Probleme unserer Zeit liegt [...] nicht darin, die Technologie immer weiter zu verbessern, um sie an die Überlebensbedingungen einer Welt von Riesengesellschaften anzupassen. Sie liegt vielmehr in der Reduzierung der Riesengesellschaften auf eine Dimension, in welcher die ›passendsten‹ Hilfsmittel für den menschlichen Fortschritt von einer weniger fortgeschrittenen, einfacheren und billigen ›mittleren‹ Technologie geboten werden können.«[50]

Außerdem muss die Haltbarkeit von Werkzeugen, Maschinen oder anderer Produkte gesetzlich festgeschrieben werden, um zu verhindern, dass die Industrie ihren Geräten ein bestimmtes Haltbarkeitsdatum (Stichwort Obsoleszenz) zumisst. Das Freiburger Öko-Institut hat sich intensiv mit diesem Thema auseinandergesetzt und unterscheidet vier Arten der Obsoleszenz:[51] die werkstoffliche, die funktionale, die psychologische sowie die ökonomische. In einer Postwachstumsökonomie sind vor allem die werkstoffliche, die psychologische und die ökonomische Obsoleszenz von Bedeutung. Die werkstoffliche Obsoleszenz bewirkt, dass die spezifischen Materialien und Komponenten eines Gerätes vorzeitig verschleißen. Die psychologische Obsoleszenz steht in engem Zusammenhang mit der Werbung. Denn diese sorgt dafür, dass Geräte nach einer gewissen Zeit aus der Mode kommen und durch andere ersetzt werden sollen. Die psychologische Obsoleszenz würde in einer Postwachstumsökonomie weitestgehend entfallen, da es in einer solchen Wirtschaft schlicht und ergreifend keine Werbung mehr gibt. Die Werbeausgaben in Deutschland betragen zurzeit etwa einundzwanzig Milliarden Euro. Und natürlich wird diese Summe nicht von den Herstellern bezahlt, sondern von den Käufern der betreffenden Produkte, für die geworben wurde. In der Regel handelt es sich dabei um Dinge, von denen man gestern noch nicht wusste, dass man sie heute dringend benötigt. Man wird demnach zweimal hinters Licht geführt: Zum einen kaufe ich ein Produkt, das ich nicht brauche, und zum anderen bezahle ich auch noch die Werbung, durch die mir erst suggeriert wurde, dass ich dieses Produkt benötige. Ein geniales, in sich geschlossenes Modell, das erstaunlicherweise sogar funktioniert.

Die ökonomische Obsoleszenz betrifft die Reparatur- bzw. Instandhaltungskosten. So wird aufgrund spezieller Designs eine Reparatur unmöglich gemacht oder wäre kostspieliger als der Neukauf des betreffenden Produkts. In diesem Zusammenhang gibt es auch die Möglichkeit, sich Werkzeuge und Maschinen gegenseitig zu leihen. Das betrifft vor allem Geräte wie Rasenmäher oder Bohrmaschinen, die nur gelegentlich gebraucht werden. Im besten Fall gibt es dann noch Werkstätten, die diese Geräte reparieren können. Das würde sowohl die Anzahl der im Umlauf befindlichen Geräte und Maschinen drastisch reduzieren als auch ihre Lebenszeit deutlich verlängern. Die Einsparungen an Energie, Arbeit und Material wären enorm.

Dabei sind wir bei einem ganz zentralen Bereich einer funktionierenden Postwachstumsökonomie angelangt, der Kreislaufwirtschaft. Wir müssen daran arbeiten, möglichst geschlossene Stoffkreisläufe zu schaffen, in denen es praktisch keine Abfälle mehr gibt. Die Reparatur von Geräten und Maschinen spielt hier eine ganz wesentliche Rolle. In Deutschland fallen jährlich über 350 Millionen Tonnen Abfälle an, die nicht weiterverwendet werden. So beträgt beispielsweise die Rücklaufquote bei Elektroschrott zurzeit etwa magere 45 Prozent. Wir denken noch immer linear, indem wir die entsprechenden Produkte herstellen, eine Zeit lang nutzen, um sie dann zu entsorgen. Das muss ein Ende haben, und wir müssen endlich damit beginnen, unsere Stoff- und Energiekreisläufe zu verlangsamen und möglichst zu schließen.

Um das Wachstum weiter zu reduzieren, muss in absehbarer Zeit das privat genutzte Auto nicht nur aus unseren Städten, sondern letztlich ganz verschwinden. Das bringt nicht nur eine enorme Einsparung an Energie und Ressourcen, sondern auch eine drastische Verringerung von CO_2-Emissionen mit sich, die ja nicht erst beim Betrieb eines Kfzs, sondern bereits während der Produktion entstehen. Der Verkehrssektor war im Jahr

2022 für etwa 148 Millionen Tonnen CO_2 verantwortlich, wovon zirka drei Viertel auf den Pkw- und Lkw-Verkehr entfallen. Dass E-Autos keine Alternative sind, wurde bereits gezeigt. Im Übrigen ändern sie auch nichts am Flächenverbrauch in den Städten, und ein elektrisch betriebener tonnenschwerer SUV ist eine Beleidigung für jeden denkenden Menschen. Diese Autos sind die »Perfektionierung des Falschen« (Harald Welzer). Doch allein im Jahr 2022 wurden in Deutschland über eine Million SUVs und Geländewagen zugelassen. Privat genutzte Autos werden am Tag lediglich ein bis zwei Stunden bewegt und nehmen den Großteil der freien Flächen innerhalb einer Stadt ein. Ohne sie würden immense Flächen frei, die jetzt noch für die entsprechende Infrastruktur benötigt wird und massiv zur Versiegelung der Böden beiträgt. Autofreie Städte wären Städte ohne Lärm, ohne Hektik, ohne Staus, ohne schädliche Emissionen und nicht zuletzt ohne Tote und Verletzte. Die WHO schätzt, dass weltweit Jahr für Jahr zirka 1,3 Millionen Menschen im Straßenverkehr ums Leben kommen. Damit sterben in den kommenden fünf Jahren so viele Menschen durch Autounfälle, wie weltweit am Coronavirus verstorben sind. Das Interesse daran tendiert merkwürdigerweise gegen null.

Ohne diesen auto(im)mobilen Wahnsinn könnten Städte wieder Stätten der Begegnung werden. Innerhalb regionaler Strukturen verringern sich auch die Entfernungen zum Arbeitsplatz sowie zu Geschäften des täglichen Bedarfs. Somit kann ein großer Teil der Strecken entweder zu Fuß oder mit dem Fahrrad zurückgelegt werden. Für alles andere muss ein kostenloser öffentlicher Nahverkehr zur Verfügung stehen, barrierefrei versteht sich. So müssen wir vor allem die Städte völlig neu denken. In ihnen leben heute schon fast 60 Prozent der Weltbevölkerung, und sie sind für zirka 80 Prozent der CO_2-Emissionen verantwortlich. Dazu gehört, Städte nicht mehr als Gegenentwurf zur Natur zu betrachten, sondern als ihr komplementärer und eng mit ihr verbundener Teil. So wird das Planen von Städten »zu einer immer wichtiger werdenden Kompetenz, die unsere

Gesellschaft benötigt, um kollektiv und solidarisch trotz der sich verschärfenden Krisen überleben zu können. Allerdings ist hierfür ein Paradigmenwechsel notwendig, der [...] das Planen und Gestalten der Stadt als Chance dafür versteht, die sozialen, wirtschaftlichen und kulturellen Differenzen einzuhegen und ansatzweise zu überwinden. Der geteilte Lebensraum bietet die einzigartige Gelegenheit, gemeinsam für etwas Sorge zu tragen und eine Möglichkeit der Verbundenheit herzustellen, die sich in der ausdifferenzierten Moderne sonst kaum noch bietet.«[52]

Die Protagonist:innen einer Postwachstumsökonomie haben somit bereits eine Fülle an Vorschlägen in die Diskussion eingebracht, wie eine Wirtschaft aussehen könnte, die das Wachstumsdogma hinter sich gelassen hat. Was in diesem Zusammenhang oftmals zu kurz kommt oder zur Gänze fehlt, ist die politische Ebene. Das trifft auch auf Paech zu, der fast sämtliche Forderungen einer Postwachstumsökonomie auf die Ebene des Individuellen verlagert und sich von der Politik weitestgehend verabschiedet hat. Diese Lücke füllt eine Denkrichtung, die viele Überschneidungen zur Postwachstumsökonomie aufweist, der sogenannte Ökosozialismus. Er nimmt vor allem die politische Ebene und in Anlehnung an Marx die wirtschaftliche Sphäre in den Blick. Er ist »ein radikaler Vorschlag, der nicht nur auf eine Veränderung der Produktionsverhältnisse und eine Transformation des Produktivapparates sowie der vorherrschenden Konsummodelle abzielt, sondern auch auf den Aufbau eines neuen Paradigmas der Zivilisation, das einen Bruch mit den Grundlagen der modernen westlichen, kapitalistisch-industriellen Zivilisation darstellt«.[53] Die Ökosozialist:innen kritisieren vor allem die herrschende Produktions- und Konsumptionsweise des Kapitalismus. Ihnen geht es genau wie den Vertreter:innen einer Postwachstumsökonomie um die Überwindung des Wachstumsgedankens und der damit verbundenen Kapitalakkumulation. Sie möchten eine Wirtschaft, die nicht durch Werbung immer neue künstliche Bedürfnisse weckt, sondern eine Wirtschaft, die sich an den wirklichen Bedürfnissen der Menschen orientiert und diese auch befriedigt, ohne künstliche Knappheiten zu schaffen. Das alles unter Berücksichtigung des Naturschutzes, der hier eine ganz zentrale Rolle spielt. Der Mangel an politischem Bewusstsein, der sich gelegentlich bei den Postwachstumsökonomen findet, würde durch ökosozialistische Ansätze kompensiert. Deshalb wäre es wünschenswert, wenn diese beiden Strömungen in nächster Zeit enger zusammenarbeiten würden. Auch um sich gegenseitig in ihren Anschauungen zu korrigieren.

All diese Ideen machen nur allzu deutlich, dass es eine enorme Aufgabe sein wird, die vorherrschende Wachstumsideologie zu überwinden. Seit der industriellen Revolution ist der Glaube an eine stetige Steigerung unseres Wohlstands Teil unseres kulturellen Selbstverständnisses, man könnte beinahe sagen, Teil unserer kulturellen DNA geworden. Diese Steigerungslogik durchzieht alle gesellschaftlichen Bereiche, angefangen bei der Digitalisierung über den Verkehr bis hin zu ihrem Hauptverursacher, dem Finanzsystem. Es galt und gilt noch immer der Anspruch, dass es unsere Kinder besser haben sollen als wir. Es mag eine Zeit gegeben haben, in der diese Forderung berechtigt war. Heute leben, zumindest im Globalen Norden, sehr viele Menschen auf derart hohem Niveau, dass es sich kaum mehr begründen lässt, warum es die nächste Generation noch besser haben sollte. Man kann auch bezweifeln, dass diese Generation wirklich daran interessiert ist, noch mehr zu besitzen, noch mehr Wohnfläche zur Verfügung zu haben, noch mehr zu verdienen, um noch mehr konsumieren zu können. Die Interessen sind doch in Wahrheit ganz andere: Diese Generation möchte eine intakte Umwelt, gute soziale Beziehungen, einen sinnstiftenden Beruf, der sich auch mit dem Wunsch nach einem Familienleben kombinieren lässt. Rein materiell gesehen, muss es dieser Generation nicht besser gehen als uns. Im Gegenteil müssen wir jetzt und in Zukunft unseren Energie- und Ressourcenverbrauch massiv verringern. Unser Leben ist heute zwar komplizierter und schneller, als es noch vor einigen Jahrzehnten war, ob es dadurch aber an Qualität gewonnen hat, darf mit Recht bezweifelt werden. Die Anzahl der Menschen, die psychotherapeutische Hilfe in Anspruch nehmen, sowie die Menge an verschriebenen Antidepressiva, die seit 2010 um fast vierzig Prozent gestiegen ist, sprechen eine deutliche Sprache.

SPIRITUALITÄT

Auch innerhalb der Religionen gibt es eine Trennung von Außen- und Innenseite, von Exoterik und Esoterik. Die Außenseite besteht in den entsprechenden Institutionen, den Dogmen sowie den tradierten Inhalten der betreffenden Religion. Doch der Kern einer jeden Religion ist ihre Innenseite, das heißt ihre Mystik bzw. die lebendige mystische Erfahrung. »Der Fromme von morgen wird ein ›Mystiker‹ sein, einer, der etwas ›erfahren‹ hat, oder er wird nicht mehr sein«,[54] so der große katholische Theologe Karl Rahner. Leider hat besonders die christliche Kirche im Laufe ihrer Geschichte den mystischen Teil zunehmend verleugnet und zurückgedrängt. Die großen Mystiker und Mystikerinnen wurden in der Regel als Häretiker verfolgt, manchen der Prozess gemacht. Das galt selbst noch für einen modernen Mystiker wie Willigis Jäger, dem die Glaubenskongregation der katholischen Kirche im Jahr 2001 ein Rede-, Schreib- und Auftrittsverbot auferlegte. Im Jahr darauf legte Willigis Jäger sein Priesteramt nieder, und die Kirche hatte wieder, nach Hans Küng, Uta Ranke-Heinemann und Eugen Drewermann, einen ihrer wirkmächtigsten Denker verloren.

Willigis Jäger ist davon überzeugt, dass eine neue Spezies Mensch im Kommen ist. »Sie ist noch nicht organisiert, sondern setzt sich vorläufig nur aus einzelnen zusammen. Diese fühlen sich keiner bestehenden Gruppe verpflichtet, auch keiner religiösen, fühlen sich aber verbunden mit der ›Sophia perennis‹, die der Gipfel aller Religionen war und ist. Sie war immer von Individuen getragen, die zum Kristallisationspunkt für eine Gruppe geworden sind. Diese Basisgruppen überschreiten auch heute alle rassischen, nationalen, ethnischen, religiösen und geschlechtsspezifischen Merkmale. Sie zeigen großes Interesse an psychologischen, spirituellen und religiösen Disziplinen, ohne sich an sie zu binden. Sie sind die Träger der Hoffnung auf Zukunft. Sie entstehen aus der sterbenden Kultur unserer Zeit, die von schwersten Erschütterungen heimgesucht ist: aufgeblähte Institutionen, von Lobbies gesteuerte Regierungen, unersättliche Wirtschaftsgiganten, aggressive Wettbewerbe, stagnierende Religionssysteme, verflachter Unterhaltungskonsum, manipulierende Presseketten, sterbende leere Hüllen, die sich nur mühsam aufrechterhalten.«[55] Deutlicher lässt sich das kaum sagen, und dem ist wenig hinzuzufügen.

Eines der größten Missverständnisse der westlichen Welt besteht darin zu glauben, wir wären von der Welt, von anderen Menschen, von der Natur und zuletzt auch von Gott getrennt. Dieser Irrglaube hat katastrophale Folgen für uns und die Natur mit sich gebracht. Katastrophal für uns, da er uns einsam und verlassen in einer uns vermeintlich fremden und feindlich gegenüberstehenden Welt zurücklässt. Der Mensch, so glaubte Jacques Monod in seinem berühmten nihilistischen Diktum, muss »endlich aus seinem tausendjährigen Traum erwachen und seine totale Verlassenheit, seine radikale Fremdheit erkennen. Er weiß nun, daß er seinen Platz wie ein Zigeuner am Rande des Universums hat, das für seine Musik taub ist und gleichgültig gegen seine Hoffnungen, Leiden oder Verbrechen.«[56]

Katastrophal ist diese Trennung vor allem aber für die Natur, da wir aus diesem Gefühl des totalen Andersseins heraus einen Herrschaftsanspruch über sie abgeleitet haben, der bis heute ungebrochen ist und uns täglich näher an den ökologischen Abgrund führt. Diese Spaltung betrifft auch unsere Beziehung zu Gott, die wir völlig neu definieren müssen. Nach christlicher Überlieferung hätte uns Gott zwar nach seinem Bild geschaffen

(Gen 1,26), aber wir selbst wären nicht göttlich, sondern letztlich nur von Gott kreierte Artefakte. Gott ist das »ganz andere«, der *deus absconditus*, dem wir getrennt gegenüberstehen. So gab es in der gesamten Geschichte der Menschheit nur einen Menschen, in dem sich Gott manifestiert und offenbart hat: Jesus Christus. Er ist »die uns unbekannte Ebene, die die uns bekannte senkrecht von oben durchschneidet«.[57] Nur in ihm ist Gott Mensch geworden. Alle anderen müssen sich mit dem bloßen Menschsein zufriedengeben in der Hoffnung, nach ihrem Tod in das Reich Gottes aufgenommen zu werden. Damit wird Jesus zu einer Gestalt, die so weit über uns steht, uns so weit entrückt ist, dass sie uns fast nicht mehr erreicht und vielen kaum mehr etwas zu sagen hat. Dabei ist die Wahrheit eine andere: Wir sind nicht von außen in diese Welt gekommen, sondern aus ihr heraus. Und auch Gott ist nichts, was nur außerhalb von uns existieren würde, sondern sowohl die Natur als auch wir Menschen sind Manifestationen Gottes. »Geboren wird immer nur der Herr«, heißt es in der Gita und bei Johannes: »Alles ist durch das Wort geworden, und ohne das Wort wurde nichts, was geworden ist. In ihm war das Leben, und das Leben war das Licht der Menschen.« (Joh. 1) Auch der Mystiker Johannes Scheffler, der sich Angelus Silesius nannte, hat erkannt, dass er zwar nicht ohne Gott, aber eben Gott auch nicht ohne ihn existieren kann: »Ich bin so groß als Gott, er ist als ich so klein: Er kann nicht über mich, ich unter ihm nicht sein.« Und eine der großen Verkündigungen in den Upanishaden heißt *Tat Tvam Asi* (Das bist Du). Das heißt, das individuelle Selbst ist letztlich identisch mit Gott.

Was Jesus zur zentralen Gestalt im Christentum werden ließ, war seine Erkenntnis, dass Mensch und Gott in der Tiefe nicht voneinander getrennt sind. Dahingehend hat er sich auch mehrfach geäußert: »Wer mich sieht, der sieht den Vater.« (Joh. 14,9) »Und niemand kennt den Sohn als nur der Vater; und niemand kennt den Vater als nur der Sohn und wem es der Sohn offenbaren will.« (Matt. 11,27) Und nicht zuletzt in unmissverständlicher Klarheit: »Ich und der Vater sind eins.« (Joh. 10,30) Er erkannte sich selbst als eine Manifestation Gottes und hatte wohl sein Leben lang eine Beziehung zu Gott, wie sie für die Mystiker und Mystikerinnen aller Zeiten in der Regel nur für wenige Momente möglich war. Diese Erfahrung macht ihn zur historischen Ausnahmegestalt. Doch aus welchen Gründen auch immer wurde diese Tatsache der Gottessohnschaft nur Jesus zugesprochen und nicht allen Menschen gleichermaßen. Aus diesem Grund warten wir noch immer darauf, am Ende der Zeit erlöst zu werden. Doch das Reich Gottes ist bekanntlich mitten unter uns, und wir müssen nicht darauf warten, mit Gott vereinigt zu werden – wir sind es bereits. So gesehen, ist das Christentum auch keine Erlösungsreligion, denn die Erlösung hat bereits stattgefunden. Oder anders formuliert, war diese Erlösung nie notwendig, denn immer schon sind wir in Gott und Gott in uns, »auf dass Gott sei alles in allem« (1. Kor. 15,28). Unser Dasein wie das Dasein der Welt ist somit von jeher panentheistisch gewesen. Doch wenn Gott sich sowohl in uns als auch in allen anderen Lebewesen manifestiert, gibt es nur eine Möglichkeit, sowohl der Natur als auch seinen Mitmenschen zu begegnen: mit Liebe, Respekt und Mitgefühl. Aus dieser Perspektive betrachtet, wäre Sünde nichts anderes als die Entfremdung von Gott. Der Sinn unseres Lebens würde demnach darin bestehen zu erkennen, wer wir sind. Denn das hieße letzten Endes, Gott zu erkennen. Γνῶθι σεαυτόν, erkenne Dich selbst!, war nicht ohne Grund die Inschrift des Apollotempels von Delphi.

Doch wie stellt sich die Religion aus wissenschaftlicher Sicht dar? Religion, so lautet die gängige naturwissenschaftliche Erklärung, sei nur als eine adaptive Funktion zu verstehen, das heißt als eine Funktion, die sich im Laufe der Evolution durch Anpassung herausgebildet hat. Dieser Lesart zufolge ist Religion nützlich, weil sie das Überleben der Art im Kampf ums Dasein fördert. Sie dient dem Überleben, weil sie in der Lage ist, grundsätzliche Fragen zu beantworten wie die Frage nach unserer Herkunft und unserer Zukunft, was Aussagen über den Tod hinaus einschließt. Außerdem gibt sie uns ein moralisches Fundament, indem sie uns sagt, was wir tun sollen und tun dürfen und was nicht, und schafft damit für die Menschen das Gefühl, in einer Welt zu leben, die grundsätzlich verstehbar, weil geordnet ist und somit zumindest teilweise kontrolliert werden kann. Das wiederum sorgt für ein Gefühl der Sicherheit und gibt uns die Möglichkeit, unsere vielfach vorhandenen Ängste zu kontrollieren oder sogar zu überwinden. Das nützt nicht nur dem einzelnen Individuum, sondern fördert auch den Zusammenhalt ganzer Gesellschaften.

Aus dieser Perspektive betrachtet, hätte Religion eine ausschließlich gesellschaftliche Aufgabe, könnte also funktional verstanden werden. Die Verhaltensbiologie geht sogar so weit, die Entstehung von Religion als Folge territorialer Ansprüche erklären zu wollen. Die Philosophin und Religionswissenschaftlerin Ina Wunn beschreibt in ihrem Buch *Götter, Gene, Genesis*,[58] wie die Menschen vor zirka zehntausend Jahren begannen, die Schädel der Verstorbenen getrennt vom übrigen Körper zu bestatten. Diese Schädel sollten den Anspruch auf ein bestimmtes Territorium sichtbar machen, was von fremden Stämmen auch so verstanden wurde. Im Laufe der Jahrhunderte und Jahrtausende begann man, so die Autorin, diese positive Kraft mit den Schädeln selbst in Verbindung zu bringen. Sie dienten demnach nicht mehr nur als Symbol, sondern wurden jetzt selbst Träger dieser positiven Eigenschaften. Im weiteren Verlauf sei diese Kraft auf die Verstorbenen übergegangen, was natürlich den Glauben an ein Weiterleben nach dem Tod voraussetzt. Dieser Glaube an ein Weiterleben über den Tod hinaus brachte Wunn zufolge positive Effekte mit sich, wie beispielsweise eine bessere Bewältigung der Trauer und eine Reduzierung der eigenen Todesangst. Auch hier hat Religion demnach ausschließlich gesellschaftlichen Charakter, ist also funktional bestimmt, und dient in erster Linie dem Individuum als Trost im Angesicht des eigenen Todes.

Diese positiven Folgen, die der Glaube im Allgemeinen und der Glaube an ein Weiterleben nach dem Tod im Speziellen mit sich bringen, sind sicher richtig, und das alles ist unbestreitbar eine Funktion, die Religion hatte und noch immer hat. So ist die Fähigkeit zur Kontingenzbewältigung ohne Frage ein wichtiger Teil des Glaubens. Der Religionsmonitor 2023 der Bertelsmann Stiftung[59] zeigt, dass »Religion – verstanden als Quelle von Sinn [...] Menschen zudem beim Umgang mit Stress und Ungewissheit [hilft]«. Das habe sich besonders während der europäischen Migrationskrise 2015/16 und der Coronapandemie gezeigt. »Menschen, die sich als religiös einschätzen, fühlten sich weniger durch Migration bedroht. Auch während der Coronapandemie haben religiöse Menschen problemorientierter und proaktiver agiert und wiesen dabei eine höhere Lebenszufriedenheit auf als Nichtreligiöse.«

So ist der naturalistische, in der Regel darwinistische Blick von außen auf die Religion bzw. ihre Entstehung interessant und wichtig, um zu neuen Erkenntnissen zu gelangen. Aber wer behauptet, Religion sei nichts anderes als ein funktional zu verstehendes Verhaltens- und Kommunikationssystem zur Förderung des Zusammenhalts der Gruppe, erfasst nicht die ganze Wahrheit. Denn zum Verständnis von Religion und Religiosität als inneres, mit dem Individuum untrennbar verbundenes Phänomen scheitert dieser Erklärungsversuch radikal, da er das wahre Wesen der Religion noch nicht einmal in Ansätzen zu erfassen vermag. Möglicherweise verschafft Religiosität den betreffenden Menschen oder Gruppen einen Überlebensvorteil, sie darauf reduzieren zu wollen hieße aber, ihren eigentlichen Kern zu ignorieren.

Doch bevor wir auf diesen eigentlichen Kern zu sprechen kommen, müssen wir uns ansehen, was gegen eine ausschließlich naturalistische Erklärung von Religion vorgebracht werden kann. Die wohl überzeugendsten Argumente gegen einseitig naturalistische Erklärungsversuche von Religion liegen im Bereich der Ethik und finden sich bereits im Alten Testament, wo es heißt: »Du sollst dich nicht rächen und den Kindern deines Volkes nichts nachtragen und sollst deinen Nächsten lieben wie dich selbst.« (3. Mose 19,18) In den Evangelien wird diese Forderung noch radikalisiert, wenn Jesus in seiner berühmten Bergpredigt davon spricht, dass die Sanftmütigen das Land erben und die Friedensstifter Söhne Gottes heißen werden. Ganz zu schweigen von der Aufforderung, seine Feinde zu lieben und dem, der dich auf die rechte Backe schlägt, auch die linke darzubieten (Mt. 5). Doch gerade diese Forderungen sind mit Darwins Kampf ums Überleben nur äußerst schlecht zu vereinbaren, und der Theologe Gerd Theißen sieht die Religion – in diesem Fall die christliche – geradezu als einen Aufstand gegen das Selektionsprinzip. Denn »Gott erscheint als der, der Lebenschancen gerade denen gibt, die eigentlich dem Gericht verfallen sind und daher scheitern müssten«.[60] Denn hier geht es nicht allein um Opferbereitschaft, die sich bereits bei Tieren findet, um das Überleben der Gruppe zu sichern. Diese neue Ethik ist mehr als nur eine Erweiterung herkömmlicher moralischer Handlungsvorschriften, sondern sprengt in ihrer Radikalität die bis dahin gültige Ethik. Es ist eine Ethik, die rational kaum mehr eingeholt werden kann, und schon gar nicht lässt sie sich in irgendeiner Weise naturalistisch erklären. Sie ist nicht aus der Faktizität des Lebens ableitbar, sondern gehört buchstäblich einer anderen Welt an.

Nach Darwin wäre es da schon besser, wenn Religionen aggressiv sind, die Kampfmoral stärken und dadurch einer speziellen Gruppe ein Überlebensvorteil entsteht. Komischerweise wird genau das den Religionen vorgeworfen! Sie werden, gerade von ihren erklärten Gegnern, die in aller Regel Naturalisten sind, als äußerst gefährlich und destruktiv bezeichnet. Religionen seien die Ursache vieler Übel in der Welt, einschließlich der Geißel des Krieges. Gäbe es keine Religionen mehr, so ihre Kritiker:innen, würden auch schlagartig die meisten kriegerischen Auseinandersetzungen verschwinden. Abgesehen davon, dass es sich im Rahmen dieser Argumentation oftmals weniger um Religionen handelt, die das Ziel dieser Angriffe sind, als vielmehr um ihre zur Ideologie degenerierten Auswüchse, zeigt sich hier ein interessanter Sachverhalt: Die Gegner von Religion sind als Naturalisten meist auch überzeugte Anhänger der Evolutionstheorie, und aus diesem Grund richtet sich ihr Angriff letztlich gegen sie selbst. Denn wäre es so, dass Religionen ausschließlich aggressiv und zerstörerisch wirken, so muss man sich fragen, wie derartige Glaubenssysteme im Laufe der Jahrtausende überdauern konnten, ohne sich gegenseitig auszulöschen. Dass sie von der Evolution aber nicht eliminiert wurden, sondern sich darüber hinaus über die ganze Welt verbreitet haben, müsste doch aus Sicht ihrer Gegner gerade für sie sprechen. Zumindest wäre es naheliegend, dass sich am Ende nur eine Religion, nämlich die stärkste, durchgesetzt hätte. Wie wir wissen, gibt es aber nicht nur eine, sondern eine Vielzahl von Religionen, die sich gleichberechtigt gegenüberstehen. So wird der naturalistische Ansatz mit der Religion einfach nicht fertig. Denn dass die unterschiedlichen Religionen unbestritten hohe ethische Maßstäbe entwickelt haben, wirkt sich zum einen positiv auf bestimmte Gruppen aus, ist aber zum anderen nur schwer in darwinistisches Denken zu integrieren. Dass in ihrem Namen Kriege geführt werden, ist wiederum durchaus im Sinne Darwins, aber letztlich nicht gesellschaftsfördernd. Abgesehen davon, fände sich auch ohne Religionen immer ein Grund, anderen den Schädel einzuschlagen. Dazu bedarf es keiner religiösen Überzeugung, wie das 20. Jahrhundert mit seinen explizit atheistischen Diktaturen von Stalin über Mussolini bis hin zu Hitler eindrucksvoll und in seiner ganzen Abgründigkeit gezeigt hat.

Ein weiteres Element, das sich in allen Religionen der Welt zeigt, ist das der Askese. Ein asketisches Lebensideal, wie es sich heute innerhalb des Christentums in Form des Zölibats noch in der katholischen Kirche findet, schließt auch die Sexualität mit ein. Ein Verzicht auf Sexualität aber ist im Rahmen der Evolutionstheorie natürlich ein völlig sinnloses bzw. im wahrsten Sinne des Wortes kontraproduktives Element. Erstaunlich, dass es sich so lange gehalten hat.

Religionen sind, das zeichnet sie aus, durch einen speziellen Glauben gekennzeichnet, der sich zwar bis zu einem gewissen Grad rational nachvollziehen lässt, aber letzten Endes doch einer anderen, transzendenten Welt angehört. Und hier liegt ein weiteres Problem: Ein Lebewesen, das sich auf Glaubenssätze statt auf reale Sachverhalte verlassen und sein Leben daraufhin ausrichten würde, dürfte im Verlauf der Evolution schlechte Karten haben und wäre wohl längst der natürlichen Selektion zum Opfer gefallen. Denn die größte Überlebenschance, so behauptet es jedenfalls die Evolutionstheorie, besteht in einer möglichst guten Kenntnis der umgebenden Welt und perfekten Anpassung an diese. Was da gefragt ist, sind Fakten, keine Glaubenssätze. Ein steinzeitlicher Mensch, der glaubt, das Raubtier ihm gegenüber sei eigentlich keines, sondern wolle nur spielen, wird möglicherweise kein Glied in unserer Ahnenreihe sein. Trotzdem haben sich Religionen über viele Jahrtausende gehalten und weltweit ausgebreitet und tun das noch immer. Darüber hinaus stellt sich die Frage, woher überhaupt der Glaube an etwas diese Realität Transzendierendes kommt, wenn es im täglichen Überlebenskampf doch immer nur um das Naheliegendste, Immanente und zutiefst Irdische und Reale geht?

Der Mensch ist eben, und das gerade macht sein Menschsein aus, »nicht sehr verlässlich zu Haus in der gedeuteten Welt«. Er ist der ewig Unbehauste, der erst werden muss, was er ist. Er ist in seiner Freiheit überhaupt nur vor dem Horizont von Transzendenz zu denken. Darum kommt der Versuch, Religion ausschließlich naturalistisch erklären zu wollen, einem Angriff auf das eigentliche Wesen des Menschen gleich, der sich gerade dadurch konstituiert, dass er sich fortwährend selbst überschreitet und, das wusste schon Augustinus, erst dann Ruhe findet, wenn er wieder in die Transzendenz zurückkehrt, aus der er gekommen ist.

Doch was ist nun der Kern einer jeden Religion? Er ist immer mystisch. Er ist die Erfahrung des Göttlichen oder, wie der Theologe Rudolf Otto es nannte, die Erfahrung des »Numinosen«. Dieses Numinose, so Otto, »lebt in allen Religionen als ihr eigentlich Innerstes und ohne es wären sie gar nicht Religion«.[61] Eine Religion, in der dieses mystische Element fehlt, mag ein gesellschaftlich wirksames System von Normen, Handlungen und Kommunikationsweisen sein, eine Religion im eigentlichen Sinne ist es nicht. Das Mystische muss auch nicht zwangsläufig im »Himmel« zu suchen sein. Auch vordergründig Immanentes wie die Natur als Ganzes oder einzeln in ihr Vorkommendes wie Tiere oder Pflanzen kann Ursprung einer mystischen Erfahrung sein und verweist doch als Symbol immer wieder auf Transzendenz.

So wie diese Erfahrung am Beginn einer jeden Religion steht und Teil des kollektiven Unbewussten der betreffenden Religionsgemeinschaft geworden ist, so ist es aber auch eine Erfahrung, die von jedem Einzelnen immer wieder gemacht worden ist und gemacht wird. Das bezeugen unzählige Menschen in allen Religionen, in allen Zeiten, überall auf der Welt. Und damit ist nicht nur die einzigartige Erfahrung der *unio mystica*, der mystischen Vereinigung mit Gott, gemeint. Jeder und jede kann zu jeder Zeit die Erfahrung von Transzendenz machen. Oft reicht dazu ein Blick in die Sterne, eine Liebesstunde, das Zwitschern eines Vogels, die ersten Sonnenstrahlen des Frühlings, aber auch eine Grenzerfahrung wie Krankheit oder der Tod eines geliebten Menschen. Welche existenzielle Wucht eine solche Erfahrung entfalten kann, zeigen die mystischen Erfahrungen Buddhas, Augustinus' oder Martin Luthers. Dass eine solche Erfahrung jederzeit und an jedem Ort möglich ist, belegt ein Beispiel aus neuerer Zeit. Der amerikanische Ökologe Aldo Leopold beschreibt ein Erlebnis, das er in jungen Jahren hatte und sein Leben nachhaltig prägen sollte.[62] Er war mit anderen Jägern unterwegs, als sie auf ein Rudel Wölfe trafen. Und in »jenen Tagen ließ sich niemand die Gelegenheit, einen Wolf zu töten, entgehen. Eine Sekunde später pumpten wir Blei in das Rudel, eher begeistert als treffsicher (...). Wir erreichten die alte Wölfin noch rechtzeitig, sodass wir ein wildes grünes Feuer in ihren Augen verlöschen sahen. Damals erkannte ich, und weiß seitdem, dass in jenen Augen etwas für mich Neues lag – etwas, das nur sie und der Berg kannten. Damals war ich jung und schießwütig; ich dachte, dass weniger Wölfe mehr Wild bedeuten und dass keine Wölfe das Paradies für den Jäger wären. Doch nachdem ich das grüne Feuer erlöschen sah, fühlte ich, dass weder der Wolf noch der Berg mit dieser Ansicht übereinstimmten.« Was Leopold hier durch den Blick in die Augen der sterbenden Wölfin widerfuhr, war ohne Zweifel ein mystisches Ganzheitserlebnis. In diesem Moment wurde ihm klar (fühlte er), dass der Berg, die Wölfin und letztlich die ganze Natur miteinander kommunizieren und auf geheimnisvolle Weise miteinander verbunden sind. Nach dieser Erfahrung wurde Leopold zu einem Begründer der Umweltethik und Pionier des ökologischen Denkens.

Ohne eine mystische Erfahrung oder die Erfahrung des Angesprochenseins von Gott selbst gemacht zu haben, könnte man sich nur schwerlich als wahrhaft religiös bezeichnen, eingedenk des Satzes von Dorothee Sölle, »dass auch die, die der mystischen Erfahrung nur sympathetisch nahe stehen, ihr mit innerster Anteilnahme zuhören, die sich begeistern lassen und sich durch gründliches Studium vertiefen und versenken, [...] in die geschwisterliche Nähe der »Gottesfreunde« [gehören]«.[63] Doch ohne eine religiöse Erfahrung, welcher Art auch immer diese sein mag, wäre man lediglich Mitglied einer bestimmten Kirche und durch Tradition an bestimmte Glaubensinhalte gebunden, aber es fehlte doch das Eigentliche: die persönliche Begegnung mit dem Göttlichen. Diese Erfahrung des Numinosen ist auch für denjenigen, dem sie widerfuhr, nur schwer in Worte zu fassen und völlig unmöglich, sie rational oder wissenschaftlich begreifen und beschreiben zu können. Doch dass es diese Erfahrung gibt, steht außer Frage. Diese Erfahrung darf nicht ignoriert werden, nur weil sie dem naturalistischen Zugriff entzogen ist. Nimmt man sie nicht zur Kenntnis, muss das zwangsläufig zu einer unvollkommenen und letztlich falschen Darstellung der Genese von Religionen führen.

Glaube, oder nennen wir es ganz allgemein Spiritualität, ist nicht nur die Voraussetzung für eine überzeugende Umweltethik, sondern zugleich das beste Gegenmittel zu einer Gesellschaft, die sich entschlossen hat, ihr Heil ausschließlich im Konsum, also in der Welt der materiellen Dinge, zu suchen. Im Bereich des Spirituellen hat die materielle Dimension dagegen keine große Bedeutung mehr. Während materielles Wachstum in dieser Welt ein grundlegendes Problem darstellt, sieht das in der Sphäre des Spirituellen völlig anders aus. Denn Wachstum in diesem Bereich benötigt keinerlei Ressourcen außer den guten Willen. Im Spirituellen zu wachsen heißt vor allem, sein Ego zu überwinden. Es heißt, sich leer zu machen, um möglichst viel Platz für Transzendenz zu schaffen. Im Spirituellen zu wachsen heißt, sich immer mehr mit allem Lebendigen zu identifizieren und zugleich immer mehr dorthin zu wachsen, wo unser Ursprung liegt. Da wir nicht nur weltoffene, sondern auch gottoffene Wesen sind, unterliegt unser Wachstum in diesem Bereich keiner Begrenzung. Es endet erst dort, wo das anfängt, was wir mit dem Namen Gott bezeichnen. Das bedeutet nicht, in bloßer Innerlichkeit zu verharren oder, schlimmer noch, zu erstarren. Und gerade die »tiefe Diesseitigkeit« (Bonhoeffer) des Christentums hat sich nie mit der reinen Versenkung in Gott zufriedengegeben. Denn »zur Entscheidung ruft Jesus, nicht zur Innerlichkeit« (Rudolf Bultmann).

Was jede Religion, aber vielleicht das Christentum im Besonderen auszeichnet, ist das, was die Theologin Dorothee Sölle »das Recht ein anderer zu werden« nannte und was im Hebräischen *Teschuwa* und im Griechischen *metanoia* (μετάνοια) heißt. Denn im »christlichen Glauben geht es um einen Wechsel der Grundeinstellung und der Grundhaltung. Das ausbeuterische Wesen des Menschen kann sich wandeln. Es kann sich öffnen für die Aufgabe der Fürsorge. Das ist das Angebot der Gnade.«[64] Hier sind besonders die Kirchen aufgefordert, ihre Rolle als moralische Instanz wahrzunehmen. Eine Forderung, die in Anbetracht der Missbrauchsskandale fast zynisch klingt. Nach alldem, was die Kirche nur in diesem und letzten Jahrhundert verbrochen hat, hätte sie es eigentlich verdient, nie wieder eine Rolle im öffentlichen Leben zu spielen. Allein durch den Völkermord an den Indigenen in Kanada und anderen Ländern im Namen des christlichen Gottes trägt die katholische Kirche ein Maß an Schuld, das sich kaum in Worte fassen lässt. Aber letztlich muss auch für die Kirche gelten, was für uns alle gilt. Auch sie muss das Recht haben, eine andere zu werden.

Und in der Tat kann die Kirche der Forderung, moralische Instanz zu sein, nur dann wieder gerecht werden, wenn sie sich überzeugend und von Grund auf reformiert. Das betrifft vor allem die katholische Kirche. Ohne die Abschaffung des Zwangszölibats und ohne die Möglichkeit der Frauenordination wird diese Kirche zu Recht zunehmend an Bedeutung in dieser Gesellschaft verlieren. Dazu muss sie endlich den Missbrauch innerhalb der Kirche schonungslos aufdecken und die Opfer von Missbrauch und alle anderen, die psychisch und physisch unter ihr gelitten haben, endlich angemessen finanziell entschädigen. Da gerade Missbrauch sehr häufig mit asymmetrischen Machtstrukturen zusammenhängt, wird es höchste Zeit, den androzentrischen Machtapparat innerhalb der katholischen Kirche zu zerschlagen und sie wieder den Menschen zurückzugeben, denen wirklich etwas an ihr gelegen ist. Der im Jahr 2019 begonnene Reformprozess Synodaler Weg mag ein erster Schritt sein, die verkrusteten und teils reaktionären Strukturen der Kirche aufzubrechen. Bis jetzt sieht es allerdings nicht danach aus, dass diesem Projekt größerer Erfolg beschieden sein wird. Die Widerstände innerhalb der Kirche sind wohl nach wie vor zu groß. Falls somit alles so bleibt, wie es ist, wird diese Kirche zumindest in Deutschland keine Zukunft mehr haben.

Denn diese Kirche ist inzwischen vielen Menschen im Innersten fremd geworden. Im Jahr 2021 haben insgesamt 639 338 Menschen die Kirchen verlassen. Im letzten Jahr verzeichnete die evangelische Kirche 380 000 Austritte. Die katholische Kirche hat zum Zeitpunkt der Drucklegung des Buches noch gezählt, sodass die konkreten Zahlen nicht vorlagen. Es werden wohl weit über 400 000 Austritte sein. Kein Wunder, dass in Anbetracht dieser Zahlen die Kirchen in Deutschland langsam in Panik geraten. Laut Religionsmonitor ist damit seit Mitte des Jahres 2022 »der

Anteil der deutschen Bevölkerung, der kirchlich gebunden ist, erstmals unter die 50-Prozent-Marke gerutscht (…). Die von den beiden großen Kirchen in Auftrag gegebene Freiburger Studie zu Kirchenmitgliedschaft und Kirchensteuer prognostiziert deswegen eine Halbierung der verbliebenen Kirchenmitgliedschaften bis zum Jahr 2060. Statt der derzeit rund 44 Millionen werden dann nur noch 22 Millionen Menschen Mitglied einer der beiden großen Kirchen sein.«[65] Selbst die Gegner der Kirchen sollten sich über diese Entwicklung nicht freuen, denn »wo keine Götter sind, da walten Gespenster«, wusste schon Novalis.

Es wäre schade, wenn wir darauf warten, dass den Kirchen das Geld ausgeht und sie aus diesem Grund gezwungen werden, sich zu verändern. Wir müssen diese Veränderung schon jetzt bewusst und aktiv einfordern und mitgestalten. »Man kann eigentlich nur Christ werden, in Christus hineinwachsen«, so Dorothee Sölle, »indem man in eine Bewegung des Widerstands hineinwächst.«[66] Das schließt auch den Widerstand gegen eine in Teilen korrumpierte und moralisch degenerierte Kirche mit ein, die sich in vielen Bereichen Lichtjahre vom christlichen Auftrag entfernt hat.

Das alles ist zutiefst bedauerlich, da sehr viele Menschen ein starkes Bedürfnis nach Spiritualität haben und eine geistige Heimat suchen, die ihnen diese Kirche nicht mehr bieten kann. Doch genauso wahr ist auch, dass Kirche einer der letzten Orte ist, an dem noch die wirklich wesentlichen Fragen gestellt werden und der Versuch gemacht wird, sie adäquat zu beantworten. Und hierbei handelt es sich gerade um die Bereiche, in denen die Wissenschaften über keinerlei Kompetenzen verfügen, auch wenn sie das oftmals vorzugeben versuchen.

Doch eines ist ebenso unzweifelhaft wie die Verbrechen der Kirche: Es gibt in ihr Millionen von Menschen, die ehrlich und aufrichtig ihren Glauben praktizieren und danach streben, ihr Leben in Einklang mit den zentralen Forderungen ihrer Religion zu bringen. Die Kirche ist auch die Institution, die trotz aller eigenen Fehlbarkeit eine Verteidigerin der Humanitas bleibt. Denn es ist die Religion, die als einzige Instanz über ein geschlossenes

Menschenbild verfügt, das dem mechanistischen, reduktionistischen und seelenlosen Bild der Wissenschaften etwas entgegensetzen kann. Der Mensch als das Geschöpf Gottes steht damit den Naturwissenschaften als unverfügbare Instanz gegenüber. So bleiben die Kirchen (hoffentlich) auch eines der letzten Bollwerke gegen alle Versuche, den Menschen in naher Zukunft mithilfe der Gentechnik in seinem Kern verändern zu wollen.

Die Religion ist darüber hinaus die Instanz, die uns Demut lehrt, weil der Kern ihres Glaubens darin besteht, dass es Größeres gibt als uns. Der Islam hat diese Erkenntnis schlicht in zwei Wörtern ausgedrückt: *Allahu akbar* – Gott ist am größten. Es ist nicht zuletzt die Hybris der Moderne, die geglaubt hat, den Menschen an die Stelle Gottes setzen zu können. Der Psychoanalytiker Horst-Eberhard Richter hat das als »Gotteskomplex« bezeichnet. Der Tod Gottes im Zuge der Aufklärung, wie ihn Nietzsche verkündet hat, und die damit verbundene metaphysische Heimatlosigkeit mussten dadurch kompensiert werden, dass der Mensch sich selbst zum Gott erhoben hat. Er ist, so Richter, aus der »narzisstischen Ohnmacht« in die »Illusion narzisstischer Allmacht« geflohen. Doch im Gegensatz zu Nietzsche ist sich heute in der Regel niemand mehr der Größe dieser Tat bewusst. Doch Nietzsche wusste noch sehr genau, was der Tod Gottes für uns bedeutet, wenn er den »tollen Menschen« sagen lässt: »Wir Alle sind seine Mörder! Aber wie haben wir diess gemacht? Wie vermochten wir das Meer auszutrinken? Wer gab uns den Schwamm, um den ganzen Horizont wegzuwischen? Was thaten wir, als wir diese Erde von der Sonne losketteten? Wohin bewegt sie sich nun? Wohin bewegen wir uns? Fort von allen Sonnen? Stürzen wir nicht fortwährend? Und rückwärts, seitwärts, vorwärts, nach allen Seiten? Giebt es noch ein Oben und ein Unten? Irren wir nicht durch ein unendliches Nichts? Haucht uns nicht der leere Raum an? Ist es nicht kälter geworden? Kommt nicht immerfort die Nacht und mehr Nacht?«[67]

Es ist beeindruckend, wie genau Nietzsche vorausgesehen hat, dass unsere Zukunft vor allem von Orientierungslosigkeit geprägt sein wird. Und heute, in Anbetracht der weltweiten ökologischen und sozialen Krise, sehen wir vielleicht noch mehr, als das früher der Fall war, wie richtig seine Diagnose war. Wir müssen uns wieder mit den beiden Teilen der Welt verbinden. Mit der Erde und der Natur auf der einen und mit der Transzendenz auf der anderen Seite. Und genauso wichtig ist es, uns mit unseren Nächsten zu verbinden, da wir nur gemeinsam in der Lage sein werden, die kommenden Herausforderungen zu bestehen. Nicht umsonst hängt das Wort Religion etymologisch auch mit dem lateinischen *religare* zusammen, was so viel wie »sich zurückbinden« bedeutet. So sind die drei Säulen, auf der unsere Zukunft ruht, die Verbindung mit Gott, der Natur und unseren Mitmenschen.

Viele sind allerdings der Meinung, dass Religion und Glaube grundsätzlich Privatsache bleiben sollten, und verbitten sich jegliche Einmischung der Kirchen in politische Fragen. Und in der Tat darf man der Kirche ungeachtet ihrer Konfession keine staatspolitische Macht geben. Denn sie hat aufgrund ihrer ihr innewohnenden Struktur und Dogmatik den Hang zum Totalitären. Die Geschichte und Gegenwart liefern hierfür eine Fülle an traurigen Beispielen. Trotz dieser negativen Erfahrungen kann die Forderung, Religion sollte ausschließlich Privatsache sein, nicht überzeugen. Und so steht man vor dem Dilemma, dass Religion »entweder persönlich, aber öffentlich irrelevant [ist], oder öffentlich bedeutsam, aber politisch autoritär«.[68] So sieht der kroatische Theologe Miroslav Volf neben diesen beiden schlechten Alternativen nur die in vielen Ländern bereits verwirklichte Möglichkeit, »einen sozialen und politischen Pluralismus und die ihnen mögliche öffentliche Rolle zu akzeptieren«,[69] wobei die Globalisierung, davon ist Volf überzeugt, ihr bei dieser Aufgabe zu Hilfe kommt. Erstrebenswert wäre eine Kirche, die öffentlich bedeutsam ist, ohne dabei autoritär zu werden. Die schon erwähnte Dorothee Sölle und andere mit ihr haben seinerzeit vorgemacht, wie das aussehen könnte.[70] Doch leider ist es in der Regel noch immer so, dass die Kirchen zu oft auf der Seite der Mächtigen stehen, anstatt unangepasst ihre Werte zu verteidigen.

Denn eine humane Gesellschaft braucht dringend lebendige Kirchen, die sich auch in zentrale politische Fragen einmischen. Und nicht zuletzt bleiben die Religionen »die bedeutendsten Quellen für Visionen vom menschlichen Wachsen und Gedeihen, weil sie nicht die materiellen Güter und den Konsum in den Vordergrund stellen und in ihnen Solidarität eine entscheidende Rolle spielt.«[71] Wir sollten demnach alles dafür tun, diese Kirche, wenn auch in anderer Gestalt, ins 21. Jahrhundert zu retten. Dazu gehört vor allem auch eine Erzählung des Glaubens, die den Menschen auch heute noch etwas zu sagen hat.

So versucht der Theologe Tilman Haberer, die biblischen Texte auch für heutige Leser:innen verständlich und annehmbar zu machen.[72] Im Rückgriff auf das Konzept »Spiral Dynamics« postuliert er neun Bewusstseinsebenen. Haberer nennt sie »Bewusstseinsräume«, die sich im Laufe der Menschheitsgeschichte entwickelt haben sollen bzw. in Zukunft noch entwickeln werden. Wir würden zurzeit an der Schwelle zum siebten Bewusstseinsraum stehen, der sich dadurch auszeichnet, dass seine Vertreter:innen systemisch und integral denken und erkennen, dass alle Wahrheiten immer nur Teilwahrheiten sind. Diesem integralen Denken zufolge wären die bisherigen Lesarten der neutestamentlichen Schriften nicht grundsätzlich falsch, würden aber jeweils nur einen Teilbereich des Ganzen beschreiben. Da sie jeweils aus einer der spezifischen Bewusstseinsebenen stammen, können sie nur so beurteilt und verstanden werden.

Allerdings lauert in dem Versuch, das Christentum näher an die Menschen zu bringen, eine große Gefahr, der der Protestantismus zum Teil bereits erlegen ist: die Gefahr der Beliebigkeit. Kirche und Glauben dürfen sich nicht bis zur Unkenntlichkeit verwässern, um irgendwann mit der gerade bestehenden Gesellschaft zu verschmelzen. Gerade der christliche Glaube enthält eine Vielzahl radikaler Elemente, die quer zur bestehenden Gesellschaft stehen und auf keinen Fall preisgegeben werden dürfen. Das betrifft unter anderem die Kritik des Geldes und Besitzes. Der christliche Glaube zwingt den Einzelnen dazu, gerade in dieser zentralen Frage Stellung zu beziehen. »Denn niemand kann zwei Herren dienen: Entweder er wird den einen hassen und den andern lieben, oder er wird an dem einen hängen und den andern verachten. Ihr könnt nicht Gott dienen und dem Mammon.« (Mat. 6,24) So dürfen bei allen Versuchen der Annäherung von Kirche und Gesellschaft die zentralen Forderungen wie Nächsten- bzw. Feindesliebe, Freiheit von Angst und Besitz nicht aufgegeben werden, denn »ein Glaube, der nichts fordert, tröstet auch nicht«,[73] so der evangelische Theologe Jürgen Moltmann.

Davon abgesehen, ist es auch im ureigensten Interesse des Staates, unabhängige und lebendige Kirchen zu haben. Denn ein »Staat aus Teufeln kann nicht funktionieren; und daher sind Institutionen unabdingbar, die dem Staate jene moralischen Kräfte zuführen, ohne die sich die Gesellschaft auflösen muß.«[74] Das setzt allerdings voraus, dass die Kirchen auch über die Fähigkeit verfügen, »moralische Kräfte« zu entfalten. Das wiederum kann nur in einer lebendigen, selbstkritischen und sich ehrlich machenden Kirche gelingen, die sich ernsthaft auch wieder als moralische Instanz versteht und dieses Selbstverständnis sowohl nach innen als auch nach außen überzeugend lebt. Das scheint zumindest innerhalb der katholischen Kirche zum jetzigen Zeitpunkt nicht der Fall zu sein, aber auch die Protestanten haben hier noch einiges zu tun.

Wir brauchen somit eine neue Religiosität jenseits von dogmatisch verkrusteten Glaubenssystemen, um den herrschenden Verhältnissen etwas Konstruktives entgegenzusetzen. Denn »die immer mehr sich selbst absolut setzende, alles zur Legitimation zwingende Vernunft (verbunden mit der Freiheit der Subjektivität), die in keinen Kosmos eingebunden ist und der nichts heilig ist, zersetzt sich selbst«.[75] Wir brauchen ein neues »Projekt Weltethos«, das die Gemeinsamkeiten der Religionen hervorhebt und versucht, die Unterschiede im Dialog fruchtbar zu machen. Dabei wird man feststellen, dass die Gemeinsamkeiten bei Weitem überwiegen.

Jesus hat gesagt: »Wenn ihr nicht umkehrt und werdet wie die Kinder, werdet ihr nicht in das Himmelreich hineinkommen.« (Mat. 18,3). Das heißt nichts anderes, als offen zu sein für die Innenseite der Welt, sich berühren zu lassen von ihrer Schönheit, von ihrem Wert, von ihrer Lebendigkeit und Kreativität. So wie es alle Kinder tun und was uns in langjähriger harter Arbeit, die man Erziehung nennt, aberzogen wurde. Solche Menschen sind noch immer Träumer, buchstäblich unbrauchbar für diese auf Oberflächen fixierte, das Tote verehrende und auf materielles Wachstum versessene Gesellschaft. Deshalb müssen wir endlich wieder damit anfangen, zu träumen und unbrauchbar zu werden für *diese* Welt, denn nur dann haben wir eine Chance auf eine andere. Dorothee Sölle erzählt in einem ihrer Bücher diese Geschichte:

> Ein alter Rabbi fragte einst seine Schüler, wie man die Stunde bestimmt, in der die Nacht endet und der Tag beginnt. Ist es, wenn man von Weitem einen Hund von einem Schaf unterscheiden kann?, fragte einer der Schüler. Nein, sagte der Rabbi. Ist es, wenn man von Weitem einen Dattel- von einem Feigenbaum unterscheiden kann?, fragte ein anderer. Nein, sagte der Rabbi. Aber wann ist es dann?, fragten die Schüler. Es ist dann, wenn du in das Gesicht irgendeines Menschen blicken kannst und deine Schwester oder deinen Bruder siehst. Bis dahin ist die Nacht noch bei uns.

Da die Versöhnung zwischen den Menschen eine Bedingung für unsere Versöhnung mit der Natur ist, dürfen wir auch in diesem Sinne nicht aufhören, daran zu glauben, und vor allem nicht aufhören, daran zu arbeiten, dass die Nacht irgendwann ein Ende hat.

SCHLUSS

DIE NATUR ALS NEUES SUBJEKT DER GESCHICHTE?

So gibt es eine Fülle an Möglichkeiten, diese Welt anders wahrzunehmen und, als Folge einer veränderten Wahrnehmung, anders mit ihr umzugehen. Da wir dieses Zivilisationsmodell mit all seinen Problemen und destruktiven Konsequenzen geschaffen haben, liegt es auch in unserer Macht, es grundsätzlich zu verändern bzw. zu überwinden. Diese Welt wird sich in den nächsten Jahren und Jahrzehnten ohnehin tiefgreifend verändern. Die Frage ist an dieser Stelle lediglich: Werden wir es sein, die diese Welt bewusst und aktiv in eine zukunftsfähige Richtung lenken, oder werden wir uns mit der Rolle bescheiden, passive Spielbälle der Natur zu sein, die die Welt nach ihren unerbittlichen Regeln gestaltet?

Jede radikale gesellschaftliche Transformation benötigt ein Subjekt, das zum einen Träger neuer Ideen ist und zudem dazu bereit, diese Ideen auch in die Praxis umzusetzen. Der Marxismus glaubte noch an das Proletariat als revolutionäres Subjekt der Geschichte. Denn für ihn war die Geschichte vor allem eine Geschichte der sich verändernden Produktionsbedingungen materieller Güter und damit die Geschichte der »werktätigen Massen«. Nachdem sich, zumindest in der westlichen Welt, diese sogenannten werktätigen Massen bessere Arbeitsbedingungen und einen immer größeren Anteil am gesellschaftlichen Wohlstand erkämpft hatten, war damit auch ihr revolutionäres Potenzial weitestgehend erschöpft. Die Angestellten oder gar die Beamten schieden aus leicht nachvollziehbaren Gründen ohnehin von vornherein aus, Antreiber gravierender gesellschaftlicher

Veränderungen zu sein. In den Ländern des Globalen Südens stellt sich die Situation völlig anders dar. Hier ist, nicht zuletzt durch unsere Praxis der Externalisierung, ein neues Proletariat entstanden, das vielleicht noch massiver ausgebeutet wird, als es bei uns im 19. Jahrhundert der Fall war. Welche gesellschaftlichen Umwälzungen von dieser Bevölkerungsgruppe in Zukunft zu erwarten sind und ob sie überhaupt Auslöser dieser Veränderungen sein werden, lässt sich kaum vorhersagen.

So scheint es heute die Zivilgesellschaft als Ganzes zu sein, der manche es am ehesten zutrauen, radikale Veränderungen anzustoßen. In der Regel werden dabei aber die Möglichkeiten des Einzelnen überschätzt, da sie sich – zum Beispiel ein verändertes Konsumverhalten – lediglich auf individueller Ebene abspielen. Wirkliche und nachhaltige Veränderungen kann es nur geben, wenn sich auch die entsprechenden gesellschaftlichen und politischen Institutionen radikal ändern bzw. verändert werden. Zu glauben, man könnte unterhalb des Radars der Politik die Gesellschaft dauerhaft umgestalten, ist eine verhängnisvolle Illusion, der leider gerade auch viele alternativ und spirituell eingestellte Menschen verfallen. Sie setzen oftmals zu einseitig auf die Transformation des Bewusstseins und übersehen dabei, dass das allein nicht ausreichen wird, um einen grundlegenden gesellschaftlichen Wandel zu bewirken. So wichtig und notwendig die Veränderung des individuellen Bewusstseins auch ist, müssen wir gleichzeitig immer auch auf politischer Ebene denken und handeln. Andernfalls besteht die Gefahr, sich zu isolieren und ins Sektenhafte abzudriften.

Auch wenn mittlerweile größere Teile der Bevölkerung versuchen, einen nachhaltigeren Lebensstil zu praktizieren, nimmt doch in Wahrheit unser Konsum zu und damit auch die Größe unseres ökologischen Fußabdrucks. Grund dafür ist unser auf Wachstum ausgerichtetes Wirtschaftssystem, das immer mehr produzieren und gleichzeitig immer neue Bedürfnisse generieren muss. Wer sich heute das neue iPhone 14 kauft, wusste bis gerade nicht, dass er das jemals brauchen würde, und schon morgen kann er sich kaum mehr vorstellen, wie er sein bisheriges Leben ohne dieses Stück Elektronik verbringen bzw. meistern konnte. Und während diese Zeilen geschrieben werden, wird für September dieses Jahres bereits das iPhone 15 Pro angekündigt. Nur so kann sich dieses System, an dem wir alle mehr oder weniger, bewusst oder unbewusst beteiligt sind, überhaupt halten. Würde es auch nur für kurze Zeit stillstehen und kein Wachstum mehr generieren, hätte das umgehend negative Konsequenzen für alle Beteiligten. Wachstum ist somit die Conditio sine qua non dieses Wirtschaftssystems. Wohlgemerkt: *dieses* Wirtschaftssystems! Das heißt eben nicht, dass es grundsätzlich keine Alternativen gäbe, wie wir im Kapitel »Postwachstumsökonomie« gesehen haben. Allerdings brauchen wir noch mehr Menschen, die sich mit diesen fundamentalen Fragen auseinandersetzen, mehr Mut und radikal neue Ideen, um eine funktionierende Postwachstumsökonomie zu entwickeln und erfolgreich in die Praxis umzusetzen.

Dazu gehört zwingend, das Ökonomische wieder in den Bereich des politisch Gestaltbaren zu verschieben. Der Philosoph Slavoj Žižek hat bereits vor fünfundzwanzig Jahren die »Entpolitisierung der Sphäre der Ökonomie« beklagt. Und in der Tat wird auch heute noch so getan, als folge die Wirtschaft unveränderlichen Naturgesetzen, die politische Entscheidungen erzwingen, die dann gerne als alternativlos bezeichnet werden. Die Vorstellung von Ökonomie als einem System, das seinen eigenen Gesetzen folgt und sich möglichst ohne Zutun des Staates selbst reguliert, ist eine zentrale Idee des Liberalismus des 19. Jahrhunderts. Adam Smith prägte in diesem Zusammenhang das Wort von der »unsichtbaren Hand«. Die Wurzeln dieses Glaubens an eine grundlegende »unsichtbare« Harmonie und Ordnung der Welt liegen in der Philosophie und lassen sich, so der Soziologe Alexander Rüstow, bis zum vorsokratischen Philosophen Heraklit zurückverfolgen.[1] Für ihn ist es »der göttliche Logos, die Weltvernunft, die alles durchdringt und leitet, vom Gang des Universums bis hinunter zum menschlichen Handeln, und die alles zu der großartigen Harmonie eines großen Zyklus verschmilzt«. Dieser Gedanke hätte sich im Folgenden über die Stoiker und das frühe Christentum bis in die Renaissance fortgesetzt, um in der Moderne allerdings nach und nach seinen theologisch-metaphysischen Unterbau zu verlieren. Was blieb, »war jedoch der Glaube an die Autonomie, die unbedingte Gültigkeit der ökonomischen Gesetze«.

So vergessen wir auch heute noch, dass wir es doch sind, die diese Gesetze machen. Und noch immer führen wir gesellschaftliche Grabenkämpfe, die von den eigentlichen und tiefer liegenden Problemen ablenken. »Solange jedoch diese fundamentale Entpolitisierung des ökonomischen Bereichs akzeptiert wird, bleibt all das Gerede über aktive Bürgermitbestimmung, über öffentliche Diskussionen, die zu verantwortungsvollen gemeinsam getroffenen Entscheidungen führen und so weiter, auf die ›kulturell‹ limitierten Anliegen der religiösen, sexuellen, ethnischen und anderer Lebensformunterschiede begrenzt, ohne tatsächlich auf eine Ebene vorzudringen, auf der langfristig wirksame Entscheidungen getroffen werden könnten, die uns alle angehen. Der einzige Weg, eine Gesellschaft herbeizuführen, in der risikoreiche grundlegende Entscheidungen aus einer öffentlich geführten Debatte aller Betroffenen herrühren, besteht kurz gesagt in einer Art radikaler Limitierung der Freiheit des Kapitals, in der Unterordnung des Produktionsprozesses unter soziale Kontrolle, was einer radikalen *Repolitisierung der Ökonomie* gleichkommt.«[2]

Neben der Entpolitisierung der ökonomischen Sphäre und der Pflicht zum Wachstum leidet unsere Gesellschaft an einem nicht weiter reflektierten Freiheitsbegriff, der nicht unterscheidet zwischen »Freiheit von« und »Freiheit zu«. Es ist nicht nur legitim, sondern auch notwendig, sich von äußeren Zwängen zu befreien. Dazu gehört der Widerstand gegen den immer mächtiger werdenden Überwachungskapitalismus (Shoshana Zuboff) und seine Protagonist:innen. Dazu gehört auch, sich gegen die immer weiterreichende staatliche Bevormundung zu wehren, die gerade auch während der Coronakrise sichtbar wurde. Wir müssen deshalb auf der Hut sein, nicht noch zusätzlich einen Überwachungshygienismus zu etablieren, wo im Namen der Gesundheit grundlegende Freiheiten der Menschen dauerhaft infrage gestellt werden.

Die »Freiheit von« muss somit immer wieder aufs Neue und in der Regel gegen gehörige Widerstände erkämpft und verteidigt werden. Wer aber glaubt, die »Freiheit zur« Schädigung unserer Mitwelt zu haben, indem er einen destruktiven und in weiten Teilen unsozialen Lebensstil praktiziert, hat nicht verstanden, was Freiheit in Wahrheit bedeutet. Wirkliche Freiheit ist vor allem die Fähigkeit, seine eigene Freiheit zu begrenzen – und vor allem da, wo sie die Interessen anderer tangiert. Und das meint selbstverständlich nicht nur die Interessen anderer Menschen, sondern auch und vor allem die berechtigten Interessen der Natur. Es gibt nun mal kein naturgegebenes Recht auf Kreuzfahrten, Flugreisen nach Bali, täglichen Fleischkonsum oder den neuesten SUV. Freiheit geht somit immer mit Verantwortung einher, ohne die sie zum grenzenlosen Egoismus entartet.

So ist Freiheit immer auch und wohl in erster Linie soziale Freiheit. Der Sozialphilosoph Axel Honneth versteht darunter die Freiheit in Gemeinschaft und Solidarität als Gegenentwurf zum Liberalismus, der einzig die individuelle und egoistische Freiheit betont. Er sieht die soziale Freiheit als »eigentliche Idee des Sozialismus«, wirft den Sozialisten aber vor, diesen Freiheitsbegriff lediglich auf die ökonomische Sphäre angewandt zu haben. Es müsse aber darum gehen, die Differenzierung moderner Gesellschaften zur Kenntnis zu nehmen und den Begriff der sozialen Freiheit auch auf den Bereich des privat-familiären und der politischen Mitbestimmung auszudehnen. »Nur wenn jedes Gesellschaftsmitglied sein mit jedem anderen geteiltes Bedürfnis nach körperlicher und emotionaler Intimität, nach ökonomischer Unabhängigkeit und nach politischer Selbstbestimmung derart befriedigen kann, dass es sich dabei auf die Anteilnahme und Mithilfe seiner Interaktionspartner zu verlassen vermag, wäre unsere Gesellschaft im vollen Sinne des Wortes sozial geworden.«[3]

So erweist sich die Hoffnung, die Zivilgesellschaft könnte als das neue revolutionäre Subjekt fungieren, offensichtlich als Illusion. Eher scheint das Gegenteil der Fall zu sein. Viele Menschen sind zwar davon überzeugt, dass sich etwas ändern muss, aber nur insofern es nicht ihren persönlichen Lifestyle tangiert. Die Zivilgesellschaft scheint als Ganzes eher daran interessiert, den Status quo zu erhalten, als irgendwelchen weitreichenden Veränderungen mit aus ihrer Sicht ungewissem Ausgang zuzustimmen. Das bildet sich auch sichtbar im Parteienspektrum ab. Hier gibt es keine Partei mehr, die ernsthaft und glaubwürdig für ein anderes Lebensmodell jenseits von Konsum und Wachstum eintreten würde. Die Demokratie als Herrschaft des Volkes ist in Teilen zu einer Herrschaft der Reichen verkommen, die Politik für Reiche macht. Aber Plutokratien und Oligarchien gibt es immer nur in den anderen Ländern. Höchste Zeit also, einmal die Blickrichtung zu ändern. Vor allem die gesellschaftliche Mittel- und Oberschicht sind in weiten Teilen reaktionär und werden versuchen, ihre Pfründe mit allen Mitteln zu verteidigen. Und dieser Verteilungskampf ist ja bereits im vollen Gange: »There's class warfare, all right, but it's my class, the rich class, that's making war, and we're winning.« (Warren Buffet)

Es reicht schon lange nicht mehr, nur hier und da ein Schräubchen am großen Getriebe des Kapitalismus zu drehen. Wir sind mittlerweile an einem Punkt angelangt, an dem wir entweder einen radikalen Richtungswechsel vornehmen oder mit hoher Geschwindigkeit gegen die Wand der planetaren Grenzen fahren. In Wahrheit zerschellen ja bereits die ersten Waggons an besagter Wand. Das wird nur kaum zur Kenntnis genommen, weil es sich dabei in der Regel um Passagiere der zweiten Klasse handelt, die noch dazu den Fahrschein nicht bezahlen konnten. In seinem Buch *Klimakriege* schreibt der deutsche Sozialpsychologe Harald Welzer, dass es naiv sei zu glauben, »der fahrende Zug der fortschreitenden Zerstörung der Überlebensbedingungen sehr vieler Menschen würde seine Geschwindigkeit und Richtung verändern, wenn man in seinem Inneren gegen die Fahrtrichtung läuft. Man muss die Richtung insgesamt ändern, und dafür muss der Zug erstmal angehalten werden.«[4]

Hier genau zeigt sich das Problem. Der Zug muss erst einmal angehalten werden, um seine Richtung zu ändern. Aber welche gesellschaftliche Gruppe wäre dazu willens und in der Lage? So wie es aussieht, keine, denn zu viele haben ein Interesse daran, dass der Zug seine Richtung und Geschwindigkeit beibehält. Und nicht wenige sind dreist genug zu behaupten, er könne sein Tempo sogar noch erhöhen. Doch dass dieser Zug seit einigen Jahrzehnten auf dem falschen Gleis Richtung Selbstzerstörung fährt, sollte mittlerweile auch der oder die Letzte zur Kenntnis genommen haben.

Die Mehrheit der Menschen in den Industrienationen ist also offensichtlich nicht gewillt, ihren Lebensstil so weitreichend zu verändern, dass diese Erde auch noch für unsere Enkel als lebenswerter und lebenserhaltender Ort fortbesteht. So bleibt oftmals nur die Resignation nach dem Heidegger'schen Motto: »Nur noch ein Gott kann uns retten«. Und viele Veröffentlichungen der letzten Jahre scheinen in diese Richtung zu tendieren. Es wird erst gar nicht mehr versucht, den Gang in die Selbstzerstörung zu verhindern. Jetzt geht es nur noch darum, das Gegebene zu akzeptieren und die Gesellschaft so widerstandsfähig zu machen, dass sie im besten Fall in Teilen erhalten bleibt. Das alles läuft unter dem inflationären Stichwort Resilienz. Diese muss man sich aber erst einmal leisten können. Während der reiche Globale Norden dazu in der Lage ist, sich den Folgen des Klimawandels bis zu einem gewissen Grad anzupassen, können die ärmeren Länder das in der Regel nicht. Vieles davon ist aber auch eine Art heroischer Nihilismus, wie ihn beispielsweise der französische Philosoph Albert Camus vertreten hat. Und bei Oswald Spengler, dem Autor von *Der Untergang des Abendlandes* (erschienen 1918/1922), findet sich Ähnliches. Spengler sah im Optimismus einen Akt der Feigheit und war davon überzeugt, dass nur die Träumer noch an Auswege glauben. Für ihn hieß das, angesichts der Hoffnungslosigkeit und des drohenden Untergangs Haltung zu bewahren und dem seiner Ansicht nach unausweichlichen Ende mutig entgegenzugehen. Es ist eine Haltung, die gerade in Krisenzeiten ihre Blüte entfaltet und ohne Frage eine gewisse Anziehungskraft besitzt. Allerdings lässt sich eine solche Einstellung auch sehr leicht dazu missbrauchen, seine persönliche Untätigkeit zu legitimieren. Nach der Devise, die Welt ist ohnehin nicht mehr zu retten, lasse ich noch einmal richtig die Sau raus, um ihrem Ende dann scheinbar mutig entgegenzusehen. Natürlich immer in der vagen Hoffnung, dass ich selbst diesem Ende vielleicht doch auf die eine oder andere Art entgehen könnte.

Doch dieser Fatalismus kann nicht überzeugen, da ihm in der Regel keine ehrlichen Motive zugrunde liegen. Denn solange noch die Möglichkeit der Rettung besteht, sind wir moralisch dazu verpflichtet, alles dafür zu tun. Darauf hat bereits der Psychologe und Philosoph Erich Fromm aufmerksam gemacht.[5] Denn mit dem Leben, egal ob es das Leben des Einzelnen betrifft oder die Existenz einer ganzen Gesellschaft, verhält es sich anders als mit leblosen Dingen. Im Bereich des Lebendigen spielt es erst einmal keine Rolle, wie hoch die Heilungschancen sind. Wenn ein Mensch nach einem Unfall auf der Intensivstation landet und seine Aussicht zu überleben nur einige wenige Prozent beträgt, wird man trotzdem alles versuchen, sein Leben zu retten.

Und dann tauchte Ende des Jahres 2019 etwas auf, mit dem in dieser Form und den damit verbundenen weitreichenden Konsequenzen zu diesem Zeitpunkt wohl kaum jemand gerechnet hatte: ein Virus, dem man den Namen SARS-CoV-2 gegeben hat. Diesem aus zirka 30 000 Nukleotiden bestehenden RNA-Strang ist das gelungen, zu dem wir offensichtlich nicht in der Lage sind: den Zug zwar nicht zum Stehen gebracht, aber seine Fahrtgeschwindigkeit doch erheblich reduziert zu haben. Leider haben wir selbst in Anbetracht dieses deutlichen Warnschusses der Natur immer noch nicht begriffen, dass es jetzt wirklich höchste Zeit wäre, den Hebel radikal umzulegen, um dem Zug eine andere Richtung zu geben. Doch die Mehrheit hatte offensichtlich nur den Wunsch, möglichst schnell zu dem Leben zurückzukehren, wie es vor der Coronakrise bestand. Und tatsächlich boomen heute wieder die Kreuzfahrten, und jeder, der es sich halbwegs leisten kann, fliegt wieder völlig sinnfrei in entfernte Länder, um sich dort an Strände zu legen, von denen jeden Morgen der vom Meer angeschwemmte Plastikmüll entfernt wird. Sind wir wirklich so dumm, ignorant und im Tiefsten unsozial, oder gelingt es uns noch rechtzeitig, unser eigenes Verhalten kritisch zu reflektieren und mehr sein zu wollen als passive und unmündige Akteure in einem weitestgehend skrupellosen Wirtschaftssystem?

Sollte diese Pandemie wirklich ohne weitreichende Konsequenzen bleiben, was unsere Art des sozialen Lebens, Wohnens, Arbeitens, Lernens, Wirtschaftens, unseren Umgang mit der Natur, unsere Landwirtschaft und unsere Ernährung betrifft, wird sich die Natur in nicht allzu ferner Zukunft ganz sicher etwas Neues einfallen lassen, um uns das Leben schwer zu machen und unser Lebensmodell an seine Grenzen zu bringen. Wir können nur mit der Natur, nicht gegen sie leben. Das ist eine eigentlich schlichte Erkenntnis, die allerdings bis heute nicht in den Köpfen der Menschen angekommen ist.

Es war von Anfang an eine Illusion zu glauben, wir könnten dieses Virus durch eine Impfung vollständig in den Griff bekommen. Viren haben leider die unangenehme Eigenschaft, sich fortlaufend zu verändern. Das ist der Grund, warum es trotz der seit Jahrzehnten existierenden Grippeschutzimpfung alle paar Jahre Tausende und Zehntausende Todesfälle durch das Influenzavirus allein in Deutschland gibt. Die Ende 2020 ins Leben gerufene sogenannte Zero-COVID-Strategie, wie sie unter anderem auch von der Klimaaktivistin Luisa Neubauer unterstützt wurde, offenbarte ein erstaunliches Maß an Ignoranz, Unwissenheit und menschlicher Hybris. China ist diesen Weg gegangen und ganz erbärmlich gescheitert. Die Natur hat das Heft also noch einmal ein wenig fester in die Hand genommen. Und wie wir alle leidvoll erfahren haben, hat sie neben der massiven Veränderung des Klimas noch eine Vielzahl anderer Möglichkeiten, die das Potenzial haben, unsere technisch hochgerüstete Gesellschaft ohne Weiteres empfindlich zu beeinflussen oder ganz lahmzulegen.

Die durchschnittliche Letalitätsrate dieses vergleichsweise harmlosen Virus bewegte sich in Europa im einstelligen Promillebereich. Bei Menschen ohne Vorerkrankungen unter 60 Jahren lag diese Rate mindestens um den Faktor zehn niedriger. Und trotzdem hatte und hat dieses Virus bereits massive und weitreichende Auswirkungen auf die Volkswirtschaften dieser Welt und die Lebensbedingungen der Menschen. Man möchte sich kaum ausmalen, was passiert, wenn wir mit einem Virus konfrontiert wären, das eine zehnmal oder einhundertmal so hohe Sterblichkeit zur Folge hätte. Es wäre sicher das Ende der Welt, so wie wir sie kennen.

Die fortschreitende Globalisierung mit Massentourismus und gewaltigen erdumspannenden Lieferketten sorgt dafür, dass sich jeder Krankheitserreger innerhalb kürzester Zeit über den gesamten Planeten verbreitet. Aufgrund der zunehmenden Urbanisierung werden sich die Städte weiter ausbreiten und damit die Lebensräume der Tiere immer mehr schrumpfen lassen. Die Gefahr weiterer Zoonosen in den nächsten Jahren und Jahrzehnten wird sich dadurch drastisch erhöhen. Davon abgesehen, werden wir uns in Zukunft mit vielen anderen Krankheiten auseinandersetzen müssen, die sich, bedingt durch den fortschreitenden Klimawandel, auch hier ausbreiten werden. Das fängt mit dem Denguefieber an und wird mit Malaria nicht enden.

Demnach scheint die Natur selbst das neue Subjekt der Geschichte zu sein. Was uns nicht gelingt, bewerkstelligt sie mit Leichtigkeit, doch leider ohne Rücksicht auf Verluste. So ist die Coronapandemie »ein Weckruf, sie wirkt geradezu, als habe unser Planet sein Immunsystem aktiviert, um die Hochgeschwindigkeit unserer Selbstausrottung zu bremsen und sich vor weiteren Übergriffen jedenfalls temporär zu schützen«.[6] Die Frage ist allerdings, ob wir diesen Weckruf auch hören oder es zulassen, dass es die Natur sein wird, die uns gefühllos und brutal in die Schranken weist. Es wäre wohl jetzt die Zeit, einen groß angelegten Versuch zu starten, die Dinge wieder selbst in die Hand zu nehmen. Noch haben wir die Möglichkeiten dazu, und Ideen gibt es zur Genüge.

Es führt somit kein Weg daran vorbei, dass wir selbst die dringende Aufgabe haben, den Zug zum Stehen zu bringen, um ihn im nächsten Schritt auf völlig neue Gleise zu setzen. »Wir« kann in Anbetracht der Probleme aber nicht mehr einzelne Nationalstaaten heißen. Auch wenn es gerade nicht danach aussieht, ist der klassische Nationalstaat ein absolutes Auslaufmodell. Denn weder Viren noch der Klimawandel interessieren sich für Ländergrenzen; so wie der Sinn der Migration gerade darin liegt, diese zu überschreiten. »Wir« kann deshalb nur die planetare Gemeinschaft aller Menschen sein, der das Wohl alles Lebendigen, sei es des gerade existierenden oder erst noch kommenden, am Herzen liegt. Was wir brauchen, ist eine Utopie im besten Sinne. Dabei muss nicht immer im Detail klar sein, wohin die Reise geht. Keine Utopie kann und darf inhaltlich bereits bis ins Letzte ausbuchstabiert sein, da sie sonst Gefahr läuft, totalitär zu werden. Denn je konkreter der Inhalt der Utopie, desto mehr enthält sie in Wahrheit bereits Existierendes. Genau daran scheiterten die bisherigen Utopien, dass sie zu viele bereits vorhandene und damit konservative Elemente enthielten. Am Ende werden die Ziele, Strategien, Programme und Institutionen »auf vollkommen unvorhersehbare Weise aus der Freiheit geboren, die in den Menschen geweckt [wird]«.[7] Genau diese Offenheit macht die Stärke utopischen Denkens aus. Dabei steckt die Unbestimmtheit einer jeden Utopie bereits in ihrem Wort: Sie ist der Nichtort (ou topos). Es ist der Ort, den es nicht gibt und den man sich im Detail auch noch nicht vorstellen kann. Sie ist demnach kein konkret zu erreichendes Ziel, sondern schafft vielmehr die Voraussetzung für eine Bewegung hin zu einer besseren, gerechteren und lebenswerteren Welt. Sie ist, so Jean Ziegler in seinem Buch *Das Imperium der Schande*, »der Wunsch nach dem ganz Anderen. Sie bezeichnet, was uns in unserem Leben auf Erden fehlt. Sie umfasst die einklagbare Gerechtigkeit. Sie drückt die Freiheit aus, die Solidarität, das geteilte Glück, dessen Ankunft und dessen Umrisse vom menschlichen Bewusstsein vorweggenommen werden. Dieser Mangel, dieser Wunsch, diese Utopie bilden die innerste Quelle jeder menschlichen Aktion zugunsten der planetarischen sozialen Gerechtigkeit. Ohne diese Gerechtigkeit ist das Glück für keinen von uns möglich.«[8] Somit ist die utopische Bewegung eine Bewegung, die nie an ihr Ende kommt und auch nicht kommen darf.

Trotzdem muss hier und jetzt der Anfang gemacht werden. Und während wir als Weltbürger:innengemeinschaft diesen Weg gehen, dürfen wir das Erreichte nie absolut setzen. Wir müssen uns fortwährend im Klaren darüber sein, dass jede Errungenschaft nur eine Stufe auf dem nie endenden Weg hin zu diesem noch unbekannten Ort ist. Entscheidend dabei ist, wie wir den Weg gestalten, der zu ihm führt.

Und tatsächlich gibt es mittlerweile weltweit eine Vielzahl von Organisationen, Gruppen und Initiativen, die auf allen Ebenen versuchen, aus dieser Welt einen besseren Ort zu machen. Und wenn wir davon ausgehen, »dass die Menschheit ein einziger Organismus ist, können wir uns eine kollektive Bewegung vorstellen, die diesen Organismus schützt und in die Lage versetzt, mit Bedrohungen fertig zu werden. Diese Fähigkeit zur Reaktion würde wie ein Immunsystem funktionieren, das unabhängig vom Willen des Einzelnen agiert. Die gemeinsame Aktivität von Hunderttausenden gemeinnütziger Organisationen kann als das Immunsystem der Menschheit betrachtet werden, das uns vor schädlichen Einflüssen wie Korruption, wirtschaftlicher Fehlentwicklung und ökologischem Zerfall schützt.«[9]

Hatte Markus Gabriel die Coronapandemie noch als eine Reaktion des Immunsystems der Erde bezeichnet, so ist es jetzt die planetare Gemeinschaft aller Menschen und Organisationen, die sich für diesen Planeten engagieren. Wenn jeder und jede von uns beginnt, sich als einen Teil dieser globalen Gemeinschaft zu verstehen, gibt es keinen Grund zur Verzweiflung. Die große Anstrengung zur Rettung der Erde hat gerade erst begonnen.

DANK

Im Oktober 2021 erreichte mich eine Mail von Herrn Prof. Thilo Schwer von der Hochschule der bildenden Künste in Essen. Herr Schwer war über einen Artikel in der *NZZ* auf mich aufmerksam geworden, in dem ich mich mit Hans Jonas und seinem Buch *Das Prinzip Verantwortung* auseinandergesetzt hatte. In dieser Mail machte er mir das Angebot, als Redner an einer Tagung mit dem Titel »Figuren des Mangels – Szenen der Gestaltung in Ästhetik, Design- und Kunstpraktiken« teilzunehmen. Nach einer Zeit des Zweifelns, ob ich etwas Substanzielles zu diesem Thema beitragen könne, habe ich schließlich zugesagt. Im Mai 2022 hielt ich einen Vortrag mit dem Titel »Die verdinglichte Welt. Von der defizienten Naturkonzeption der Moderne zur holistischen Perspektive«. Und wie sich unschwer erkennen lässt, steckte in diesem Vortrag bereits die Idee zu diesem Buch. So hat Herr Schwer, ohne es zu ahnen, den Anstoß für dieses Buch gegeben.

Clemens Herrmann vom oekom verlag hat dieses Buch ermöglicht und von Beginn an professionell betreut.

Herzlichen Dank an Maike Specht für ihr aufmerksames Korrektorat.

Mein größter Dank, oder besser meine größte Dankbarkeit, gilt meiner Frau Simone, meinem Lebensmenschen, meiner Gefährtin, ohne die – in Anlehnung an ein Bonmot von Loriot – mein Leben zwar möglich, aber sinnlos wäre.

ANMERKUNGEN

EINLEITUNG

1 Sölle, Dorothee (2007): »Du stilles Geschrei. Wege der Mystik«. Stuttgart. Kreuz (Gesammelte Werke. Hrsg. von Ursula Baltz-Otto, Bd. 6), S. 319

2 Unsichtbares Komitee (2010): Der kommende Aufstand. 4. Auflage. Hamburg: Edition Nautilus (Nautilus-Flugschrift), S. 5

I DEFIZIENTE PERSPEKTIVEN

1 Stratospheric Aerosol Injection (SAI). Online verfügbar unter boell.de/sites/default/files/2021-01/GM_SAI_de.pdf, zuletzt geprüft am 18.3.2023

2 Diamond, Jared M. (2006): Kollaps. Warum Gesellschaften überleben oder untergehen. 8. Aufl. Frankfurt am Main: Fischer, S. 522f.

3 Roth, Debora (2022): Gibt es im Weltall bald Solarkraftwerke? Online verfügbar unter: nationalgeographic.de/wissenschaft/2022/01/gibt-es-im-weltall-bald-solarkraftwerke, zuletzt geprüft am 29.1.2023.

4 Goethe, Johann Wolfgang von (2005): Maximen und Reflexionen. In: Johann Wolfgang von Goethe (Hg.): Goethes Werke, Bd. 12. 14. Aufl. München: Beck, S. 454, 467.

5 Schmidt, Wolf-Rüdiger (1987): Was eine Ameise von den Sternen weiß. Über Naturwissenschaft und Religion. Interview mit Hoimar von Ditfurth, online verfügbar unter: youtube.com/watch?v=yICCFmGlm5I

6 Huxley, Julian (1957): New bottles for new wine. London: Chattoo & Windus, S. 21.

7 Diese Bezeichnung habe ich von Janina Loh (Trans- und Posthumanismus. Eine Einführung. Hamburg: Junius 2020) übernommen.

8 Transhumane Deklaration. Online verfügbar unter: transhumane-partei.de/transhumane-deklaration, zuletzt geprüft am 29.1.2023.

9 Gehlen, Arnold (1986): Der Mensch. Seine Natur und seine Stellung in der Welt. 13. Auflage. Wiesbaden: AULA-Verlag, S. 36.

10 Huxley, Julian (1966): Ich sehe den künftigen Menschen. Natur und neuer Humanismus. 5.–7. Tsd. München: List, S. 254.

11 Sorgner, Stefan Lorenz (2018): Schöner neuer Mensch. Berlin: Nicolai Publishing & Intelligence GmbH, S. 22.

12 Ebenda, S. 33.

13 Ebenda, S. 34.

14 Hülswitt, Tobias (2008): Werden wir ewig leben, Mister Kurzweil? Online verfügbar unter: faz.net/aktuell/feuilleton/bilder-und-zeiten-1/im-gespraech-ray-kurzweil-werden-wir-ewig-leben-mister-kurzweil-1514269.html, zuletzt geprüft am 13.3.2023.

15 Fukuyama, Francis: Transhumanism – the world's most dangerous idea. Aarhus Universitet. Online verfügbar unter: au.dk/fukuyama/boger/essay, zuletzt geprüft am 29.1.2023.

16 Hülswitt, Tobias (2008): Werden wir ewig leben, Mister Kurzweil? Online verfügbar unter: faz.net/aktuell/feuilleton/bilder-und-zeiten-1/im-gespraech-ray-kurzweil-werden-wir-ewig-leben-mister-kurzweil-1514269-p2.html, zuletzt geprüft am 13.3.2023.

17 Leibniz, Gottfried Wilhelm (2002): Monadologie und andere metaphysische Schriften. Hamburg: Felix Meiner, S. 117.

18 Heidegger, Martin (2006): Sein und Zeit. Tübingen: Max Niemeyer, S. 251.

19 Bostrom, Nick (2003): The Transhumanist FAQ. 4. Transhumanism and nature. Why do transhumanists want to live longer? Online verfügbar unter: nickbostrom.com/views/transhumanist.pdf, zuletzt geprüft am 29.1.2023.

20 Bostrom, Nick (2020): Die verwundbare Welt. Eine Hypothese. Berlin: Suhrkamp, S. 61.

21 Sölle, Dorothee (2007): Gegenwind. Erinnerungen. In: Dorothee Sölle: Gesammelte Werke, Bd. 12. Hg. v. Ursula Baltz-Otto und Fulbert Steffensky. Stuttgart: Kreuz, S. 136.

22 Beutel, Albrecht; Luther, Martin (Hg.) (2015): Christ und Welt. Erste Auflage. Berlin: Verlag der Weltreligionen (Schriften / Martin Luther, 4), S. 52.

23 Gogarten, Friedrich (1956): Der Mensch zwischen Gott und Welt. Stuttgart: Friedrich Vorwerk, S. 298.

24 Vgl. Gogarten, Friedrich (1953): Verhängnis und Hoffnung der Neuzeit. Stuttgart: Friedrich Vorwerk, S. 9.

25 Spinoza, Baruch de (1989): Die Ethik nach geometrischer Methode dargestellt. Hamburg: Meiner, S. 221.

26 Ebenda, S. 221.

27 Vgl. Kant, Immanuel (1999): Grundlegung zur Metaphysik der Sitten. Hamburg: Felix Meiner, S. 54: »Die Wesen, deren Dasein zwar nicht auf unserem Willen, sondern der Natur beruht, haben dennoch, wenn sie vernunftlose Wesen sind, nur einen relativen Wert, als Mittel, und heißen daher Sachen, dagegen vernünftige Wesen Personen genannt werden, weil ihre Natur sie schon als Zwecke an sich selbst, d. i. als etwas, das nicht bloß als Mittel gebraucht werden darf, auszeichnet, mithin sofern alle Willkür einschränkt (und ein Gegenstand der Achtung ist).«

28 Kant, Immanuel (2017): Metaphysische Anfangsgründe der Tugendlehre. 3., durchgesehene und verbesserte Auflage. Hamburg: Felix Meiner, S. 84.

29 Schopenhauer, Arthur (1988): Fragmente zur Geschichte der Philosophie. In: Arthur Schopenhauer: Werke in fünf Bänden, Band III: Kleinere Schriften. Preisschrift über die Grundlage der Moral. Hg. v. Ludger Lütkehaus. Zürich: Haffmans, S. 518 f.

30 Bacon, Francis (1999): Neues Organon. Teilband I. 2. Aufl. Hamburg: Meiner, S. 113.

31 Ebenda, S. 271.

32 Spaemann, Robert; Löw, Reinhard (2005): Natürliche Ziele. Geschichte und Wiederentdeckung des teleologischen Denkens. Stuttgart: Klett-Cotta, S. 252 f.

33 Whitehead, Alfred North (1988): Wissenschaft und moderne Welt. Frankfurt am Main: Suhrkamp, S. 70.

34 Herrmann, Ulrike (2022): Das Ende des Kapitalismus. Warum Wachstum und Klimaschutz nicht vereinbar sind – und wie wir in Zukunft leben werden. 5. Auflage. Köln: Kiepenheuer & Witsch, S. 84.

35 Bregman, Rutger (2021): Utopien für Realisten. Die Zeit ist reif für die 15-Stunden-Woche, offene Grenzen und das bedingungslose Grundeinkommen. 17. Aufl. Reinbek bei Hamburg: Rowohlt Taschenbuch Verlag, S. 7.

36 Vgl. Norberg-Hodge, Helena (2006): Faszination Ladakh. Freiburg im Breisgau: Herder.

37 Marx, Karl (2013): Das Kapital. Kritik der politischen Ökonomie. Buch I: Der Produktionsprozeß des Kapitals. 40. Auflage. Berlin: Karl Dietz Verlag, S. 788.

38 Ebenda, S. 618.

39 Ziegler, Jean (2019): Was ist so schlimm am Kapitalismus? Antworten auf die Fragen meiner Enkelin. München: C. Bertelsmann, S. 116.

40 Bericht zur weltweiten Ungleichheit 2022. Online verfügbar unter: wir2022.wid.world/www-site/uploads/2021/12/Summary_WorldInequalityReport2022_German.pdf, zuletzt geprüft am 7.4.2023.

41 Galaktischer Größenwahn. Online verfügbar unter: freitag.de/autoren/ines-schwerdtner/galaktischer-groessenwahn, zuletzt geprüft am 17.2.2023.

42 Lessenich, Stephan (2017): Neben uns die Sintflut. Die Externalisierungsgesellschaft und ihr Preis. 5. Aufl. München: Hanser Berlin im Carl Hanser Verlag, S. 41.

43 Paech, Niko (2012): Befreiung vom Überfluss. Auf dem Weg in die Postwachstumsökonomie. München: oekom, S. 79.

44 Lorek, Sylvia (2016): Dematerialisierung. In: Giacomo D'Alisa, Federico Demaria und Giorgos Kallis (Hg.): Degrowth. Handbuch für eine neue Ära. Deutsche Erstausgabe. München: oekom, S. 100 ff.

45 Malm, Andreas; Frühauf, David (2020): Wie man eine Pipeline in die Luft jagt. Kämpfen lernen in einer Welt in Flammen. Erste Auflage. Berlin: Matthes & Seitz, S. 66 f.

46 Paech, Niko (2012): Befreiung vom Überfluss. Auf dem Weg in die Postwachstumsökonomie. München: oekom, S. 94 f.

47 »Die Ursache für Klimawandel liegt im Kapitalismus«. Erklärung der Weltkonferenz über den Klimawandel und die Rechte der Mutter Erde. Online verfügbar unter: amerika21.de/hintergrund/2010/cochab-92637-erklaerung, zuletzt geprüft am 15.2.2023.

48 Vgl. Varoufakis, Yanis (2015): Time for Change. Wie ich meiner Tochter die Wirtschaft erkläre. München: Hanser, S. 31 ff.

49 Friedman, Michel; Welzer, Harald (2020): Zeitenwende – Der Angriff auf Demokratie und Menschenwürde. 1. Auflage. Köln: Kiepenheuer & Witsch, S. 219.

50 Gabriel, Markus (2020): Moralischer Fortschritt in dunklen Zeiten. Universale Werte für das 21. Jahrhundert. 3. Auflage. Berlin: Ullstein, S. 285.

II ZWISCHENSPIEL

1 So veröffentlichte die Historikerin Anna Veronika Wendland im März 2022 das Buch Atomkraft? Ja bitte! Klimawandel und Energiekrise. Wie Kernkraft uns jetzt retten kann. In einem Interview (Freitag 20/2022) sagte sie allen Ernstes, dass die »Angst vor Nuklearenergie […] nichts mit ihrem realen Risiko zu tun [hat], sondern mit den vorgelagerten Wertorientierungen der Menschen«.

2 Vgl. Roszak, Theodore (1971): Gegenkultur. Gedanken über die technokratische Gesellschaft und die Opposition der Jugend. Düsseldorf, Wien: Econ, S. 295 ff.

3 Vgl. Löhr, Eckart (2017): 50 Jahre »The Politics of Experience«. Ronald D. Laing und die »Phänomenologie der Erfahrung« auf re-visionen.net. Online verfügbar unter: re-visionen.net/50-jahre-the-politics-of-experience-ronald-d-laing-und-die-phaenomenologie-der-erfahrung, zuletzt geprüft am 27.5.2023

4 Vgl. Ferguson, Marilyn (1983): Die sanfte Verschwörung. Persönliche und gesellschaftliche Transformation im Zeitalter des Wassermanns. Basel: Sphinx, S. 25.

5 Capra, Fritjof (1983): Wendezeit. Bausteine für ein neues Weltbild. 2. Aufl. Bern, München, Wien: Scherz, S. 10.

6 Jonas, Hans (1980): Das Prinzip Verantwortung. Versuch einer Ethik für die technologische Zivilisation. Frankfurt am Main: Insel, S. 36.

7 Vgl. Bateson, Gregory (1985): Ökologie des Geistes. Frankfurt am Main: Suhrkamp, S. 627 ff.

8 Ditfurth, Hoimar von (1985): So laßt uns denn ein Apfelbäumchen pflanzen. Es ist soweit. Hamburg: Rasch und Röhring, S. 227.

9 Watts, Alan (1965): The Joyous Cosmology. Adventures in the Chemistry of Consciousness. Vintage, S. 26. »[P]sychedelic experience is only a glimpse of genuine mystical insight, but a glimpse which can be matured and deepened by the various ways of meditation in which drugs are no longer necessary or useful. When you get the message, hang up the phone. For psychedelic drugs are simply instruments, like microscopes, telescopes, and telephones. The biologist does not sit with eye permanently glued to the microscope; he goes away and works on what he has seen.«

10 Read, Rupert; Alexander, Samuel (2020): Diese Zivilisation ist gescheitert. Gespräche über die Klimakrise und die Chance eines Neuanfangs. Hamburg: Meiner, S. 102.

11 Partei als ob. Ein politisches Kollektiv der Universität der Künste Berlin (2023): Sich an Reiche kleben. In: Der Freitag, 26.1.2023.

12 Roszak, Theodore (1971): Gegenkultur. Gedanken über die technokratische Gesellschaft und die Opposition der Jugend. Düsseldorf, Wien: Econ, S. 76.

13 Gabriel, Markus (2022): Der Mensch als Tier. Warum wir trotzdem nicht in die Natur passen. Berlin: Ullstein, S. 111.

14 Vgl. Horkheimer, Max; Adorno, Theodor W. (2022): Die Dialektik der Aufklärung. Frankfurt am Main: S. Fischer.

15 Hickel, Jason (2022): Weniger ist mehr. Warum der Kapitalismus den Planeten zerstört und wir ohne Wachstum glücklicher sind. München: oekom, S. 279.

16 Wagner, Friedrich (1964): Die Wissenschaft und die gefährdete Welt. Eine Wissenschaftssoziologie der Atomphysik. München: Beck, S. 56.

17 Roszak, Theodore (1971): Gegenkultur. Gedanken über die technokratische Gesellschaft und die Opposition der Jugend. Düsseldorf, Wien: Econ, S. 82.

III DIE ZWEI SEITEN DER WIRKLICHKEIT

1 Giovanni Pico della Mirandola (1990): Über die Würde des Menschen. Hamburg: Meiner, S. 5 ff.

2 Mancuso, Stefano (2021): Die Pflanzen und ihre Rechte. Eine Charta zur Erhaltung unserer Natur. 1. Auflage 2021. Stuttgart: Klett-Cotta, S. 14.

3 Heidegger, Martin (2011): Die Technik und die Kehre. 12. Aufl. Stuttgart: Klett-Cotta, S. 7.

4 Horkheimer, Max; Adorno, Theodor W. (2022): Die Dialektik der Aufklärung. Frankfurt am Main: S. Fischer, S. 37.

5 Wittgenstein, Ludwig (1999): Tractatus logico-philosophicus. Frankfurt am Main: Suhrkamp, S. 114.

6 Jonas, Hans (1994): Das Prinzip Leben. Ansätze zu einer philosophischen Biologie. Frankfurt am Main und Leipzig: Insel, S. 45.

7 Jünger, Friedrich Georg (2010): Die Perfektion der Technik. 8. Aufl. Frankfurt am Main: Vittorio Klostermann, S. 62.

8 Popper, Karl R. (1976): Logik der Forschung. Tübingen: J. C. B. Mohr (Paul Siebeck), S. 3.

9 Jaspers, Karl (1947): Vom neuen Geist der Universität. Rede bei der Feier der Eröffnung der medizinischen Kurse an der Universität Heidelberg. In: Karl Jaspers: Die Antwort an Sigrid Undset. Vermehrt um Beiträge über die Wissenschaft und die Universität. Konstanz: Südverlag, S. 23.

10 Marcuse, Herbert (1998): Der eindimensionale Mensch. München: dtv, S. 18.

11 Jünger, Friedrich Georg (2010): Die Perfektion der Technik. 8. Aufl. Frankfurt am Main: Vittorio Klostermann, S. 113.

12 Vgl. Arendt, Hannah (2018): Was heißt persönliche Verantwortung in einer Diktatur? München: Piper.

13 Schrödinger, Erwin (1986): Geist und Materie. Wien, Hamburg: Paul Zsolnay, S. 60.

14 Kutschera, Ulrich (2008): Evolutionsbiologie. Stuttgart: Ulmer, S. 12.

15 Whitehead, Alfred North (1988): Wissenschaft und moderne Welt. Frankfurt am Main: Suhrkamp, S. 130.

16 Bresch, Carsten (1979): Die Menschheit an der zweiten Schwelle der Evolution. In: Oskar Schatz (Hg.): Hoffnung in der Überlebenskrise. Salzburger Humanismusgespräche. Graz: Styria, S. 52.

17 Eccles, John C. (1989): Die Evolution des Gehirns – die Erschaffung des Selbst. München: Piper, S. 284.

18 Spaemann, Robert; Löw, Reinhard (2005): Natürliche Ziele. Geschichte und Wiederentdeckung des teleologischen Denkens. Stuttgart: Klett-Cotta, S. 225.

19 Weizsäcker, Carl Friedrich von (1972): Die Einheit der Natur. München: Hanser, S. 289.

20 Nurse, Paul (2021): Was ist Leben? Berlin: Aufbau, S. 104.

21 Vgl. LeDoux, Joseph (2021): Bewusstsein. Die ersten vier Milliarden Jahre. Stuttgart: Klett-Cotta.

22 Schwedhelm Philipp et al. (2021): How many animals are used for SARS-CoV-2 research? Online verfügbar unter: embopress.org/doi/full/10.15252/embr.202153751, zuletzt geprüft am 29.1.2023.

23 Gabriel, Markus (2022): Der Mensch als Tier. Warum wir trotzdem nicht in die Natur passen. Berlin: Ullstein Buchverlage, S. 107.

24 Vgl. Jeans, James (1931): Der Weltenraum und seine Rätsel. Stuttgart, Berlin: Deutsche Verlags-Anstalt, S. 209: »Der Geist erscheint im Reich der Materie nicht mehr als ein zufälliger Eindringling; wir beginnen zu ahnen, daß wir ihn eher als den Schöpfer und Beherrscher des Reiches der Materie begrüßen sollten – natürlich nicht unseren indi-

viduellen Geist, sondern den Geist, in dem die Atome, aus denen unser individueller Geist entstanden ist, als Gedanken existieren.«

25 Harari, Yuval Noaḥ (2018): Homo Deus. Eine Geschichte von Morgen. 13. Auflage. München: C. H. Beck, S. 385.

26 Wilber, Ken (2004): Eine kurze Geschichte des Kosmos. 7. Aufl. Frankfurt am Main: Fischer, S. 340.

27 Tschuang-Tse (1957): Dichtung und Weisheit. Wiesbaden: Insel, S. 63 f.

28 Habekuß, Fritz; Singer, Wolf (2017): Abwägung zwischen Leid und Erkenntnis. Interview mit Wolf Singer. Interviewer: Fritz Habekuß. In: Die Zeit, 13.01.2017 (3/2017).

29 LeDoux, Joseph (2021): Bewusstsein. Die ersten vier Millarden Jahre. Stuttgart: Klett-Cotta, S. 379.

30 Korsgaard, Christine M. (2021): Tiere wie wir. Warum wir moralische Pflichten gegenüber Tieren haben. 1. Auflage. München: C. H. Beck, S. 180.

31 Gorke, Martin (1999): Artensterben. Von der ökologischen Theorie zum Eigenwert der Natur. Stuttgart: Klett Cotta, S. 208.

32 Weber, Andreas (2007): Alles fühlt. Mensch, Natur und die Revolution der Lebenswissenschaften. Berlin, Hamburg: Berlin, S. 32.

33 Lorenz, Konrad (1968): Das sogenannte Böse. Zur Naturgeschichte der Aggression. 21.-22. Wien: Dr. Borotha-Schoeler, S. 370 f.

34 Vgl. Waal, Frans de (2015): Der Mensch, der Bonobo und die zehn Gebote. Moral ist älter als Religion. Stuttgart: Klett-Cotta.

35 Damasio, Antonio (2011): Selbst ist der Mensch. Körper, Geist und die Entstehung des menschlichen Bewusstseins. München: Siedler, S. 201.

36 Jonas, Hans (1994): Das Prinzip Leben. Ansätze zu einer philosophischen Biologie. Frankfurt am Main und Leipzig: Insel, S. 157.

37 Ebenda, S. 155 f.

38 Schweitzer, Albert (1966): Die Lehre von der Ehrfurcht vor dem Leben. Grundtexte aus fünf Jahrzehnten. München: C. H. Beck, S. 36.

39 Margulis, Lynn (2017): Der symbiotische Planet. Oder wie die Evolution wirklich verlief. Frankfurt am Main: Westend, S. 151.

40 Harari, Yuval Noaḥ (2018): Homo Deus. Eine Geschichte von Morgen. 13. Auflage. München: C. H. Beck, S. 381.

41 Kant, Immanuel (1998): Kritik der reinen Vernunft. Hamburg: Meiner, S. 836.

42 Ebenda, S. 837.

43 Vgl. Gabriel, Gottfried (2008): Grundprobleme der Erkenntnistheorie. Von Descartes zu Wittgenstein. 3., durchges. Aufl. Paderborn: Schöningh, S. 82 ff.

44 Weber, Andreas (2007): Alles fühlt. Mensch, Natur und die Revolution der Lebenswissenschaften. Berlin, Hamburg: Berlin, S. 104.

45 Bartels, Andreas (2010): Die Liebe im Kopf. Über Partnerwahl, Bindung und Blindheit. In: Manfred Spitzer, Wulf Bertram, Josef Aldenhoff und Eckart von Hirschhausen (Hg.): Hirnforschung für Neu(ro)gierige. Stuttgart: Schattauer, S. 89.

46 Ebenda, S. 88.

47 Drewermann, Eugen (1999): … und es geschah so. Die moderne Biologie und die Frage nach Gott. Glauben in Freiheit, Band 3/II. Zürich und Düsseldorf: Walter, S. 817.

48 Steiner, George (1997): Errata. Bilanz eines Lebens. München: Hanser, S. 220 f.

IV DIE HEILIGKEIT DER NATUR

1 Eliade, Mircea (1987): Das Heilige und das Profane. Vom Wesen des Religiösen. 3. Aufl. Frankfurt am Main: Insel, S. 33.

2 Eine ganzheitliche und wertschätzende Sicht auf das Lebendige findet sich z. B. in den Publikationen des Biologen und Philosophen Andreas Weber. Der griechische Philosoph Spyridon Koutroufinis hat 2019 mit Organismus als Prozess. Begründung einer neuen Biophilosophie (Alber Verlag) ein wegweisendes Buch geschrieben.

3 Huxley, Aldous (1993): Gott ist. München: Otto Wilhelm Barth, S. 23.

4 Rosa, Hartmut (2016): Resonanz. Eine Soziologie der Weltbeziehung. 4. Auflage. Berlin: Suhrkamp, S. 59 f.

5 Eliade, Mircea (1987): Das Heilige und das Profane. Vom Wesen des Religiösen. 3. Aufl. Frankfurt am Main: Insel, S. 23.

6 Ein bekanntes Mahavakya (was so viel heißt wie Leitsatz) aus den Upanishaden lautet »neti, neti« (nicht so und nicht so). Das heißt, über das Brahman lassen sich keine positiven Aussagen machen, denn es ist eben weder so noch so.

7 Capelle, Wilhelm [Hrg]. (2008): Die Vorsokratiker. Die Fragmente und Quellenberichte übersetzt und eingeleitet von Wilhelm Capelle. 9. Aufl. Stuttgart: Kröner, S. 129 f.

8 Boros, Ladislaus [Hrg]. (2001): Aurelius Augustinus: Aufstieg zu Gott. Düsseldorf: Patmos, S. 68.

9 Heidegger, Martin (2003): 1. Abteilung: Veröffentlichte Schriften 1910–1976. Holzwege. 2., unveränd. Aufl. Frankfurt am Main: Vittorio Klostermann (Gesamtausgabe, 5), S. 112 f.

10 Vgl. Jonas, Hans (1992): Philosophische Untersuchungen und metaphysische Vermutungen. Frankfurt am Main und Leipzig: Insel, S. 211 ff.

11 Vgl. Harding, Stephan (2008): Lebendige Erde. Gaia – vom respektvollen Umgang mit der Natur. München: Sphinx.

12 Helmholtz, Hermann von (1896): Über das Ziel und die Fortschritte der Naturwissenschaft. Eröffnungsrede für die Naturforscherversammlung zu Innsbruck 1869. In: Hermann von Helmholtz: Vorträge und Reden. 4. Aufl. Braunschweig: Vieweg, S. 379.

13 Vgl. Neil A. Campbell/Jane B. Reece (2009): Biologie. 8. Auflage. München: Pearson, S. 680 ff.

14 Jaspers, Karl (1985): Kleine Schule des philosophischen Denkens. 10. Aufl. München: Piper, S. 24.

15 Vollmer, Gerhard (2010): Biophilosophie. Stuttgart: Reclam, S. 42.

16 Weizsäcker, Viktor von (1963): Am Anfang schuf Gott Himmel und Erde. Grundfragen der Naturphilosophie. 6. Aufl. Göttingen: Vandenhoeck & Ruprecht, S. 67.

17 Bartels, Andreas (1996): Grundprobleme der modernen Naturphilosophie. Paderborn: Schöningh/UTB, S. 154.

18 Mayr, Ernst (1991): Eine neue Philosophie der Biologie. Darmstadt: Wissenschaftliche Buchgesellschaft, S. 60 f.

19 Zitiert nach Breuer, Reinhard (1981) in: Das anthropische Prinzip. Der Mensch im Fadenkreuz der Naturgesetze. München: Meyster, S. 11.

20 Vgl. Schopenhauer, Arthur (1988): Fragmente zur Geschichte der Philosophie. In: Arthur Schopenhauer: Werke in fünf Bänden, Band IV: Parerga und Paralipomena I. Hg. v. Ludger Lütkehaus. Zürich: Haffmans, S. 107 f.

21 Davies, Paul (1986): Gott und die moderne Physik. München: C. Bertelsmann, S. 247.

V PERSPEKTIVENWECHSEL

1 Sölle, Dorothee (2007): »Du stilles Geschrei. Wege der Mystik«. Stuttgart: Kreuz (Gesammelte Werke. Hrsg. von Ursula Baltz-Otto, Bd. 6), S. 20.

2 Laing, Ronald David (1969): Phänomenologie der Erfahrung. Frankfurt am Main: Suhrkamp, S. 24.

3 Hegel, Georg Wilhelm Friedrich (2015): Phänomenologie des Geistes. Hauptwerke in sechs Bänden; Sonderausgabe auf der Grundlage der historisch-kritischen Gesamtausgabe der GW. Band 2. Hamburg: Felix Meiner, S. 14 f.

4 Ziegler, Jean (2015): Ändere die Welt. Warum wir die kannibalische Weltordnung stürzen müssen. München: C. Bertelsmann, S. 277.

5 Esfeld, Michael (2002): Holismus in der Philosophie des Geistes und in der Philosophie der Physik. 1. Aufl. Frankfurt am Main: Suhrkamp, S. 20.

6 Platon (1998): Gesetze. Zehntes Buch. In: Platon: Sämtliche Dialoge. Übersetzt und erläutert von Otto Apelt, VII. zweite durchgesehene Auflage. Hamburg: Felix Meiner, S. 426 f.

7 Driesch, Hans (1928): Die Philosophie des Organischen. 4. Aufl. Leipzig: Quelle & Meyer, S. 43.

8 Meyer-Abich, Klaus Michael (1988): Wissenschaft für die Zukunft. Holistisches Denken in ökologischer und gesellschaftlicher Verantwortung. München: Beck, S. 91.

9 Haeckel, Ernst (1866): Allgemeine Entwicklungsgeschichte der Organismen. Kritische Grundzüge der mechanischen Wissenschaft von den entstehenden Formen der Organismen begründet durch die Descendenztheorie. Berlin: Georg Reimer, S. 286.

10 Lovelock, James (1984): Unsere Erde wird überleben. Gaia – eine optimistische Ökologie. München: Heyne, S. 25.

11 Lovelock, James (1972): Gaia as Seen Through the Atmosphere. In: Atmospheric Environment (6), S. 579 f.

12 Lovelock, James (1988): Das Gaiaprinzip. Die Biographie unseres Planeten. Zürich und München: Artemis & Winkler, S. 60.

13 Margulis, Lynn (2017): Der symbiotische Planet. Oder wie die Evolution wirklich verlief. Frankfurt am Main: Westend, S. 60.

14 Ebenda, S. 163.

15 Brockman, John (1996): Die dritte Kultur. Das Weltbild der modernen Naturwissenschaft. 2. Aufl. München: Goldmann, S. 193.

16 Lovelock, James; Epton, Sydney (1975): The quest for Gaia. In: New Scientist (65), S. 306.

17 Lovelock, James (1988): Das Gaiaprinzip. Die Biographie unseres Planeten. Zürich und München: Artemis & Winkler, S. 299.

18 Lovelock, James (1992): Gaia. Die Erde ist ein Lebewesen. Was wir heute über Anatomie und Physiologie des Organismus Erde wissen und wie wir ihn vor der Gefährdung durch den Menschen bewahren können. Bern, München, Wien: Scherz, S. 56.

19 Ebenda, S. 184.

20 Margulis, Lynn (1999): Die andere Evolution. Heidelberg, Berlin: Spektrum Akademischer Verlag, S. 160 f.

21 Leopold, Aldo (2019): Ein Jahr im Sand County. Berlin: Matthes & Seitz, S. 213.

22 Birnbacher, Dieter [Hg.] (1997): Ökophilosophie. Stuttgart: Reclam, S. 23.

23 Vgl. Nussbaum, Martha Craven (2023): Gerechtigkeit für Tiere. Unsere gemeinsame Verantwortung. Darmstadt: wbg Theiss, S. 336 ff.

24 Vgl. Naess, Arne (1995): The Shallow and the Deep, Long-Range Ecology Movement: A Summery. In: Alan R. Drengson und Yuichi Inoue (Hg.): The deep ecology movement. An introductory anthology. Berkeley, Calif: North Atlantic Books (Io series, 50), S. 3 ff.

25 Thích-Nhất-Hạnh (2010): Nenne mich bei meinen wahren Namen. Ausgewählte Gedichte. Gekürzte Neuausgabe. München: Knaur (Mens sana), S. 62 ff.

26 Naess, Arne (1997): Die tiefenökologische Bewegung. In: Angelika Krebs (Hg.): Naturethik. Grundtexte der gegenwärtigen tier- und ökoethischen Diskussion. Frankfurt am Main: Suhrkamp, S. 208.

27 Kafka, Peter (1989): Das Grundgesetz vom Aufstieg. Vielfalt, Gemächlichkeit, Selbstorganisation. Wege zum wirklichen Fortschritt. München: Hanser, S. 23 f.

28 Schumacher, Ernst Friedrich (2013): Small is beautiful. Die Rückkehr zum menschlichen Maß. München: oekom, S. 78.

29 Weber, Andreas (2015): Wirtschaft der Verschwendung. Die Biologie der Allmende. In: Silke Helfrich (Hg.): Commons. Für eine neue Politik jenseits von Markt und Staat. Unter Mitarbeit von Heinrich-Böll-Stiftung. 2nd ed. Bielefeld: transcript (Sozialtheorie), S. 35 f.

30 Schweitzer, Albert (1980): Aus meinem Leben und Denken. Hamburg: Felix Meiner, S. 194.

31 Sheldrake, Rupert (1990): Das Gedächtnis der Natur. Das Geheimnis der Entstehung der Formen in der Natur. 3. Aufl. Bern, München, Wien: Scherz, S. 173.

32 Picht, Georg (1970): Mut zur Utopie. Die großen Zukunftsaufgaben. Zwölf Vorträge. 25.-29. Tausend. München: Piper, S. 33.

33 Lorenz, Konrad (1963): Die Hoffnung auf Einsicht in das Wirken der Natur. In: Johannes Schlemmer (Hg.): Die Hoffnungen unserer Zeit. München: Piper, S. 147 f.

34 Jünger, Friedrich Georg (2010): Die Perfektion der Technik. 8. Aufl. Frankfurt am Main: Vittorio Klostermann, S. 26.

35 Bateson, Gregory (1987): Geist und Natur. Eine notwendige Einheit. Frankfurt am Main: Suhrkamp, S. 15.

36 Vgl. Hüther, Gerald (2016): Mit Freude lernen – ein Leben lang. Weshalb wir ein neues Verständnis vom Lernen brauchen. Sieben Thesen zu einem erweiterten Lernbegriff und eine Auswahl von Beiträgen zur Untermauerung. 1. Aufl. Göttingen: Vandenhoeck & Ruprecht, S. 68 ff.

37 Vgl. Illich, Ivan (2017): Entschulung der Gesellschaft. Eine Streitschrift. 7. Aufl. München: C. H. Beck.

38 Vgl. Vogeler, Heinrich (2022): Schriften. Bielefeld: Aisthesis Verlag, S. 42 ff., S. 122.

39 Vgl. Read, Rupert; Alexander, Samuel (2020): Diese Zivilisation ist gescheitert. Gespräche über die Klimakrise und die Chance eines Neuanfangs. Hamburg: Meiner.

40 Paech, Niko (2009): Grundzüge einer Postwachstumsökonomie. Online verfügbar unter: postwachstumsoekonomie.de/material/grundzuege, zuletzt geprüft am 29.1.2023.

41 Schmelzer, Matthias; Vetter, Andrea (2021): Degrowth/Postwachstum zur Einführung. 3., unveränderte Auflage. Hamburg: Junius, S. 147.

42 Vgl. Schumacher, Ernst Friedrich (1980): Das Ende unserer Epoche. Reden u. Aufsätze. 1. Aufl. Reinbek b. Hamburg: Rowohlt.

43 Hickel, Jason (2022): Weniger ist mehr. Warum der Kapitalismus den Planeten zerstört und wir ohne Wachstum glücklicher sind. München: oekom, S. 235.

44 Gentinetta, Katja; Paech, Niko (2022): Wachstum? 1. Auflage. Frankfurt am Main: Westend (Streitfragen), S. 57.

45 Jackson, Tim (2017): Wohlstand ohne Wachstum – das Update. Grundlagen für eine zukunftsfähige Wirtschaft. Deutsche Erstausgabe. München: oekom, S. 203 f.

46 Schweitzer, Albert (1966): Die Lehre von der Ehrfurcht vor dem Leben. Grundtexte aus fünf Jahrzehnten. München: Beck, S. 37.

47 Kohr, Leopold (2017): Die Lehre vom rechten Maß. Aufsätze aus fünf Jahrzehnten. 2. Auflage. Salzburg, Wien: Otto Müller, S. 33.

48 Jackson, Tim (2021): Wie wollen wir leben? Wege aus dem Wachstumswahn. Deutsche Erstausgabe. München: oekom Verlag, S. 187 f.

49 Borries, Friedrich von; Kasten, Benjamin (2019): Stadt der Zukunft. Wege in die Globalopolis. 2. Auflage. Frankfurt am Main: Fischer, S. 95 f.

50 Ebenda, S. 59.

51 Fragen und Antworten zu Obsoleszenz. Online verfügbar unter: oeko.de/forschungberatung/themen/konsum-und-unternehmen/fragen-und-antworten-zu-obsoleszenz, zuletzt geprüft am 29.7.2022.

52 Eckardt, Frank; Brokow-Loga, Anton (2020): Der sozial-ökologische Wandel der Stadtgesellschaft. In: Anton Brokow-Loga und Frank Eckardt (Hg.): Postwachstumsstadt. Konturen einer solidarischen Stadtpolitik. München: oekom, S. 20.

53 Löwy, Michael (2016): Ökosozialismus. Die radikale Alternative zur ökologischen und kapitalistischen Katastrophe. 1. Auflage. Hamburg: LAIKA, S. 11.

54 Rahner, Karl (1966): Frömmigkeit früher und heute. In: Karl Rahner: Schriften zur Theologie. Zur Theologie des geistlichen Lebens. Einsiedeln: Benziger (VII), S. 22.

55 Jäger, Willigis (2003): Wohin unsere Sehnsucht führt. Mystik im 21. Jahrhundert. Petersberg: Via Nova, S. 30.

56 Monod, Jacques (1971): Zufall und Notwendigkeit. Philosophische Fragen der modernen Biologie. München: Piper, S. 211.

57 Barth, Karl (2012): Der Römerbrief. 1922. 19. Aufl. Zürich: Theologischer Verlag Zürich, S. 6.

58 Vgl. Wunn, Ina; Urban, Patrick; Klein, Constantin (2015): Götter, Gene, Genesis. Die Biologie der Religionsentstehung. Berlin, Heidelberg: Springer.

59 Vgl. Die Zukunft der Kirchen – zwischen Bedeutungsverlust und Neuverortung in einer vielfältigen Gesellschaft. Ergebnisse des Religionsmonitors 2023 – eine Vorschau. Gütersloh: Bertelsmann Stiftung, Dezember 2022.

60 Theißen, Gerd (1984): Biblischer Glaube in evolutionärer Sicht. München: Chr. Kaiser, S. 145.

61 Otto, Rudolf (1963): Das Heilige. Über das Irrationale in der Idee des Göttlichen und sein Verhältnis zum Rationalen. 31.-35. München: C. H.Beck, S. 6.

62 Vgl. Leopold, Aldo (2019): Ein Jahr im Sand County. Berlin: Matthes & Seitz, S. 131 ff.

63 Sölle, Dorothee (2007): »Du stilles Geschrei. Wege der Mystik«. Stuttgart: Kreuz (Gesammelte Werke. Hrsg. von Ursula Baltz-Otto, Bd. 6), S. 32.

64 Hübner, Jürgen (1982): Die Welt als Gottes Schöpfung ehren. Zum Verhältnis von Theologie und Naturwissenschaft heute. München: Chr. Kaiser, S. 69.

65 Die Zukunft der Kirchen – zwischen Bedeutungsverlust und Neuverortung in einer vielfältigen Gesellschaft Ergebnisse des Religionsmonitors 2023 – eine Vorschau. Gütersloh: Bertelsmann Stiftung, Dezember 2022.

66 Sölle, Dorothee (2007): Gegenwind. Erinnerungen. In: Dorothee Sölle: Gesammelte Werke, Bd. 12. Hg. v. Ursula Baltz-Otto und Fulbert Steffensky. Stuttgart: Kreuz, S. 171.

67 Nietzsche, Friedrich (1999): Die fröhliche Wissenschaft. In: Friedrich Nietzsche: Kritische Studienausgabe, Bd. 3. Hg. v. Giorgio Colli und Mazzino Montinari. München: Deutscher Taschenbuch Verlag, S. 481.

68 Volf, Miroslav (2017): Zusammen wachsen. Globalisierung braucht Religion. München: Gütersloher Verlagshaus, S. 113 f.

69 Ebenda, S. 113.

70 Vgl. Weyer, Anselm (2016): Liturgie von links. Dorothee Sölle und das Politische Nachtgebet in der Antoniterkirche. Köln: Greven Verlag.

71 Volf, Miroslav (2017): Zusammen wachsen. Globalisierung braucht Religion. München: Gütersloher Verlagshaus, S. 205.

72 Vgl. Haberer, Tilmann (2021): Von der Anmut der Welt. Entwurf einer integralen Theologie. Gütersloh: Gütersloher Verlagshaus.

73 Moltmann, Jürgen/Eckart Löhr (2016): Hoffnung für eine unfertige Welt. Ostfildern: Patmos, S. 41.

74 Hösle, Vittorio (1997): Moral und Politik. Grundlagen einer politischen Ethik für das 21. Jahrhundert. München: Beck, S. 883.

75 Küng, Hans (1990): Projekt Weltethos. München: Piper, S. 33.

Schluss

1 Vgl. Rüstow, Alexander (2009): Die Religion der Marktwirtschaft. 3. Aufl. Münster: Lit Verlag, S. 17 ff.

2 Žižek, Slavoj (2013): Ein Plädoyer für die Intoleranz. 6. Auflage. Wien: Passagen Verlag, S. 91.

3 Honneth, Axel (2016): Die Idee des Sozialismus. Versuch einer Aktualisierung. 3. Auflage. Berlin: Suhrkamp, S. 166.

4 Welzer, Harald (2008): Klimakriege. Wofür im 21. Jahrhundert getötet wird. 3. Aufl. Frankfurt am Main: S. Fischer, S. 267.

5 Vgl. Fromm, Erich (1980/81): Die Revolution der Hoffnung. Für eine Humanisierung der Technik. Können wir es schaffen? In: Erich Fromm: Gesamtausgabe, Bd. 4. Hg. v. Rainer Funk. Stuttgart: Deutsche Verlags-Anstalt, S. 365.

6 Gabriel, Markus (2020): Moralischer Fortschritt in dunklen Zeiten. Universale Werte für das 21. Jahrhundert. 3. Auflage. Berlin: Ullstein, S. 17.

7 Ziegler, Jean (2019): Was ist so schlimm am Kapitalismus? Antworten auf die Fragen meiner Enkelin. München: C. Bertelsmann, S. 126.

8 Ziegler, Jean (2005): Das Imperium der Schande. Der Kampf gegen Armut und Unterdrückung. 1. Aufl. München: Bertelsmann, S. 25.

9 Hawken, Paul (2010): Wir sind der Wandel. Warum die Rettung der Erde bereits voll im Gang ist – und kaum einer es bemerkt. Emmendingen: Nietsch, S. 216.